并购交易所得税法律制度研究

——基于对利益持续原则的考量

Research on the Mergers and Acquisitions Income Tax Law Based on the Continuity Doctrine

财税法学研究文丛

总主编　刘剑文

张春燕／著

法律出版社
LAW PRESS·CHINA

本书受中央高校基本科研业务费专项资金资助
supported by "the Fundamental Research Funds for the Central Universities"

序

并购是现代公司财务运作中最重要、也最复杂的交易形式。相对于公司依靠自身积累来扩张的内源式发展,并购带来了跳跃式甚至几何式增长的契机。在过去的20世纪中,美国经历的五次并购浪潮不仅造就了数以百计的全球性公司,而且推动了美国产业结构持续进行调整和提升。在我国,不论是20世纪末开始的国有企业改制重组,还是当下互联网企业的异军突起以及参与全球化竞争,并购都扮演了最关键的角色。当然,来自资本市场的“市值管理”诱惑,也给本已如火如荼的公司并购交易“火上浇油”。并购的复杂源于并购交易所展现的公司战略、交易结构、利益冲突以及法律规制等多个侧面上的复杂性。仅就法律视角而言,公司法、反垄断法、证券监管、劳工保护、会计准则以及税务规则都对公司并购给予了不同程度的引导、调整或规制。其中,公司并购的税法规制又被公认为最复杂且影响最大的因素。美国经济学家、诺贝尔奖得主迈伦·斯科尔斯教授的研究发现,尽管并购交易受多种非税因素的驱动,但税制的变化对并购的影响是第一位的。所谓“魔鬼都在细节中”,用这一俗语来描述公司并购税制的面目再贴切不过。

抽象地看,公司并购税制的核心问题是如何对并购交易课税,确定“谁”在这一交易中实现了“可税收入”。尽管这是一个税法中的常规命题,但并购交易结构的复杂性导致实践中的判断很不确定。相对于通常以商人或公司为确定主体的商事交易,课税只需要关注交易标的,而并购交易将“公司”本身变成客体,“股东—公司”的双层结构以及公司作为“财产与人之集合”的法律拟制等特征,导致对公司并购交易的分析陷入整体与局部、具体与抽象的纠结之中。公司并购究竟是组织结构的调整还是股东变现其投资?是一种具有积极商业价值,需要税法上鼓励和扶持的独立交易形态,还是一种变形的应税销售行为?股东人数、对价形式、营业协同或资产是否持续利用等因素,究竟在判断一项交易的性质上有多大权重?从某种意义上说,传统的法教义学分析在公司并购税法领域遭到了最大的挑战。此外,税法内在的政策性因素使特定时期对公司并购的价值判断具有相当的影响力,也给任何力图对公司并购交易税制进行一以贯之的法教义学处理的尝试增加了障碍。或许因此,美国公司并购税制自20世纪初诞生后,一直在国会、法院、税务当局以及纳税人及其律师的博弈与论理中循环往复。在我国,作为企业所得税核心内容的并购税制,从当初拟议中的《企业所得税法》退至《企业所得税法实施条例》,最终落脚于财政部与税务总局联合发布的《关于企业重组业务企业所得税处理若干问题的通知》,也因其复杂性或技术性超出立法机关以及最高行政机关之理解范围,仅有短短13个条款却被公认为最晦涩难懂的税务文件。

当然,公司并购税制在我国陷入立法冷遇存在一定的客观背景。公司并购以及所得税原理都是舶来品,在我国借助国企业改制而进入实践不过短短20余年。在学理上,特别是从法教义学的角度对公司并购税制的研究更是付诸阙如,难以对立法和实践提供帮助。本书是在笔者的博士论文基础上形成的,通过梳理域外特别是美国公司并购税制的演进过程以及经典判例,笔者发现,尽管各国国情与对并购的价值判断以及税务管理水平不同,并购所得税制的具体内容存在差异,但总体上呈现出以“利益持续”原则作为基本脉络来构造并购税制基本框架的共性。利益持续原则,要求并购公司继续运营目标公司的历史性营业或历史性营业资产的重大部分,且目标公司的历史股东需继续保持其对目标公司转让资产的控制,以保障原投资利益的持续。以此为出发点,各国税法将并购交易区分为应税的并购交易与递延纳税的并购交易。对于存在利益持续的并购交易,各当事方可以免于在当期确认并购过程中所产生的收益或损失,递延至收入真正实现或税法所规定的条件出现时才予以纳税。可以说,利益持续原则成为贯穿公司并购税制的一根“红线”,将纷繁复杂的并购税务规则及其例外有机组合起来。借鉴域外经验,我们可以对现有公司并购税制的完善有一个明确、清晰的方向。

发现或梳理清楚利益持续原则只是深入研究公司并购税制的第一步,一方面,利益持续原则尚需要落实到大量的制度细节中,本书相关部分对此已经有所提及;另一方面,有原则也就有例外,本书在这方面的探索尚嫌不足。此外,在利益持续原则的发源地美国,近年来学术界也开始质疑该原则的合理性,视其为税法对并购交易给予优惠待遇政策理由的装饰品。在公司并购税制这个复杂领域,出现各种不同声音一点也不奇怪,这也表明笔者的研究还可以持续下去。

笔者在博士研究期间还孕育了一个小生命,辛勤的耕耘使她在毕业季不仅收获了此书,还有一个活泼可爱的儿子。期待笔者的两个作品都能继续成长。

是为序。

刘 燕

2015 年 4 月 13 日

Contents

目录

导　论

一、问题的提出

并购的实质是一种权利让渡行为,是权利主体依据产权作出的制度安排进行的优化重组。并购可以促进优势互补,实现资源的最优配置以及更大规模的经济效应,它在改善产业结构、促进产业优化升级、构建现代企业制度方面的重要性不言而喻。当今世界,经济全球化的迅速发展以及日益激烈的国际竞争迫使各国公司不断扩大规模,以增强自身的竞争优势。美国著名的经济学家施蒂格勒就曾说过:"几乎没有一家美国的大公司,不是通过某种方式、某种程度的兼并与合并成长起来的,几乎没有一家大公司主要靠内部扩张成长起来的。"①在这种情形下,世界各国的政府不断调整相应的政策对并购进行激励和规范,以促进本国并购交易健康有序地发展。

与国际并购活动的发展历程及活跃程度相比,我国的并购实践起步较晚,真正意义上的并购交易始于20世纪80年代初期,但却呈现出发展迅速的态势。根据清科研究中心的统计,在国际金融大环境复苏以及中国经济强劲发展的带动下,2010年我国并购市场实现了"井喷式"的增长,全年共完成并购交易622起,其中披露价格的501起并购交易总金额达到348.03亿美元,与2009年

---

① 转引自戚庆余:《中国企业并购战略与经典案例》,中国法制出版社2012年版,第2页。

所完成的294起并购交易相比,增长111.6%。[①] 即便是在2011年后金融危机时期,全球经济仍然持续震荡、中国经济宏观调控紧缩资金的背景下,我国的并购市场在并购交易数量方面与2010年相比仍然呈现明显增长态势,当年共发生并购交易2504宗,较2010年上升了14.9%。[②]同时,为深入贯彻党的十八大和十八届二中、三中全会精神,认真落实党中央和国务院的决策部署,营造良好的市场环境,充分发挥企业在兼并重组中的主体作用,2014年3月国务院颁布了《关于进一步优化企业兼并重组市场环境的意见》,未来我国企业的并购行为将会继续大量涌现。[③]

尽管并购的发生是多种因素共同作用下的复杂过程,但税收法律制度绝对是其中不容忽视的重要内容。有学者在实证考查后发现,虽然并购交易受多种非税因素的影响,但税制的变化对并购的影响仍然是第一位的。[④] 这是因为,现代的税法理念早已不再局限于传统的理财观——仅将税收作为筹集国家财政收入的工具,而是作为宏观经济调控的主要内容,被广泛地用作推行国家经济政策和社会政策的重要手段,政府开始重视并自觉运用税收所固有的经济调节功能,并通过税收杠杆大量介入市场主体的社会经济生活。[⑤] 而以获取税收利益为目的的并购重组行为,在国外常被视为是纳税人与财政税务部门的"零和博弈",税收发挥的作用在一定程度上取代了资源从纳税人到公司的再分配。[⑥] 税收可以通过改变纳税人的现金流来影响其并购的决策、并购方案的选择,并最终决定并购实施的可能性。在这种情形下,如何利用税收的调节机制及调控功能对纳税人的并购行为进行有效规范和指导,如何构建并完善并购税收法律制度,成为转型时期政府必须认真考虑的问题。

在并购交易涉及的各类税收问题中,所得税处理一直是学术界以及实务界关注的焦点。自1997年政府出台一系列规范并购交易的税法规则以来,对并购所得税制度的探讨和争论就没有停止过。在2008年新的《企业所得税法》出台之前,我国对内外资企业的并购所得税处理分别适用不同的税法规定,学界争议的

---

① 清科研究中心:"2010年中国并购报告",载《新理财》2011年4月。

② 北方交通大学中国企业兼并重组研究中心著:《中国企业并购年鉴(2012)》,中国经济出版社2012年版,第7页。

③ 参见《关于进一步优化企业兼并重组市场环境的意见》(国发〔2014〕14号)。

④ Myron S. Scholes & Mark A. Wolfson, The Effects of Changes in Tax Laws on Corporate Reorganization Activity, *Journal of Business*, pp. 141 – 164, January, 1990.

⑤ 刘剑文:"西方税法基本原则及其对我国的借鉴作用",载《法学评论》1996年第3期。

⑥ 李维萍:"我国税制对公司并购激励的实效性探讨",载《财经问题研究》2007年4月。

重点主要集中在内外资所得税不统一所导致的不公平待遇以及税收征管体制滞后等问题上，其认为我国的并购所得税制度难以适应并购实践发展的需要，该处理规定不仅会加大纳税人的税收负担，还会导致以避税为目的的并购交易的发生，进而对纳税人的并购行为产生一定的扭曲作用。①

2008 年我国统一了内外资企业的所得税处理规则，并首次以法律的形式对并购交易涉及的所得税问题进行了原则性的规定。② 此后，财政部与国家税务总局将之前分散的并购所得税处理规则进行了系统化的整理和完善，先后颁布了以《关于企业重组业务企业所得税处理若干问题的通知》（财税〔2009〕59 号，以下简称 59 号通知）、《关于发布〈企业重组业务企业所得税管理办法〉的公告》（国家税务总局 2010 年第 4 号公告，以下简称 4 号公告）以及《关于促进企业重组有关企业所得税处理问题的通知》（财税〔2014〕109 号，以下简称 109 号通知）为代表的一系列涉及并购交易的所得税处理规则。这些文件填补了企业所得税法及其实施条例未就并购作出具体规定的法律空白，为并购的所得税处理制定了基本的框架和规则，目前我国并购交易的所得税处理规则已经基本形成。

从总体上看，我国现行的并购所得税制度在立法理念与内容上基本符合我国的现实国情，其统一了内外资企业并购所得税的处理方法，降低了纳税人的税收负担；同时，现行并购所得税制度又与国际所得税的发展趋势接轨，引入了西方发达国家一些通行的所得税处理方法，这无疑会对我国并购实践的进一步发展打下良好的基础。但也有不少学者对现行的并购所得税制度持质疑态度，主要争议集中在以下几点：一是认为我国的并购所得税制度缺乏系统性和灵活性，在一定程度上难以适应并购市场创新发展的需要；③二是认为并购所得税制度在结构体系和具体设计方面存在一些技术性的缺陷，如合理商业目的缺乏明确的判断标准、反避税等措施需要进一步加强等；④三是认为并购所得税制度还有一些空白之处，如收购对价如何在收购资产中进行分摊等问题，还需进一步细化和具体化；⑤四是认为虽然我国在制定并购所得税制度时借鉴了国外的一些税法规则，体现了

---

① 冯果："反思与重购：我国企业并购税制之检视"，载《甘肃政法学院学报》2007 年 7 月。

② 参见《企业所得税法实施条例》第 75 条规定："除国务院财政、税务主管部门另有规定外，企业在重组过程中，应当在交易发生时确认有关资产的转让所得或者损失，相关资产应当按照交易价格重新确定计税基础。"

③ 中国证券报编著：《扩张的时代：中国企业并购重组之路》，中国法制出版社 2011 年版，第 5 页。

④ 蔡昌："企业重组税制缺陷与反避税安排"，载《税务研究》2011 年第 6 期。

⑤ 林德木："我国现行企业应税并购制度的解构与完善"，载《福建论坛》（人文社会科学版）2010 年第 10 期。

浓厚的对于其他国家的法律理论及实践的借鉴，但在中国国内的环境下实施效果如何尚不明确。①

笔者认为，之所以会产生这些争议，归根结底是因为目前我国对并购所得税处理规则背后所蕴含的基本原理提炼不足。众所周知，并购活动具有交易结构复杂、涉及环节多、资金量大等特点，对并购涉及的所得税进行核算是一项非常复杂的工作。在国外，尤其是以美国为代表实行判例法的国家，其税务法官在长期实践中不断地对并购所得税处理所应遵循的基本原理进行归纳和总结，并以这些基本原理为基础对制定法中的相关税收规则进行解释和补充，这一过程不仅使纳税人所适用的税收待遇标准变得日益成熟与完备，也使得本国的并购所得税法律制度自成体系，体现出越来越细致严密的特点。②

相比西方发达国家严密系统的并购所得税法体系，我国的并购所得税制度显得相对单薄、缺乏整体的考虑、空白面较多，且过于强调简便性，不利于指导实践。这是因为长期以来，我国并购所得税制度的制定与修订缺乏系统性的设计与安排，长期以来基本上都是以"打补丁"的方式进行的，针对并购实践中不断涌现的新问题而对相关税收法规进行补充和调整，因此我国的并购所得税制度首要的目标是追求灵活性，而非发布效力的长久性。③ 这样的立法方式从长远来看既不利于并购交易的规范发展，也不易于被广大纳税人甚至税务部门所理解和把握，而纳税人如果无法对其行为的税收效果进行合理的预测，将会严重影响其作为市场主体的自由和理性的选择。

以目前我国并购所得税制度中最为重要的文件——59 号通知为例，虽然该通知仅包含 13 个条款，却被学者们誉为是所得税税务处理中最为晦涩难懂的部分，同时也是企业所得税领域中最复杂、最专业的文件。④ 它的"复杂性"并非源于众所周知的并购交易所得税处理是一项非常复杂的工作，而是源于该通知对并购交易结构所作的大量的、未明确说明的假设，即便是税务专业人士对这些结构也并不熟悉；同时，该文件的大部分内容，即便是一些看上去相对清楚的规定，也令许多税务专业人士感到迷茫，主要是因为立法者是基于自身对企业所得税原理的理解而制定的文件，但这些理解既未在现行的税法中予以明确，也并未广泛地

---

① 崔威："国有企业重组的'超特殊'税务处理：法律背景及评议"，载《中外法学》2010 年第 6 期。

② 雷根强、沈峰："国外公司并购税制的主要特点和发展动态"，载《涉外税务》2003 年第 10 期。

③ 崔威："企业重组税务规则起草过程的反思"，载熊伟主编：《税法解释与判例评注》（第 1 卷），法律出版社 2010 年版，第 132 页。

④ 同上，第 123 页。

为税务专业人士及纳税人所领会。①

要解决我国并购所得税制度中存在的问题,应当在厘清并购交易本质的基础上,对并购所得税法规则背后所蕴含的基本原理进行提炼和总结,进而再结合我国的现实国情构建一套深层次且具有前瞻性的并购所得税法律体系。以此为背景,本书试图以并购交易所得税规则背后所蕴含的基本原理,即利益持续原则为起点,对并购交易所涉及的所得税事项进行剖析,并通过借鉴其他国家或地区成熟的并购所得税立法经验及实践,探索我国并购所得税收法律制度未来的发展及完善方向。

二、相关概念的界定及题目的说明

(一)并购的含义

随着我国市场经济的不断发展和完善,并购已经成为经济实践中的重要现象,而“并购”一词也开始频繁地出现在各类学术著作及相关论文中。但由于我国现行的法律法规并没有对“并购”的概念和范围作出明确的界定,因此不论是学术界还是在实践中,对“并购”一词的使用非常灵活,而正是这种经济用语的灵活性导致了它的不严谨性,人们对“并购”一词的使用日趋宽泛。② 在很多情形下,兼并、合并、收购、联合、购并、重组等概念往往和“并购”交叉起来或是混合起来使用,这在一定程度上造成了人们对这些术语的模糊认识甚至滥用,因此,对“并购”及相关概念的厘清对本书的写作非常必要。

1. 经济学意义上的“并购”

“并购”原本是一个经济学的用语而非法学的术语,国外的学者们一般用“merger and acquisition,M&A”表示并购,我国的学者通常将其翻译为“兼并与收购”,而“并购”一词正是“兼并与收购”的简称。

其中,“兼并”(merger)一词在经济实践中一般有狭义与广义两种含义。“merger”常用于指代狭义上的兼并,是指一家公司被另一家公司所吸收,前者丧失独立的法人地位,而后者则继续保持其独立法人资格,并获得前者的财产、责任义务以及权利等事项。③ 广义上的兼并则常用“consolidaiton”表示,是指两个或更多的独立公司合并组成一个公司的行为,通常是一个占优势的公司吸收另一家或

---

① 崔威:“企业重组税务规则起草过程的反思”,载熊伟主编:《税法解释与判例评注》(第1卷),法律出版社2010年版,第124页。

② 朱华芳:“与并购相关的几个概念的界定”,载《运城学院学报》2005年10月。

③ Henry Campbell Black, *Black's Law Dictionary*, West Publising Company, 1979, p. 891.

其他所有的公司。[1] 我国学者一般将“consolidation”翻译为“合并”,但实际上在国外的并购实践中,consolidation 与 merger 并没有很严格的区分,均可用于表示广义上的“兼并”,也即各种形式的公司合并。[2]

“收购”(acquisition)一词在实践中也有狭义与广义的区分。狭义的“收购”是指一个公司通过产权交易取得对另一个公司一定程度上的控制权,以实现特定经济目标的行为。从定义可以看出,狭义上的“收购”强调控制权的转移,其不会因此而引起被收购公司法人人格的变化,即被收购公司通常在收购后仍保留其法人实体地位,这与兼并后被兼并公司会丧失其法人资格不同。按照收购标的不同,狭义的收购可分为资产收购(asset acquisition)与股票收购(stock acquisition)两种类型。前者指收购公司为获取目标公司经营某种业务的能力,而购买目标公司的全部或者部分资产的行为。而后者,即股票收购的目的是取得目标公司的股权,因此收购公司购买的是目标公司的全部或者部分股份。广义上的“收购”则是对上述兼并(merger)、合并(consolidation)以及资产收购(asset acquisition)与股票收购(stock acquisition)的总称,尤其是其被当作收购与兼并同时使用的时候。[3] 但一般而言,经济实践中的“收购”通常用于指代狭义上的含义,即仅包括资产收购与股票收购。

由此可以看出,经济学意义上的并购一般包括三种类型:合并、资产收购与股票收购。[4]

2. 法律意义上的“并购”

“并购”一词常出现在一些法律法规中,如《上市公司并购重组财务顾问业务管理办法》(中国证券监督管理委员会第54号令)、《关于外国投资者并购境内企业的规定》(商务部等六部委〔2006〕第10号)等文件都对“并购”有所提及。但遗

---

① 转引自《大不列颠百科全书》1999年版,林德木著:《美国联邦公司并购税收制度研究》,科学出版社2010年版,第2页。

② 林德木著:《美国联邦公司并购税收制度研究》,科学出版社2010年版,第3页。

③ 干春晖、刘祥生著:《企业并购:理论、实务、案例》,立信会计出版社2002年版,第4页。

④ 值得注意的是,经济学上所谓的“重组”是比“并购”范围更广的一个概念,主要包括四类产权变动行为,第一类为扩张型重组,包括兼并、收购、发盘收购、联营,第二类为收缩型重组,包括分立、分离、资产剥离,第三类与第四类均代指企业本身不发生变动的前提下内部股东发生变化,其中第三类主要包括公司的控制,如溢价回购、代表权争夺等;第四类则是指所有权结构的变更,如转为非上市公司、杠杆收购等。从一定意义上讲,“并购”实际上是扩张型重组行为的总称,因为合并、收购等行为在概念上存在本质的共通之处,在经济运行中产生的作用也基本一致,即不断扩大企业的规模,以发挥规模效应。参见[美]J.弗雷德·威斯通、[韩]S.郑光、[美]苏珊·E.侯格等著:《兼并、重组与公司控制》,唐旭等译,经济科学出版社1998年版,第3页。

憾的是,这些文件并没有对"并购"的含义及范围加以明确。反而是一些与并购相关的概念如"兼并"、"合并"、"收购"、"重组"等,在我国的相关法律规范中有相应的界定。

"兼并"一词最早出现在国家体改委、国家计委等部门在1989年联合发布的《关于企业兼并的暂行办法》(体改经〔1989〕38号)中,指的是"一个企业购买其他企业的产权,使其他企业失去法人资格或改变法人实体的一种行为"。1996年财政部颁发《企业兼并有关财务问题的暂行规定》(财工字〔1996〕224号,已失效),该规定对于"兼并"的界定与《关于企业兼并的暂行办法》中基本一致,规定兼并是指一个企业以购买等有偿方式取得其他企业的产权,使后者失去法人资格或虽然保留法人资格但变更投资主体的一种行为。与上述经济学意义上的"兼并"相比,法律上"兼并"显然指的是广义上的兼并,即"合并"行为。

"合并"一词的含义在我国的《公司法》中予以了明确。根据现行《公司法》的规定,合并包括"吸收合并"和"新设合并"两种类型。其中,吸收合并是指一家公司吸收其他公司的行为,被吸收的公司在合并后解散;新设合并则是指两个以上公司合并设立成为一个新公司的行为,合并后各方均宣告解散。① 无论是吸收合并还是新设合并,合并各方的债权债务均由合并后存续的公司或者新设的公司承继。两者唯一的区别是吸收合并中并购公司事先已经存在,而在新设合并中并购公司是合并后新成立的公司。

"收购"一词在我国的证券法律法规中出现的频率最多,如我国《证券法》第四章规定"上市公司的收购"是指投资者可以采取要约收购、协议收购及其他合法方式收购上市公司的股份,以达到对该公司控股或兼并的目的。由此可以看出,证券法上所谓的"收购"实际上等同于经济学意义上的"股票收购"。这一点在2012年新修订的《上市公司收购管理办法》(中国证监会第77号令)中也有所体现,根据该办法,上市公司收购意味着收购方通过取得股份的方式,或者通过投资关系、协议以及其他途径成为被收购方的控股股东或实际控制人。②

值得注意的是,相关证券法律法规中对"资产重组"一词也有所涉及,如2011年的《上市公司重大资产重组管理办法》中指出,重大资产重组指的是"上市公司及其控股或者控制的公司在日常经营活动之外购买、出售资产或者通过其他方式进行资产交易达到规定的比例,导致上市公司的主营业务、资产、收入发生重大变

① 参见《公司法》第172条。

② 参见《上市公司收购管理办法》(中国证监会第77号令)第5条。

化的资产交易行为”。[①] 尽管该文件中用的是“资产重组”一词，但从定义中可以看出，它实际上指的是经济学意义上的“资产收购”，即收购的另外一种形式。

相比之下，我国的税收法律法规中对于“重组”一词的界定显然要宽泛很多。财政部及国家税务总局在59号通知中指出：“企业重组是指企业在日常经营活动以外发生的法律结构或经济结构重大改变的交易，包括企业法律形式改变、债务重组、股权收购、资产收购、合并、分立等。”其中，法律形式的改变是指企业注册名称、住所以及组织形式等内容的简单改变；债务重组则是指在债权人在债务人发生财务困难的前提下，与其达成一致或根据法院裁定就债务人的债务作出让步的行为；股权收购是指收购方通过购买另一家企业的股权，以获得对该企业控制权的交易；资产收购则是指收购方购买另一家企业实质性经营资产的行为；合并的定义是一家或多家企业将其全部资产及负债转让给合并企业（包括现存的企业或新设的企业）的交易；而分立则意味着被分立企业将其部分或全部资产分离转让给分立企业（包括现存企业或新设企业）的行为。[②] 从定义可以看出，税法上的“重组”比“并购”所包含的范围更广，这一点类似于经济学中对“重组”的界定。[③]

综上所述，由于“并购”一词目前并不是一个法律术语，而相关法律法规也并未对其进行明确的界定，因此本书探讨的“并购”将借用其在经济学意义上的含义，即主要是指一家公司为获取另一家公司的部分或全部控制权，通过取得控制性股权而成为另一家公司的大股东的过程，是购买公司、售卖公司或与不同公司结合的一系列产权交易活动。[④] 并购包括合并、资产收购、股票收购三种行为。

（二）利益持续原则的含义

利益持续原则（continuity doctrine）最早是由美国判例法提出的一个概念，是美国法院在长期的司法实践中对并购所得税处理规则所应遵循的基本逻辑进行提炼与总结的结果。提出该原则的首要目的是防止纳税人的应税销售行为滥用美国税法典对于免税并购的规定，而后又逐渐体现在立法者对并购所得税制度的具体设计之中。

---

① 参见《上市公司重大资产重组管理办法》（中国证监会第73号令）第2条。

② 参见《关于企业重组业务企业所得税处理若干问题的通知》（财税〔2009〕59号）第1条。

③ 我国税法上的“重组”概念显然是借鉴了国外税法尤其是美国《联邦税法典》（U. S. Internal Revenue Code）第368条中对于“重组”的界定。该法第368条尽管并不是美国税法中唯一适用于公司重组的条款，但却是最为重要的一个条款。该条款对公司的重组行为规定了颇为详细的技术要求，并对其进行了必要的分类，即A型重组（法定兼并或合并）、B型重组（股票收购）、C型重组（资产收购）、D型重组（资产转移给受控公司）、E型重组（资本重组）、F型重组（公司名称、形式或地点等事项的变更）以及G型重组（破产重组）。

④ 载http://zh.wikipedia.org/wiki/%E5%85%BC%E5%B9%B6，2011年5月3日访问。

具体来说，利益持续原则有两个层面的含义：在公司层面意味着营业的持续(continuity of business enterprise，CBE)，即并购后目标公司的历史性营业或历史性营业资产的重大部分应当继续得以运营；在股东层面则是指股东利益的持续(continuity of shareholder interest，COI)，即目标公司的历史性股东可继续保持对并购前目标公司的资产及收益的所有者权益，且与其他历史性股东的相互关系也应当像并购前一样。[①]

(三)关于题目的说明

公司并购一般要经过前期准备阶段、并购交易阶段以及并购后的整合阶段，每一个阶段都会涉及相关的税收问题，而本书所要探讨的主要是并购交易阶段的税收法律事项。另外，并购交易中涉及的当事人比较宽泛，包括被并购方(目标公司)、被并购方股东(目标公司股东)、收购方(并购公司)、收购方股东(并购公司股东)，以及所有其他相关人员，特别是与被收购方或收购方有合同或其他法律关系的债权人等。[②] 但基于对所得税事项的考虑，本书主要关注以下三方当事人，即目标公司、目标公司股东和收购公司。值得说明的是，由于并购交易涉及的环节多、金额大，在此过程中会产生大量的税收问题，纳税人可能会面临诸如所得税、增值税、营业税、契税、印花税等多个税种的税收处理问题，但由于并购交易的核心是资产权属的改变，所得税即成为其中最主要且最重要的税种，因此，如不作特别说明，本书的研究均指向并购交易中所涉及的所得税问题。

三、国内外相关研究文献综述

(一)国外研究概况

西方国家的并购实践始于19世纪下半叶，经过100多年的发展，大多数国家已经形成了较为完善和全面的并购所得税法体系。与本国的并购实践发展相一致，以美国学者为代表的西方学者，在并购所得税法领域的研究也较为活跃，且始终处于领先地位，研究成果颇丰，这为我国进行相关的研究工作提供了必要的借鉴和参考。

总的来说，国外学者在并购所得税法律制度方面的研究主要集中在两个领域：一是对各种具体并购模式下的所得税课税规则的深入剖析。如Richard L.

① Robert A. Jacobs, Reorganizing the Reorganization Provisions, *New York University Tax Law Review*, 34:415, 1979.

② V. 图若尼主编：《税法的起草与设计》(第2卷)，国际货币基金组织、国家税务总局政策法规司译，中国税务出版社2004年版，第913页。

Goldman（1963）对资产收购的成立要件以及税务处理进行了评述，认为从税收筹划的角度考虑，免税资产收购的法定条件相对苛刻，对于并购方而言，通常不像合并交易那么有吸引力；[①]Paul P. Senio（1971）则通过对美国1971年《国内税法》中对于反向三角兼并税收处理规则的分析，指出这种并购模式非常重要，且在税收政策的激励下会逐渐成为企业的主流并购方式；[②]Michael L. Schultz（2006）对收购型D型重组税收规则的发展历程进行了分析，其认为这种类型的并购所必需具备的三个法定免税要件不能适应现实的发展，[③]如为了保障股东利益持续而规定的"控制"要件，并不能对目标公司股东的再投资与原始收购对价进行区分，应当进行修订。[④] 二是学者们对所得税法因不断适应并购发展的新趋势所作出的调整与修订进行的分析与探讨。如 Robert A. Jacobs(1979)对美国国会首次颁布免税并购重组条款的意图进行了审视，认为《联邦税法典》第368条并没有完全遵循最初的立法目的。[⑤] 自1986年起，美国联邦税法加大了对并购公司利用目标公司净营业亏损等有利税收属性的限制，David W. Larue(1987)通过对这一修订事项的分析，对所得税法规则所应遵循的税收中性原则进行了评价。[⑥] Suresh T. Advani（2008）则对美国现行并购所得税处理规则中的不对称性进行了分析，认为它并没有像规范金融产品、员工补偿金等税法规则那样，让处于同一交易中的交易双方享受同等的税收待遇。[⑦]

鉴于利益持续原则在并购所得税规则中的重要性，西方学者尤其是美国学者对该原则的研究非常深入。与利益持续原则，尤其是股东利益持续原则从迅速发展到扩大适用，再到重归最初目的的发展历程相对应，国外的研究成果表现出如下几个特点：一是在引入利益持续原则的初期，学者们对该原则的探讨主要集中在如何判断股东利益是否持续的评判方法上。如 Valentine Brookes(1946)在对确立股东利益持续原则的几起判例进行回顾的基础上，分析了如何对合并交易、

---

① Richard L. Goldman, The C Reorganization, *Tax Law Review*, 19:31, 1963.

② Paul P. Senio, The Reverse Triangular A Merger-An Important New Reorganization Tool, *The Tax Magazine*, May 1971.

③ 收购型D型重组必须具备三个法定免税要件，即收购公司获得目标公司"几乎全部资产"，目标公司清盘以及目标公司股东"控制"要件。参见美国《联邦税法典》第368(a)(1)(D)条。

④ Michael L. Schultz, The Future of Acquisitive D Reorganizations, *The Tax Magazine*, March 2006.

⑤ Robert A. Jacobs, Reorganizing the Reorganization Provisions, *Tax Law Review*, 35:415, 1979.

⑥ David W. Larue, A Case for Neutrality in the Design and Implementation of the Merger and Acquisition Statues, *Tax Law Review*, 43: 85, 1987.

⑦ Suresh T. Advani, Asymmetric Acquisitions: Treating Buyer and Seller Differently in the same Transaction, *Tax Magzine*, March 2008.

资产收购等方式下股东利益是否持续进行判断。① 二是在利益持续原则不断扩张适用的阶段,多数学者从利益持续的时间、动机、性质等各个角度对该原则进行扩张解释。如 Jere and kenneth (1981)认为,判断并购交易中的股东利益是否持续,不应当局限于对交易过程中目标公司股东持有并购公司股票的情况进行考察,还应当扩展到对并购后该股东是否出售其所持有的股票方面加以判断。②但在这一时期,也有学者开始意识到将利益持续原则无限地扩大适用并不科学,这将会导致该原则被滥用,Peter L. Faber(1981)甚至严厉地对利益持续原则进行了批判,其认为税收制定法正朝着越来越严密细致的方向发展,作为因弥补制定法的不足而引入的利益持续原则似乎已经是毫无用处了,即便是继续保留该原则,也应当将其限缩在对并购交易当事方关系的判断上。③ 三是在利益持续原则回归本源的时期,学者们的研究主要聚焦于如何科学地运用利益持续原则。如 James A. Nitsche(1998)认为,不能一味地对利益持续原则进行扩张适用,并将其作为评判一切的"万灵药"(cure-all)。Michael L. Schultz(2002)则指出利益持续原则并没有与并购实践同步发展,应当对税法进行必要的改革,如限缩第 335 条的适用。④

(二)国内研究概况

在我国,并购活动始于20 世纪80 年代,但自20 世纪90 年代初政府才开始运用税收手段对其进行规范和引导。近些年来,并购所得税方面的研究成果不断涌现,总体上看,研究主要从以下几个角度展开:一是探讨税收对并购行为的影响。如邓远军(2008)认为,课税对并购的影响是研究并购税收宏观与微观问题的基础,并通过运用经济分析及实证分析的方法,对并购中的税收效应进行了归纳。⑤ 二是对国外并购所得税制的分析与借鉴。如陈建国(2006)认为,与美国的立法及实践经验相比,我国的并购所得税制是在补充企业所得税法的过程中逐步形成的,立法原则不鲜明。⑥ 三是对并购活动纳税筹划的建议。如曾强安(2007)指出

---

① Valentine Brookes, The Continuity of Interest Test in Reorganizations-a Blessing or a Curse. *California Law Review*, March 1946.

② Jere D. Mcgaffry, Kenneth C. Hunt, Continuity of Shareholder Interest in Acquisitive Corporate Reorganizaiton, *Taxes*, 10:59, 1981.

③ Peter L. Faber, Contituity of Interest and Business Enterprise: Is It Time to Bury Some Scared Cows? *Tax Lawyer*, 2:34, 1981.

④ Michael L. Schultz, The Evolution of the Continuity of Interest Test, *Taxes*, March 2002.

⑤ 邓远军:"课税对公司并购影响的经济分析",载《扬州大学税务学院学报》2008 年6 月。

⑥ 陈建国:"中美并购重组税制立法原则比较",载《涉外税务》2006 年9 月。

合理的税收筹划可以降低纳税人的并购成本，实现并购的最大效益。[①] 四是解析现行的并购税收优惠政策。如邹佳胤等（2009）结合我国的并购税收法律制度，对并购交易中税收优惠政策应遵循的原则等问题进行了归纳。[②] 五是检视我国并购所得税制中存在的问题。如冯果（2007）认为随着我国市场化改革步伐的加快，并购行为已呈现出新的发展趋势，但我国现行的税收法律制度滞后，无法适应新形势的需要，严重扭曲企业的并购行为，阻碍资本市场的健康发展，应当予以相应的调整。[③]

从上述分析中可以看出，国内的相关研究成果大多是从经济学和管理学的角度进行的，主要关注的是并购交易中的税收协同效应、税收筹划效应等问题，或者是利用经济分析模型来探讨税收对于并购行为的影响。如李维萍（2003）详细阐述了所得税制对公司并购激励的实效性以及公司并购的税收协同效应，并提出应当加强专门性免税并购规则的激励效应，同时结合“实质重于形式”的理念，以填补公司借资产重组之名、行节税之实的漏洞。[④] 解宏（2006）在其著作《企业并购的税收问题研究》中以资本结构理论为出发点，分别从微观和宏观两个不同的角度分析了税收对于并购决策及交易的影响，以及政府是否应当对并购征税等问题，并从税收立法原则、税收政策等方面对并购税制进行了中外比较。[⑤] 邓远军（2008）则从经济学的角度通过对并购的税收效应，以及课税对公司并购影响的经济分析等方面，探讨了公司并购中存在的税收问题。[⑥]

从法学角度对并购所得税制度进行研究的主要代表性成果有：林德木（2010）以美国联邦所得税法中的并购税收制度作为研究对象，对其基本内容及运行机理进行了详细的介绍和深入的分析，为完善我国的并购所得税制提供了参考和依据。[⑦] 刘淼（2010）则基于利益平衡理论的分析框架，探讨了国家间税收利益冲突所导致的跨国并购中的双重征税问题，以及国家与跨国并购当事主体间利益冲突所导致的并购融资避税问题，从而提出了全球化背景下我国跨国并购所得税制的完善建议。[⑧]

---

① 曾强安：“浅析企业并购税收筹划”，载《商业会计》2007 年 11 月。

② 邹佳胤、盛洪飞、何俊：“企业并购中税收优惠政策之法律规范研究”，载《福建论坛》（社科教育版）2009 年第 12 期。

③ 冯果：“反思与重构：我国企业并购税制之检视”，载《甘肃政法学院学报》2007 年 7 月。

④ 李维萍著：《资产重组的税收政策》，中国税务出版社 2007 年版。

⑤ 解宏著：《企业并购的税收问题研究》，中国财政经济出版社 2006 年版。

⑥ 邓远军著：《公司并购税收问题研究》，中国税务出版社 2008 年版。

⑦ 林德木著：《美国联邦公司并购税收制度研究》，科学出版社 2010 年版。

⑧ 刘淼：“跨国并购所得课税法律问题研究”，北京大学 2010 年博士学位论文。

上述研究成果对我国并购所得税制度的发展与完善发挥着重要的理论指导作用,从总体上看,我国学界在这一领域的研究呈现出以下几个特点(这些特点所反映出的问题同时也成为笔者进行本书创作的主要动因):一是我国学界对于所得税法领域下并购交易的研究尚处于起步阶段。目前的研究成果还主要停留在对国际经验的介绍方面,缺乏系统的、全面的、建立在我国国情之上的研究成果。尤其对2008年新的《企业所得税法》及其实施条例出台之后立法者所颁布的一系列并购税收文件,如59号通知、4号公告等所规定的并购所得税处理规则的系统性的研究较少。二是大多数成果的研究角度集中在经济学以及管理学领域,税法学领域的研究成果并不多。三是相比国外在并购所得税方面的研究,尤其是对于规范和指导并购交易的基本税法原理方面的丰富成果,我国学界对此领域的关注度显然远远不够。

如此看来,从法律的角度研究我国现行的并购所得税处理规则,并对这些规则背后所蕴含的基本原理进行提炼具有重要的现实意义。

四、本书的研究方法及研究思路

(一)研究方法

1. 历史分析方法。用历史分析方法研究西方国家的并购实践以及相关税法制度的产生、发展和演进的脉络,可以深入了解在并购所得税法制度中引入利益持续原则的缘由,以及该原则从产生到不断修正和完善的历程,从而更好地把握并购所得税法的运行机理。同时,历史分析方法也将运用于对我国并购所得税制度的探讨当中,并购在我国发展至今虽然只有20多年的时间,但恰逢我国经济体制转轨和改革的重要时期,与此相关的税收法律制度不可避免地体现着我国的具体国情。历史分析方法的运用将有助于正确理解我国并购所得税制度的历史作用及其存在的问题,从而探索解决之道。

2. 比较分析方法。由于各国在社会、历史、经济以及法律传统等方面都有不同之处,本书将利用比较分析方法来探讨和借鉴国外并购交易所得税制度的立法经验及具体实践,并着眼于我国并购所得税法的立法背景及现状,对我国并购所得税制度的发展路径进行展望。

3. 案例分析方法。本书将会选取并购交易发展过程中的一些国内外经典案例进行分析,探讨特定税法规则所赖以存在的社会经济条件,并提炼出其中所反映出的税法原理。

4. 实证研究方法。作为一个实践性很强的法律部门,税法中存在的许多问题都需要通过实证的研究方法进行分析。[①] 本书将通过实证研究方法对并购所得税处理规则的前提及基石，即利益持续原则进行分析，并将其放到各国的并购所得税制度中进行检验。

5. 法律与会计交叉研究方法。在探讨并购所得税处理规则时，必然会涉及相关的会计处理问题，因为纳税人的会计处理方式直接决定其对于并购交易应纳税所得额的认定，继而对纳税人的所得税负产生影响。[②] 本书将运用法律与会计交叉研究的方法，从法律与会计两个视角对我国并购所得税法律制度中存在的问题进行检视，并据以提出对相关问题的完善建议。

（二）研究思路

本书拟从利益持续原则的角度剖析并探讨并购交易涉及的所得税法律问题，力求解决以下五个层次的问题：一是利益持续原则的基本原理是什么；二是为什么在并购交易的课税规则中引入利益持续原则；三是从比较法的视角来看利益持续原则如何在各国并购所得税制度中得以运用；四是我国现行的并购所得税制度是否体现了利益持续原则；五是如何以利益持续原则为出发点，并借鉴国外的立法经验及实践来构建并完善我国的并购交易所得税法体系。

五、本书的主要创新点及不足

本书的创新点主要包括三个方面：首先，从法律的角度，利用税法的分析工具对并购交易进行解析并对其中蕴含的利益持续原则进行提炼和总结；其次，从利益持续的视角对并购交易适用的所得税制度进行深入的剖析和评价；最后，运用利益持续理念并结合实际国情探讨我国公司并购所得税制度未来的发展路径。

本书的不足之处在于，在对利益持续原则这一逻辑主线进行研究的过程中，笔者主要是对相关立法比较成熟，且该原则体现得较为充分的美国税法进行了分析与借鉴，而对其他国家并购所得税法中利益持续原则的演进以及发展过程并没有进行深入的探讨。另一个不足之处在于，作为探索我国并购交易所得税法律制度构建及完善的一个研究，本书主要关注所得税法的具体条款，而对并购交易的实证研究未能深入展开。这些不足之处都需要在今后予以改进并继续拓展研究。

笔者希望本书可以作为法学同人用以探讨并购所得税制度及其背后所蕴含的原理及逻辑的一个引子，为更多专家学者的进一步研究作一个铺垫。

---

① 王鸿貌著：《税法学的立场与理论》，中国税务出版社2008年版，第66页。

② 孙晋、许静："公司并购税收法律制度初探"，载刘剑文主编：《财税法论丛》（第8卷），法律出版社2006年版，第165页。

六、本书框架及各章内容简介

除导论与结论外，本书包含五章的内容，内容摘要如下：

第一章论述利益持续原则的基本原理。利益持续原则是并购所得税制度中的一个重要概念，也是本书作进一步研究的基础。从征税的角度看，并购交易无疑是具有可税性的，但大多数国家的所得税制度都允许符合一定条件的并购交易适用相应的免税待遇。在这一过程中，利益持续原则表现为对所得税基本原则——收入实现原则的偏离，也是税收中性原则在并购所得税制度中的体现。同时，利益持续原则也有其现实意义：从并购实践与所得税制度互动发展的历史来看，它是科学设计并购所得税制度的要求；而从税法规制的角度来看，它体现了政府对并购交易进行调控和引导的要求。

第二章以美国税法为例证对利益持续原则的起因、内涵及发展演进历程进行分析。利益持续原则源自于美国法院在长期的司法判例中对并购所得税处理规则所应遵循的基本原理进行的提炼与总结，该原则经历了迅速发展、扩张适用与回归本源的发展历程，并逐渐成为架构并购所得税法律制度的逻辑主线。利益持续原则包括股东利益持续原则与企业营业持续原则两个方面：在公司层面意味着营业的持续，即并购后目标公司的历史性营业或历史性营业资产的重大部分应当继续运营；在股东层面则是指目标公司的历史股东可继续保持对并购前目标公司的资产及收益的所有者权益，且与其他历史性股东的相互关系也应当像并购前一样。

第三章从比较法的视角探讨利益持续原则在国外并购所得税法律制度中的运用。希望通过对美国、英国、日本、德国等国家或地区的并购所得税制度的比较，为完善我国并购所得税制度提供相应的借鉴与参考。西方国家的并购实践历经百余年的发展变迁，已经形成了一套比较完整和合理的并购所得税法律体系。尽管由于各国国情、政府对并购的导向态度以及税收征管水平有所不同，西方各国并购所得税制度的具体内容也有一些差异，但从总体上看，利益持续原则是制定一国并购所得税制度时必然遵守的规则。并购所得税制度以利益持续原则为基石，凸显了西方各国鼓励并购交易的立法价值取向；同时，各国政府鼓励具有真实交易目的的并购行为，并且不断加强反避税措施以防止纳税人进行以避税目的的并购交易。

第四章是对我国并购所得税法律制度的解析。回顾并梳理我国近 30 年来的并购交易以及并购所得税制度的发展历程，可以看出并购交易在我国的发展是从政府主导到以市场为导向，而并购所得税制度则经历了从无到有、从简单到逐渐完善的过程。我国现行并购所得税制度的立法理念与基本内容沿袭了西方国家尤其是美国税法的做法,并依据纳税人当期是否需要确认并购交易的收益或损失将并购交易区分为一般性税务处理和特殊性税务处理两大类,对应学术界与实务界通常所谓的应税并购与免税并购。与之前的并购所得税处理规则相比,现行的并购所得税制度对相关概念进行了厘清、对一些税务处理进行了优化、采用多项税收技术措施加大了反避税的力度,并终结了内外资企业适用不同的税制而对并购行为造成的扭曲。但不可否认的是,现行并购所得税制度仍有一些规则背离了利益持续原则,如对并购方支付对价的要求、特殊性税务处理中计税基础的确定、税收属性的结转利用等。这些缺陷需要我们对现行并购所得税制度作进一步的改革与完善。

第五章是基于利益持续原则对完善我国并购所得税制度所提出的一些建议。本部分从构建符合我国国情的利益持续原则出发,提出在下一步改革中应当提高并购所得税制度的立法位阶,加强反避税的立法措施,并构建激励型并购所得税制度。同时,还应当以利益持续原则为基础,扩大特殊性税收处理的适用范围、调整相关免税法定要件,以及细化相关税务处理规则,以此来进一步完善并购交易特殊性税务处理规则。而对于一般性税务处理规则的完善,则应当明确资产收购的支付对价的分摊方式、完善合并交易中商誉的确认方法、补充对视为资产收购的股权收购的处理,并区分资本利得与普通利得,从而构建起符合我国国情的、科学的、系统的并购所得税法律制度体系。

第一章　利益持续原则的基本原理

并购交易与一般的资产交易相比，如资产的出售或转让行为，具有交易复杂、涉及环节多、资金量大等特点，因而并购所得税制度通常是一国的所得税法体系中最为复杂和专业的部分。如果在制定相应的税收规则时不遵循一定的基本原理，或者没有一个逻辑主线去架构整个并购交易的所得税制度体系，那么，这样的并购所得税处理规则必然会成为有缺陷的制度设计。利益持续原则是并购所得税法律制度体系中的一个重要概念，它是美国法院在长期的司法实践中对并购所得税处理规则所应遵循的基本原理进行的提炼与总结，也是构建并购所得税法律制度体系的逻辑主线。从利益持续原则在所得税法体系中的定位及其意义出发，对该原则的基本原理进行探析，是对并购所得税法律制度进行分析研究的前提。

第一节　利益持续原则的税法解读

并购交易是可税的，在交易过程中发生的权益交换应当按照所得税处理的一般规则确认纳税人的收益或损失。但大多数国家的所得税制度中均对并购交易作了特别的规定，即允许纳税人在符合一定条件的情形下，适用相应的免税待遇。[①] 在这一过程中，利益持续原则表现为

---

① [美]休·奥尔特、[加]布赖恩·阿诺德等著：《比较所得税法——结构性分析》（第3版），丁一、崔威译，北京大学出版社2013年版，第360页。

对所得税处理的基本规则，即收入实现原则的偏离，同时，该原则也体现了税收中性原则，是对并购交易税收后果中性化处理的要求。

一、利益持续原则是对收入实现原则的偏离

（一）并购交易的可税性分析

根据可税性原理，国家是否要对纳税人的某项活动进行课税，不仅要考虑在经济上的可能性与可行性，还要考虑在法律上是否具有合法性与合理性。①

从合法性的角度考虑，并购的本质是一种所有权交易，国家对这一行为进行征税及调控有合法的理由，因为权利交易所产生的罅隙，使税收这一杠杆工具有机可乘，也使得税法调整这一重要“支点”得以显现。② 具体来说，并购交易实质上是在一定的财产权利制度和企业制度条件下，由纳税人所进行的一系列资产、股票或业务的转让或置换行为所组成的，是各权利主体在企业控制权运动的过程中，依据企业产权所作出的制度安排而进行的一种权利让渡。从被并购方的角度看，并购意味着要向并购公司转让资产、业务或股票以获取相应的经济利益；而从并购公司的角度看，并购则是指以一定的对价购买被并购公司的资产、业务或股票，以获得对方的经营能力，或取得对方的控制权。既然并购交易是对纳税人所有权或者控制权的让渡，其中所涉及的转让及置换行为均应当依据税法的规则确认收益或损失，而纳税人在并购过程中所实现的所得也必然会成为所得税所指向的征税对象。

从合理性的角度考虑，纳税人在并购过程中产生的收益是可税的。收益是所得税法的一个核心概念，指的是相关主体“得到的利益”，或者说是其“经济能力或某种福利的增加”。③ 收益是确定能否对纳税人进行课税的最基本、最重要的因素，各国政府在确定某项行为是否属于征税范围时均会对收益性加以强调，因为税收活动的实质是对社会财富的分配和再分配，纳税人只有存在收益时，才可能具备相应的纳税能力，同时，只有向有纳税能力的纳税人进行的课税，才会被认定为合理的、可税的税收行为。④ 在并购交易中，财产的原所有者对其资产或股份的所有权进行转移，并通过所有权的转移实现了所谓的“收益”，这属于应税事

---

① 张守文：“论税法上的‘可税性’”，载《法学家》2000 年第 5 期。

② 张守文：“股权交易的税法规制”，载《江西财经大学学报》中国法学会经济法学研究会 2005 年年会专辑。

③ 张守文著：《财税法疏议》，北京大学出版社 2005 年版，第 153 页。

④ 同上。

项,在学界并没有太大的分歧。

当然,纳税主体的行为存在收益,具有理论上的纳税能力,这只是对主体征税与否的基础性的因素。在确定某一行为是否属于税法的征税范围时,政府还需考虑该主体是营利性主体还是公益性主体、主体的收益是属于营利性收益还是非营利性收益。对以营利为目的进行活动的收益主体应当予以征税;但如果该收益的主体不是以营利为目的的,其宗旨和活动具有突出的公益性,则不应当对其征税。① 传统的经济学理论对于并购的动因研究颇丰,其主要从微观和宏观两个方面对纳税人并购的原因及目标进行了深入分析。其中,比较有影响的理论有规模经济理论、交易费用理论等。② 其中,规模经济理论认为,企业希望通过并购来扩大生产经营规模,而生产经营规模的扩大可以降低产品的单位成本,获得垄断价格,从而提高利润。交易费用理论则认为,并购交易最大的功效之一是对交易费用的节约,因其可导致企业组织结构及规模结构的变化,使并购后交易双方的交易"内部化"。由此看来,不论是为了获得垄断利润,还是为了节约交易成本,企业进行并购交易的最终目的都是为了营利,也即并购活动不具有突出的公益性,因此,并购交易无论从合法性角度还是从合理性角度来看都是具有可税性的。

(二)所得税处理中的收入实现原则

根据税法原理,应税所得的基本概念有三种:一是所得的增值概念,以美国为代表的一些国家认为,任何已实现的财产增值均可视为所得;二是所得的来源概念,即只有来自某一种来源的收益才能被确认为所得;三是所得的信托概念,即将所得与资本区分开来。无论采用哪种所得的概念,国家只能对已经"实现"的所得进行征税。③ 这样的税务处理规则是由在所得税法体系中处于核心地位的收入实现原则所决定的。

"收入实现原则"最初是一个财务会计处理中的重要概念。"实现"以会计实务中用以确认收入的基本标准,是会计人员为计量、呈报收入的时间而确立的一个具体规则,它决定着收入确认、计量和报告的时间点。根据收入实现原则,会计账务只反映已经形成现金流入或获得现金要求权的特定交易或事项的结果,而不必反映那些价值已经发生变化但尚未实现事项的影响。④

收入实现原则与以下两个概念是密不可分的,即"实现事件"(realization

---

① 张守文:"论税法上的'可税性'",载《法学家》2000年第5期。

② [美]J. 弗雷德·威斯通、[韩]S. 郑光、[美]苏珊·E. 侯格等著:《兼并、重组与公司控制》,唐旭等译,经济科学出版社1998年版,第177~191页。

③ [美]维克多·瑟仁伊著:《比较税法》,丁一译,北京大学出版社2006年版,第236页。

④ 黄慧丽:"浅议会计的实现原则",载《北方经贸》2010年第9期。

event）以及“税务确认”（recognition）。其中，“实现事件”是指纳税人将其持有的资产变现或者置换成其他资产，或者是纳税人以现金或实物的方式实现了其投资收益；“税务确认”则是指对纳税人的所得或损失进行所得税意义上的确认。实现事件和税务确认在时间上的重合正是收入实现原则的典型体现，因为收入实现原则所要求的确认规则是，当且仅当出现实现事件时，才可以确认纳税人在税法意义上的收益或损失。① 即收入实现原则要求纳税人在资产的转让、出售或者其他产权交易环节确认应税收益或损失，而不是在收益或损失的发生时进行确认。②

对于并购交易而言，由于它是由一系列的资产、股票等事项的转让或置换行为组成的，因此在这一过程中的“实现事件”是指交易当事方对其所持资产或股票等的转让或者置换，而对并购交易进行“税务确认”，则是因为在并购中纳税人的资产或股票的权利主体发生了变化。由此看来，根据收入实现原则，并购交易中纳税人对资产的转让或置换行为必然会引起会计上对于收益或损失的记录，以区别纳税人拥有的旧资产与新资产在种类及内容上的不同；同时，也必然会导致所得税规则对于纳税人收益或损失的确认，以计算并缴纳应纳税所得额。

（三）并购所得税确认过程中对收入实现原则的偏离

尽管并购交易中纳税人对于资产的出让或置换通常意味着税务“实现事件”的发生，但是否应当对纳税人所实现的并购所得进行“税收确认”则是另一个问题。③ 目前，大多数国家的所得税法中对于一些特殊类型的并购交易所得并不进行税收上的确认，而是允许纳税人在一定情形下享受免予在当期进行纳税的税收待遇。这些特定类型的并购交易的所得税处理方式是对收入实现原则的偏离。

之所以会对这些特殊类型的并购排除所得税一般处理规则，即收入实现原则的适用，主要是基于以下两方面的考虑：一是这些特殊的并购交易表现为权益投资者与其投资利益之间的联系并未割裂，其交易的增值部分体现在或者隐藏在非货币性交易性资产的入账价值中，这使得纳税人并没有显性的货币流入，因而不具有相应的纳税能力。④ 在这种情形下，如果对纳税人依照收入实现原则进行征税，势必会使纳税人背负沉重的税收负担，进而阻碍并购交易的进行。二是在此类并购交易中，权益投资者的资本仅发生了形式上的变动，而并没有改变其资本

---

① 何清：“论美国联邦所得税制度下的实现原则”，中国政法大学2009年硕士学位论文。

② 崔威：“资产出资的税务处理：从一个细节看新企业所得税制”，载《月旦财经法杂志》2007年6月。

③ 姜浩著：《美国联邦公司税法制度研究》，中国政法大学出版社2009年版，第184页。

④ 辛连珠：“论企业特殊性重组资产计税基础的确认原则”，载《税务与经济》2011年第2期。

的实质。在并购交易后，权益投资者的资本依然保留在新公司当中，持有所有权的权益投资者依然可以继续参与新公司的成长。[①] 换句话说，权益投资者的投资利益将在新公司中得以持续。而这正是利益持续原则基本理念的体现。

二、利益持续原则体现税收中性的要求

法治国家一直强调税收中性原则，其基本含义是税收的课征不应当改变生产者和消费者的经济决策；不应当对资源配置的格局形成扭曲；不应当给纳税人带来额外的负担；不应当干扰市场机制的自然运作规律，对平等竞争的外部市场条件造成扭曲和破坏，以促使社会经济效率水平和福利水平的增长，并维护国内税负公平及国际税收公平。[②] 具体到并购交易，税收中性原则要求相关的所得税处理规则不能扭曲纳税人的并购动机，即并购所得税法律制度不能干扰纳税人正常的商业决策及价值取向。

如前所述，根据可税性原理，并购交易是可税的。而一旦某项经济行为在所得税法体系下被确定为是应当纳税的，就可能面临以下三种税收结果：一是在当期或者当年度被立即征税；二是享受递延纳税的税收优惠；三是依照相关法律永久免于纳税。[③] 值得注意的是，目前大多数国家对并购交易的所得税处理区分了应税并购及免税并购，但此处的"免税"并非真正意义上对纳税人的应纳税额直接进行免除，而是一种递延纳税的措施。即"免税"仅仅意味着对纳税人在并购交易中所发生的但并未实现的收益延迟纳税，而不是永久地免于课税。

在应税并购交易中，目标公司从其原有的业务中退出，目标公司股东的投资利益也得以实现，这是效率选择的结果，是资源的重新优化配置。同时，由于在交易过程中产生的收益或损失是可以确定的，因此从税收中性的角度看，对此类并购交易进行课税是不会扭曲纳税人的行为的。[④] 政府之所以会针对特定类型的并购交易制定"免税"，即递延纳税的税收政策，并不是为了给纳税人特殊的税收优惠待遇，而同样是为了确保此类并购交易税收后果的中性化，即纳税人实施符

---

① 姜浩著：《美国联邦公司税法制度研究》，中国政法大学出版社2009年版，第184页。

② 刘大洪、张剑辉："税收中性与税收调控的经济法思考"，载《中南财经政法大学学报》2002年第4期。

③ Patricia D. White, Realization, Recognition, Reconciliation, Rationality and the Structure of the Federal IncomeTax System, *Michigan Law Review*, No. 7 , Jun. 1990, pp. 2034 - 2096.

④ 邓远军："课税对公司并购影响的经济分析"，载《扬州大学税务学院学报》2008年6月。

合免税条件的并购交易时,既不会给其带来税收收益,也不会让其承受税收损失。[①] 这是因为从征税的角度来看,在免税并购交易中,权益投资者的投资利益并没有实现,继续保持着对相关资产的控制,由于交易的增值没有显现,因而无法确定在此类并购交易中产生的收益或损失。即利益持续原则实际上是税收中性原则在并购交易所得税领域的体现。

第二节　利益持续原则的现实意义

一、利益持续原则是科学设计并购所得税制度的要求——以历史发展为维度

从历史发展的角度看,并购实践与所得税法的关系非常密切,两者几乎是同时发展起来的。一方面,由于并购是所得税的课税对象,再加上并购对经济生活的重要影响以及并购本身所具有的复杂性等特点,如何对并购产生的收益进行课税成为所得税法体系中最为复杂,也最为重要的一部分;另一方面,所得税处理规则必须针对并购实践中出现的新现象、新问题进行相应的调整和完善,以便对并购行为进行有效的规范和引导,并使并购朝着有益于经济和社会生活的方向发展。在这种情形下,必须设立一个科学的并购交易所得税法律制度体系,这一体系应当是合理的、科学的且具有逻辑性的,以保证纳税人在进行并购活动时有据可循,同时还应当便于纳税人理解和掌握。而从并购与所得税法的互动发展来看,这一逻辑主线正是利益持续原则。

并购活动是有周期性的,自 19 世纪末到 21 世纪初,全球范围内先后出现了五次并购浪潮。其中,前四次并购浪潮主要发生在美国,深刻地改变了美国的经济面貌,促成了美国企业结构的重大改变,使美国经济由原先的以中小型企业为主导转变为当前的主要由跨国公司所构成的形式。[②] 第五次并购浪潮则开启了一个名副其实的全球并购时代,波及范围广、持续时间久且规模空前。而从并购实践与所得税法之间的互动与影响来看,前两次的并购浪潮促使立法者开始从所得税法的角度关注并购行为,并出台相应的处理规则对其进行调整。后三次的并购浪潮则促使相关的所得税制度不断修改和完善,并逐步形成了系统的并购所得

---

① V. 图若尼主编:《税法的起草与设计》(第 2 卷),国际货币基金组织、国家税务总局政策法规司译,中国税务出版社 2004 年版,第 924 页。

② 帕特里克·A. 高根著:《兼并、收购和公司重组》(第 4 版),顾苏秦、李朝晖译,中国人民大学出版社 2010 年版,第 29 页。

税法律体系。

（一）第一次并购浪潮促使所得税法开始关注并购交易

并购活动始于19世纪下半叶，并在19世纪末达到了顶峰，这一时期（1897～1904年）的并购交易主要发生在美国，并以横向并购为主。第一次并购浪潮后美国的工业集中程度显著提高，从而导致了美国出现接近垄断的市场结构。

并购活动的产生是以现代公司制度的确立和现代证券市场的形成为条件的。虽然这两项制度并不是主要为了并购而确立的，现代公司制度的出现是所有权与经营权相分离的必然结果，而现代证券市场的形成则是为了扩大公司的融资渠道，但这两种制度安排均在不同程度上极大地推动了并购的发展。[①] 首先，所有权与经营权的分离使公司的所有者不再直接参与公司的经营，而是将经营决策权授权给职业经理人，这样不仅可以使企业资源与经营管理人员达到最优的组合，也使得企业所有权的改变可以在企业控制权不发生变动的情况下发生，这为大规模并购交易的发生提供了前提条件。其次，证券市场的发展为并购交易的活跃创造了有利的现实条件，它不仅为并购交易的发生提供了规范化的交易场所，也通过投资银行的参与为并购活动提供了相应的资金支持。

第一次并购浪潮的爆发促使政府开始使用各种法律手段对并购进行规制。例如，这一时期美国一些州的公司法逐步放宽规定，公司在资本流动和扩大业务经营范围等方面享有更大的自由选择权。这些都为第一次并购浪潮的发生创造了良好的环境。但由于横向并购是从事同一行业或处于同一部门的企业之间所进行的、通过优势企业兼并劣势企业以实现规模经济和垄断利润的并购，虽然会使并购后的公司的市场竞争力明显提高，但最终的结果却往往是资本不断地向同一行业或同一部门集中，从而导致垄断的发生。为了防止垄断对自由经济秩序的破坏以及对自由竞争的妨碍，从而降低整个经济的运行效率，横向并购一直是反垄断法所规制的重点对象。在美国，《谢尔曼反托拉斯法案》虽然早在1890年就已经颁布了，但基本上是形同虚设，这是由于法院最初错误地将该法案用于对股东托拉斯的监管上，再加上该法案本身规定得不够具体，内容过于简单和抽象，因此《谢尔曼反托拉斯法案》非但并没有对垄断行为实施有效的约束，甚至在一定程度上加剧了某些行业垄断的形成。

在第一次并购浪潮中，税法对于并购交易的调整作用是微乎其微的，因为这一时期各国还没有出台与并购交易相关的税收制度。以美国为例，当时美国实施的是以关税为主的间接税制，虽然在1861年首次课征了所得税，但由于种种原因

---

① 邓远军著：《公司并购税收问题研究》，中国税务出版社2008年版，第73页。

又于1872年取消了对所得税的征收。第一次并购浪潮的结束并非法律限制的原因,是由于1904年证券市场的暴跌以及1907年大批银行倒闭难以再为并购活动提供所需的资金,第一次并购浪潮终止。在这种情形下,政府必然会逐步开始运用税收这一有力的经济杠杆来调节收入分配、促进资源的重新配置。

(二)第二次并购浪潮中并购所得税规则得以出台

第一次世界大战之后,美国的经济开始复苏并呈现出持续增长的趋势,工业生产快速发展,资本市场进一步繁荣,这为公司并购提供了充裕的投资资本,并购交易又开始活跃起来。在第一次并购浪潮中由于企业的横向并购交易导致了行业集中程度不断提高,政府认为自由竞争的市场秩序受到了威胁,而鉴于《谢尔曼反托拉斯法案》的执行不力,1914年国会颁布了《克莱顿法案》(Clayton Act),该法案加强了谢尔曼法中的反垄断条款,并规定如果并购使行业程度显著降低,则收购公司的股票行为属于非法。

由于政府对垄断加大了管制及调控力度,促使第二次并购浪潮(1916~1929年)中公司之间的横向并购开始向纵向并购演进。纵向并购通常是从事同一产品不同生产阶段的企业之间的并购行为,由于纵向并购能够给并购双方带来自然的协同效应,因此一些国家(如美国)为了刺激经济的发展,开始从税收角度为公司的纵向并购提供相应的税收优惠政策,由此并购税收规则得以在第二次并购浪潮中出台。

同时,美国国会于1913年根据《宪法修正案》重新恢复了所得税的征税制度,致使美国税制从以关税为主体的间接税制逐步转到以所得税为中心的复合税制,并逐渐形成了以所得税为主、关税为次的税收制度。自所得税恢复征收后,为了筹集战争所需的资金,政府不断提高所得税的税率,到了1918年,所得税率已经高达77%。与此同时,美国的并购交易规模在1916年开始不断扩大,公司发行股票的数量剧增,由于持股行为越来越普遍,股票交易所引起的高税负问题逐渐引起了人们的关注。而当时美国并没有资本利得税之说,一切收入均要按所得税征收,如此高的所得税率一方面造成了新的资产投资者望而却步,而另一方面则是资产持有者宁可选择继续持有资产而不是出售,由此导致了"资本锁定"效应的出现,这不仅极大地损害了并购参与者的利益,也对国民经济产生了不利的影响。

1918年,美国国会在颁布《税收法案》时对并购重组进行了规定,明确了在以股换股(stock-for-stock)的过程中,原公司股东所收取的对方公司以股票或证券形式支付的对价,如果不超过其转让给对方公司的股票的总市价或者每股面值的,可以不必在交易时确认收益或损失。国会声称,重组是"必要的营业调整",而这种调整并不会引起股东继续参加企业经营决策的变化,而对重组课税将会妨碍此类活动的发生;同时,国会指出“重组条款最初的立法目的并非是鼓励兼并或合并,而是将并购交易税收待遇的不确定性对并购决策所造成的消极影响降低到最小程度”。[①]

实际上在并购重组条款出台之前,人们就普遍认为,国会不能对没有明显改变纳税人投资形式的交易收税。例如,对资产的折旧不能征收所得税,因为折旧最终会转化为资产而非收入。如 1872 年的 Gray v. Darlington 一案中,法官认为仅能对购买在当年或次年的个人资产(非存货)的出售行为征税。[②] 但在最初的并购重组条款中,并没有将以资产置换股票(Stock-for-assets)的行为纳入其中,美国参议院在其 1918 年的报告中曾指出,资产转让给新公司以换取新公司股票的交易应放置在并购重组交易之外,即当纳税人进行以资产交换股票时必须就其实现的所得纳税。但政府随后改变了这一观点,1921 年国会开始关注税收对企业经营决策的副作用等问题。财政部的经济顾问 T. S. Adams 曾指出,任何重税都会阻碍重组的发生,而现行法律最大的缺陷正是如此。[③] 美国 1921 年税法典第 202(C)条款进一步明确了并购重组交易中股票或者证券的收益可以递延纳税,并扩大了并购重组的免税范围,将以资产置换股票的行为也纳入其中,规定了并购重组包括法定兼并、合并(包括收购公司获得目标公司绝大部分具有表决权股票的同时,获得其他种类股票的绝大部分;或者获得目标公司所有实质意义上的资产)、资本结构的改变(recapitalization)以及仅改变身份、形式、地址的行为。[④]

另外,美国 1918 年税法典还有一个缺陷,即仅规定了目标公司的股东在一定条件下可以不必确认以股换股行为收益或损失,但目标公司要在公司层面确认并购交购的收益或损失并纳税,美国 1924 年税法典对此进行了修订,并将公司并购重组的概念作了细微的调整,由原来的“并购重组包括……”变为“重组是指……”。这是“重组”一词首次在制定法中以定义的形式出现,这就意味着,除了制定法中所规定的重组类型外,其他类似的交易均不是税法意义上的“重组”,因此,将公司法上规定的重组行为套用到税法上来显然不符合税法对于重组的要

---

① Klaus Vogel, Worldwide vs. Source Taxation of Income-A Review and Reevaluation of Arguments (Part Ⅱ), Intertax, 1998 (10): 310. 转引自林德木著:《美国联邦公司并购税收制度研究》,科学出版社 2010 年版,第 41 页。

② Gray v. Darlington, 15 Wall. 63 (1872).

③ 解宏著:《企业并购的税收问题研究》,中国财政经济出版社 2006 年版,第 159 页。

④ 虽然 1921 年税法典中未对并购重组中的以股票置换资产(stock-for-assets)的行为是否纳税有明确的规定,但根据 1921 年税法典对并购重组的定义来看,这样的资产收购行为也不应当给纳税人带来税款的缴纳。

求。美国财政部副部长对于 1924 年重组规则的解释如下：只要是业务需要，你可以进行任何形式的重组，尽管股东没有从交易中获得任何形式的利益。[①]

旨在允许“必要的营业调整”的并购重组条款是促使 20 世纪 20 年代第二次并购浪潮发生的一个重要不可或缺的推动力量。但是在纵向并购中许多寡头得以诞生，生产的集中程度进一步加强。再加上第二次并购浪潮还有一个显著特点是债务融资收购，公司在并购交易中大规模举债，这使得投资者在获得更大收益的同时也面临着更多的风险。第二次并购浪潮也因此随着 1929 年 10 月股票市场的崩盘而结束。

公众将此次股市的崩盘归责于当时过于频繁的并购行为所引起的经济集中，而美国 1921 年税法典中免税并购重组条款所规定的有关“允许必要营业调整”，是造成 20 世纪 20 年代美国过多企业投身于并购交易的一个重要的且不可或缺的推动力量。[②] 而后，为了“阻止众所周知的避税情形”并使“改善公司财务状况所必要的合法重组”继续享受税收递延的优惠待遇，联邦税法于 1934 年对并购行为规定了法定兼并要件，众议院建议重组定义的设计要符合下列两个立法目的：一是利用州公司法阻止重组免税待遇的滥用；二是回应 1929 年股票市场大崩溃，限制过多的公司并购活动。[③]

（三）第三次并购浪潮中所得税法的调制作用开始显现

第二次世界大战后，西方国家纷纷走出了经济低谷期，并购交易又开始活跃起来。在这一时期，由于政府对反垄断更加强硬的态度及严厉的措施使横向并购及纵向并购大大减少。[④] 想实现扩张目的的企业不得不转而实施混合并购，即组建综合性的企业。此次浪潮中企业之间实施的多为跨行业的并购，并且有发展多元产业、多角经营的趋势，甚至出现了小公司收购大公司的现象。

所得税法在第三次并购浪潮（1954 ~ 1969 年）中发挥了非常重要的作用，引发并购浪潮高涨以及促进其结束的原因无不与当时的并购所得税处理规则密切相关。首先，在第二次世界大战及其后一段时间里，为了鼓励投资者出售投资对象，以打破资本锁定的现象，资本利得税得以出台。[⑤] 而后各国政府一直对资本

---

① 解宏著：《企业并购的税收问题研究》，中国财政经济出版社 2006 年版，第 157 页。

② 林德木著：《美国联邦公司并购税收制度研究》，科学出版社 2010 年版，第 55 页。

③ Steven A. Bank, Federalizing the tax-free merger: toward an end to the anachronistic reliance on state corporate laws, *North Carolina Law Review*, 1999, 77: 1350.

④ 《克莱顿法案》仅是针对公司股票收购行为，并未规定资产收购行为。1950 年《塞勒—卡法弗法案》的出台（Celler-Kefauver Act）弥补了这一漏洞。

⑤ 周敦仁：“资本利得税探述”，载《世界经济研究》1996 年第 5 期。

利得税实施税率扣除制度，即按个人所得税最高税率的50%征收资本利得税，致使资本利得税的有效税率一直处于所得税税率之下，这对这一时期并购交易的不断活跃起到了不可忽视的推动作用。其次，以美国为代表的西方国家其证券市场在20世纪60年代一度非常繁荣，不断高涨的股票价格为公司并购提供了资金支持，再加上美国1954年修订的《联邦税法典》开始允许公司进行"渐进式"的股票收购行为，即不论收购公司是否在收购前已经持有目标公司的股份，只要并购交易发生之时收购公司实现了对目标公司的控制即可享受免税待遇。同时，国会开始允许子公司运用母公司的股票去收购其他公司的资产，从纳税的角度来看，股票收购明显优于现金收购，既可以实现公司对外扩张的目的，又不会增加自身的税负。这些税收规则致使越来越多的并购交易开始采取股票收购的形式进行。最后，第三次并购浪潮时期的所得税法及会计准则给并购交易中的会计操纵带来可能，这也在一定程度上刺激了并购的活跃。例如，在英国税损公司的并购交易非常活跃，通过这样的并购行为，收购公司可利用亏损公司未使用的亏损来冲减自己的应税所得，从而达到少缴公司所得税的目的。在美国，并购公司热衷于发行可转换债券以置换目标公司的普通股股票，这样做的好处是并购公司可以预先在收入中扣除可转换债券利息从而少缴所得税，并且在并购后并购公司还可以保留可转换债券的资本收益直至将其转化为普通股票，这样可以使目标公司股东享受延期支付资本收益税的效益。同时，由于并购中目标公司的收入被合并到了并购公司中，但并购公司流通在外的普通股并没有增加，在这种情况下，并购公司的每股收益将会上涨。并购公司经常使用的另一个会计操纵技巧是并购那些资产的账面价值远远低于其市场价值的目标公司，如此一来，并购方就可以根据相关的会计准则及税法条款以该资产的账面价值入账，而当并购公司拥有大量价格被低估的资产时，出售这些资产将会给并购公司带来明显的"收益"，因此在第三次并购浪潮中许多并购公司通过拥有目标公司大量价值被低估的资产来影响投资者对其未来收益的判断。①

第三次并购浪潮的结束在一定程度上讲也与所得税法不无关系。1969年，美国政府颁布了《税制改革法案》，该法案终结了并购交易中那些可以在短期内产生支持股票价格的账面收益的会计操纵技巧，其不仅限制了在并购融资中利用可转换债券进行收购以提高每股收益的做法，即要求在计算每股收益时，低利率的可转换债券应当视同普通股股票对待；同时该法案还规定，当并购公司出售目

---

① 帕特里克·A.高根著：《兼并、收购和公司重组》（第4版），顾苏秦、李朝晖译，中国人民大学出版社2010年版，第45页。

标公司那些低于市值的资产以获得收益时，应当按照该法案所规定的估值方法对这些资产的价值进行确认。而在英国，1970年的税法出台了两个条款，并规定如果3年内公司的产权发生了改变，公司的业务处理和公司有实质性的变化；或者虽然公司的业务仅有很小的变化，但在盈利前产权已经发生了改变时，公司不得结转其亏损。[①] 这样一来，基于这些"会计技巧"而进行的并购交易大大减少，这对第三次并购浪潮的消退造成了一定的影响。

（四）第四次并购浪潮促使反避税措施不断加强

1984年新一轮的并购交易强势发生，这一轮并购浪潮（1984～1991年）的并购规模大，范围广，逐渐演变成了以跨国并购为特点的并购浪潮。在此次并购浪潮中，税收政策的变化在很大程度上促进了并购交易的活跃，并使并购交易不断向着更为规范和健康的方向继续发展。

20世纪80年代之前，各国政府虽然认同并购有利于促进产业结构的调整、经济结构的优化以及资源的重新配置，但出于对反垄断的考虑，其均对并购采取了较为严厉的管制措施。但自进入20世纪80年代后，由于世界经济全球化及国际市场一体化的进程加速，国际投资日益普遍，跨国并购逐渐成了国际上对外直接投资的主要方式。为了增强本国企业的竞争力，刺激经济的增长，各国开始放松对反垄断的执法力度，并开始出台相应的政策以保护并鼓励并购交易的发展。

以当时并购交易最为活跃的美国为例，自20世纪80年代以来，美国政府开始将国内的并购行为放到国际竞争的环境中去考虑，联邦最高法院重新解释了反托拉斯法，指出公司通过并购占有美国市场的较大份额但拥有较少的国际市场份额的行为并不能被认定为垄断。另外，美国司法部于1982年对1968年颁布的《合并指南》进行了首次修订，指出对损害竞争的合并提出异议时，应尽量避免对具有竞争效率或竞争中性效率的大规模合并造成不必要的干预。司法部认为，企业间的合并虽然有时候可能会造成对自由竞争的损害，但总的来看，合并对于促进自由市场经济的发展发挥着重要的作用，因为合并是对经营不善的企业管理者的惩罚，可以有效地推动企业资本的合理流动，并重新配置既有的市场资源。《合并指南》实际上标志着美国政府对于并购的态度已经从严格的控制主义走向自由主义。[②]

起源于美国并很快被全球许多国家争相效仿的减税风潮也极大地刺激了并购交易的活跃。1978年美国《税收法案》将资本利得税的有效税率从49%降至

---

① 邓远军著：《公司并购税收问题研究》，中国税务出版社2008年版，第86页。

② 林新著：《企业并购与竞争规则》，中国社会科学出版社2001年版，第136页。

28%,1981 年《经济振兴税收法案》颁布后,纳税人出售其持有的 1 年以上资产的收益的有效税率降为 20%。同时,该法案还允许企业对其所购买的旧资产采取加速折旧的方法计提折旧,根据这一规定,并购公司不仅可以在并购中享受目标公司资产原值增大的税收利益,还可以通过提高该资产的折旧额获得避税利益。在这种情况下,一国原有的税收激励措施很难再发挥其应有的作用,于是各国纷纷开始进行相应的税制改革以鼓励并购交易。

但由于在实践中并购交易的税收效应不断被滥用,美国又开始着手修改税法,从而大大限制了并购中的避税行为。例如,美国国会在 1986 年的《税收改革法案》中取消了资本利得税税率扣除的规定,不再与个人所得税税率挂钩,并将资本利得税的税率提高到 28%。同时,该法案还取消了许多企业可在并购交易中获得的潜在的税收利益。为了防止交易双方将支付对价更多地分摊到可以尽快抵税的资产中去,该法案规定了并购公司及目标公司都应当采取剩余分摊法(residual method)分摊其收购资产或获得对价的市场价值;另外,该法案还废除了通用公司原则(General Utilities Doctrine),根据该原则,许多目标公司仅通过清算程序将资产分配给股东,再由其股东向并购公司出售资产,就可以避免公司层面税款的缴纳,同时并购公司还可获得资产溢价所带来的折旧额增大的税收利益;①最后,在 1986 年税改之前,由于联邦税法典对于并购公司利用并购前目标公司的净营业亏损等税收属性的结转并未加以限制,致使主要旨在利用目标公司有利税收属性的避税型并购交易泛滥,《税收改革法案》出台后,对目标公司净营业亏损、税收抵免等税收属性的结转进行了严格的限制。该法案规定目标公司的净营业亏损首先应当结转至并购公司在资产转移日之后终止的第一个纳税年度;并且,在确定并购公司第一个纳税年度的净营业亏损时,可归属于目标公司的净营业亏损结转额的扣除限额,不得超过并购公司第一个纳税年度应税所得乘以第一个纳税年度在转移日之后的剩余天数与第一个纳税年度总天数(365 天)之比的

---

① 目标公司在资产出售后不必确认收益或损失,而是按照破产清算进行处理的规则来源于通用公司案件(General Utilities)。在此案中,美国联邦最高法院判定,目标公司不必确认其分配给股东的已提折旧的资产的收益或损失,因为此时目标公司并没有因处置资产而收取任何对价。基于这一判例,目标公司可在并购过程中按照清算程序处置其资产给其股东,而后再由目标公司股东将该资产转让给收购公司,从而使目标公司达到免予纳税的目的。尽管这一行为会让目标公司的股东面临税款的缴纳:股东不得不就其转让资产的价值与收到的收购公司的股票价值之间的差额进行纳税,但由于股东出售的资产与收取的股票在会计处理上均需以市价计量,这使得该资产的价值与收购公司股票市价之间的差额几乎微乎其微,因此,目标公司的股东基本上也处于免税状态。参见 Michael L. Schultz, The Evolution of the Continuity of Interest Test, General Utilities Repeal and the Taxation of Corporate Acquisitions, *Taxes*, March 2002, pp. 229 – 311。

得数。

20 世纪 90 年代初由于经济进入短暂的萧条时期，第四次并购浪潮也因此衰退。但经济全球化的推动，以及各国税收改革的不断深入，为第五次并购浪潮的发生提供了有利的条件。

（五）第五次并购浪潮中并购所得税制度不断完善

在第五次并购浪潮中（1993 ~ 2001 年），为适应国际竞争的需要，大量巨型并购和跨境并购得以发生，并伴随着美国及其他地区的经济衰退而结束。此次浪潮是名副其实的全球性并购，对整个世界的经济有着重要影响，并购范围由美国扩展到欧洲及亚洲各国。跨国战略性并购是第五次并购浪潮的显著特点，并购交易不再仅是企业发展的内在要求，也成了各国提升其国家竞争力的有效手段。西方各国的并购税制也随之不断修订和完善，并逐步形成了适合自己国情的并购税法体系。在此次并购浪潮中，各国的所得税制建设在与并购交易的互动发展中表现出以下几个特点：

一是在经济全球化及国际市场一体化的推动下，各国不断推出相关的税收政策以鼓励公司并购交易的发展。如德国于 20 世纪 90 年代末推出了一项重大税改计划，即规定法人股权转让时，可免缴转让收益产生的所得税。美国同期推出的《创造就业机会法案》，规定美国公司将海外利润汇回国内用于收购的，可享受一次性的税收减免优惠。在经历过 1997 年的亚洲金融危机后，各亚洲国家为了振兴本国经济，也在不断地对并购交易进行税收上的激励。如韩国为鼓励外资并购，曾采取临时措施对并购所产生的资本利得实行有条件的免税，这些措施都在很大程度上促进了并购交易的不断活跃。①

二是在鼓励不断出台并购交易的所得税政策的同时，各国并购的反避税立法技术也日益成熟。例如，为了防止纳税人滥用税收政策进行税收筹划以达到避税的效果，美国不断地对其税法规则进行修订和补充。在 1997 年的《纳税人税收减免法》出台之前，如果并购公司仅对目标公司经营的部分资产或某个分支机构感兴趣，为了获得免税资产收购的待遇，目标公司一般先将并购公司不想要的资产剥离给股东，而后再和并购公司兼并，这是 Morris Trust 一案所确立的规则。② 但 1997 年美国对此类避税行为进行了严格的限制，规定如果目标公司在并购前所进行的剥离资产的行为与并购公司，随后在并购中直接或间接地获得代表着目标

---

① 樊慧霞："近期世界各国公司所得税制改革及其发展趋势"，载《内蒙古财经学院学报》2004 年第 1 期。

② Commissioner v. Morris Trust, 367 F. 2d (4th Cir. 1966).

公司或者由目标公司所控制的公司的所有者权益的50%以上的股权相联系时，则此交易不符合免税资产收购的定义。欧洲各国在第五次并购浪潮中也颁布了许多反避税措施，如意大利为避免纳税人利用税法的漏洞，少计或漏计在并购交易所产生的资本利得，于1998年修订了并购中资本利得的计算方法，规定了并购中所产生的资本利得是指投资者投入资产的账面价值与所换取的股票市价之间的差额。①

三是随着全球范围内跨境并购的日益频繁，税收政策呈现出逐渐趋同的态势。1990年8月欧盟颁布了90/434/EEC指令，即所谓的"兼并共同指令"，并要求各成员国从1992年1月1日起在国内生效，以规范跨境并购重组的问题。根据兼并共同指令，境外居民公司收购境内公司的在一定条件下可享受与国内公司并购基本相同的免税税收优惠待遇。虽然该指令的适用范围是有限的，仅适用于欧盟内跨国公司的免税兼并、分立以及资产转让和以股换股等行为，但该指令颁布后，欧盟各国纷纷修改了本国与该指令相冲突的部分税收法规，这在消除跨境并购的税法障碍方面起到了非常重要的作用。可以预计，随着企业国际化的不断演进，各国必定会不断相互协调以缩小各自税制的差异，这为全球范围内并购浪潮的再次涌现打下良好的基础。

综上所述，从西方国家并购活动的发展历程来看，并购不仅是企业追求规模效应以及协同效应以达到最优资源配置，乃至利益最大化的过程，也是政府利用税收这一宏观调控工具不断进行管理和调控，以使市场主体的行为适用经济发展需要的复杂过程。在这一历史发展过程中，需要一个逻辑主线去架构整个并购所得税法律制度体系，而这一主线即为利益持续原则。

二、利益持续原则是政府对并购交易进行调控的要求——以税法规制为视角

征税是政府取得财政收入的主要形式，也是政府调节经济的重要手段。对并购交易进行税法规制，也即国家通过将税收政策法律化，对市场主体的并购交易进行规范和调控，使其符合法律和政策的要求，这是各国普遍的做法。一般而言，税法对市场主体活动的规范与调制，包括积极的鼓励促进及消极的限制禁止两个方面，政府可以通过对利益持续原则基本内容或松或紧的把握，体现国家对于并购的态度。

（一）对并购交易进行税法规制的原因

从国家的角度看，公共财政理论要求公共产品的分享者应承担其所享受的公

---

① 朱庆民、韩佩徽："意大利的资本利得税"，载《涉外税务》1996年第6期。

共产品的成本,市场主体所进行的市场行为都应无一例外地受到税法制度的规制。在当今社会,随着税收在国民经济生活中发挥着越来越重要的作用,现代国家已成为名副其实的"税收国家",即宪政国家的一切权利均来自于税收并从属于税收。而税收的本质是公共物品的使用对价也已经成为共识,"从某种宽泛而有用的概念意义上讲,捐税也是一种由个人或个人团体为以集体方式提供的公共劳务所支付的'价格'"。① 为了享受国家所提供的公共物品,人们必须支付相应的价格费用。这是因为,虽然国家是以向其国民提供公共物品(public goods)为己任的,但国家本身是无产者,其履行公共职能所需的财政收入主要依赖于税收,即国家要从国民手中让渡一定比例的财产来实现其对公共物品的享有和使用,正所谓"无国家则无征税权,无征税权则无国家"。②

政府所提供的公共产品与私人物品不同,公共产品具有非竞争性和排他性的特点,因此不可能由私人部门进行生产,并通过市场机制对公共产品的供求关系进行调节,只能由国家和政府作为公众的代表,承担起公共产品的费用支出者或公共需要的满足者的责任。在这种情形下,税收制度的建立成为国家和政府筹措满足公共需要的生产资金的唯一途径。③

(二)对并购交易进行税法规制的定位

对市场主体的并购行为进行税法规制,体现了国家对并购活动的态度和评价。一般而言,税法规制包含积极的鼓励促进和消极的限制禁止两个方面。就目前世界各国的立法实践来看,大多数国家对于并购交易税法规制的定位是以正面的鼓励诱导为主,为了防止过度的税收激励所导致的避税型并购交易的发生,还需要税法对并购交易加以适当的压抑或限制。

1. 积极的鼓励促进

在实践中,各国政府往往基于各种原因的考虑而对并购交易进行积极的鼓励,即运用相应的税收优惠措施,支持并促进并购交易的发展。其法理基础在于,即便是某种行为具有可税性,在有些情况下国家也会基于某些政策的考虑,对本应征税的行为给予一些诸如减免税等税收优惠措施,这是对可税性原理的一种限制,同样也是税法规制性的一种体现。④

具体来说,并购交易所具有的制度优势及其与一般销售行为相比所表现出来

---

① [美]詹姆斯·布坎南著:《民主财政论》,穆怀朋译,商务印书馆1993年版,第16页。

② [日]井手文雄著:《日本现代财政学》,陈秉良译,中国财政经济出版社1990年版,第50页。

③ 刘剑文、熊伟著:《税法专题研究》,北京大学出版社2002年版,第100页。

④ 张守文:"股权交易的税法规制",载《江西财经大学学报》中国法学会经济法学研究会2005年年会专辑。

的特殊性使其享受税收激励成为必然。首先,在税法上对并购活动进行积极的鼓励,有利于进一步优化资源配置,改善产业结构。尤其是在当今世界,经济全球化的迅速发展以及日益激烈的国际竞争要求企业不断扩大规模以增强全球竞争能力,而并购行为正是鼓励它们实现规模经济的有效手段。因此,基于并购活动在产业结构中的有益作用及其对国民经济的促进作用,应当对其进行税收激励。其次,并购交易与普通的应税销售或转让行为不同,是为了取得目标公司的控制权或者获得经营某种业务的能力,只有对被并购方资产的实质性的转让才能构成真正意义上的并购,否则就是一般的资产销售行为。由于并购交易涉及的资金量较大,如果对并购行为按照一般的销售业务进行税收处理的话,将对纳税人形成一种巨大的税收负担,势必会影响其进行并购交易的积极性,并对并购活动造成一定的阻碍。因此,运用税收激励措施对并购交易加以鼓励和促进,是目前世界各国普遍的做法。

一般而言,税法可以通过税率、税基确定标准的调整、税收特别措施等规制手段,来实现对市场主体行为的鼓励促进和限制禁止。① 各国政府为了促进并购活动的发生,通常采取以下几种鼓励措施:一是免税待遇。并购交易中所谓的“免税”,一般并非永久性地给予纳税人免予纳税的优惠,而一种递延纳税的措施,即允许纳税义务人将当期的税收义务推迟到以后特定期间,一般是待收入真正实现时再进行缴纳,因为货币具有时间价值,因此这样的优惠措施相当于给纳税人发放了一笔无息贷款。二是适用税收优惠税率,即对纳税人在并购交易中所实现的资本利得以优惠的税率进行征税。三是减税措施,即对纳税人在并购交易中产生的税收义务进行直接的减少。

2. 消极的限制禁止

为防止纳税人滥用税收优惠制度以及进行避税型的并购交易,必然会使并购活动成为税法所限制禁止的对象。也即税法对并购交易进行消极的限制禁止,主要是为了防止纳税人进行以避税为目的,而非因正常生产、销售之需要的并购交易。这种避税型的并购行为,不利于税法制度发挥其原本意义上的经济调节与规范功能,而且也有违并购交易产生的初衷,扭曲了企业正常的发展方向。同时,税收优惠政策的滥用也容易造成以避税为目的的并购行为,不仅无法促进并购活动向着规范、健康的方向发展,还容易导致国家税款的流失以及财政收入的减少,因此需要税法对其加以限制。

一般而言,税法对某一行为的限制禁止主要体现为对其消极地课以重税,具

---

① 张守文著:《财税法疏议》,北京大学出版社 2005 年版,第 265 页。

体可通过调整并购税收规则中的有关税率、税基等方面的内容来实现。同时,还有一些税法规则并非是专门为了对并购行为进行限制而出台的,但却在一定程度上会对其产生压制作用。例如,我国现行所得税实行隶属税制,即各级政府对纳税人的所得税款按照不同的隶属关系进行征收和管理。而并购交易往往是跨行业、跨地区进行的,必然会涉及并购后所得税纳税主体的改变,这种改变会使不同级次财政所属的纳税人之间的并购行为面临非常复杂的利益调整,而各级政府也往往会从自身利益出发阻碍本来十分合理的并购行为,在这种情形下,纳税人进行并购活动的积极性必然会受到压制,尽管税法对于这种压制是无意而为的。[①]

(三)对并购交易进行税法规制的路径

税法具有突出的规制性,这是税法的基本特征之一。而税法的规制性缘于税法作为经济法中宏观调控法的重要组成部分,大量的规范都是税收政策法律化的表现。[②] 一般而言,国家对于市场主体行为的税法规制主要通过政策制定及实务操作两个层面进行,而实务操作实际上又受制于税收政策的制定,因此,税收政策在税法规制中的重要性不言而喻。对纳税人进行并购交易的税法规制,主要体现在一般性的税法规则与专门性的税法规则中。其中,一般性的税法规则是指政府主观上并非出于对并购行为进行鼓励或约束的目的而制定的,但却可以对纳税人进行并购活动起到一定的刺激或限制作用的规则;而专门性的税法规则是针对并购交易而专门制定的,它必然体现着政府对于并购活动如何进行规范和调整的态度。[③]

1. 一般性的税法规则

一国的税制,尤其是所得税制中一直存在刺激公司并购的因素,以获得税收利益为目的而进行的公司并购是纳税人与税务机关的“零和博弈”。[④] 在研究并购动因的理论中,对税收政策及税收效应的讨论由来已久。有学者以我国1994年到2008年作为被并购方的上市公司,以及2002年到2008年作为并购方的上市公司为研究样本,对并购的税收效应进行了实证分析和检验。最终发现,我国

---

① 孙晋、许静:“公司并购税收法律制度初探”,载刘剑文主编:《财税法论丛》(第8卷),法律出版社2006年版,第180页。

② 张守文著:《财税法疏议》,北京大学出版社2005年版,第265页。

③ 苏毓敏、李蓉、储昭明等:“企业并购治税的国际经验与中国税制变迁模式走向”,载《开发研究》2008年第4期。

④ Eckbo & Espen, Horizontal Mergers, Collusion, and Stockholder Wealth, *Journal of Financial Economics*, 1983(11). 转引自李维萍:“我国税制对公司并购激励的实效性”,载《财经问题研究》2007年4月。

上市公司的并购行为存在比较明显的税收动因效应，有利用目标公司可弥补经营亏损以及其他有利税收属性的显著动机。突出表现为，被并购前亏损的公司以及实际适用的所得税税率低的公司，被并购的可能性极大。① 上述影响纳税人并购行为的税收因素为：亏损抵减以及实际所得税税率属于税法制度中对并购交易进行规制的一般性规则。这些规则的特点是政府制定它们时并非出于对并购行为进行规制的考虑，但却会对纳税人的并购活动产生极大的影响。一般而言，除了上述的亏损抵减与实际税率之外，可能会影响到纳税人进行并购交易的一般税收规则还包括国家对于债务抵税等事项的规定。

(1)亏损抵减所得规则

各国税法中大多都有营业亏损可冲抵当期所得的规定，即如果纳税人有累计未弥补的亏损，不仅可用其抵减当期的应税所得，从而达到少缴公司所得税的目的，而且该亏损还可以在税法规定的有效期限内向前回溯抵免或向后递延抵免应税所得。在这种情形下，税法可以在以下两个方面激励并购交易的发生：一方面如果收购公司是盈利公司，则收购公司可以利用目标公司的税务损失冲抵自身预计可获得的利润，以达到少纳税的目标；另一方面，如果收购公司是亏损公司，同样可以利用自身的税务损失来购买其他盈利公司。当然，大多数国家不会允许收购公司无限制地利用税务亏损，而会从一些方面对税务损失的利用加以规制，如要求收购公司必须继续经营亏损的目标公司的业务，同时放弃亏损公司资产税基的改变而带来的税收节约等利益。②

(2)实际所得税税率

实际所得税税率是与税法上所明文规定的“名义税率”相对的概念，是指企业实际所承担的所得税税率，它是受多种因素综合影响的结果，如纳税人所享受的各种税收抵扣、减免补亏措施以及行业税收优惠政策等。一般而言，国家为了促进某些地区或行业的经济发展，往往会出台一些比较有针对性的税收倾斜政策，从而造成纳税人之间的实际税率并不相同。例如，与当前的宏观调控目标相一致，我国现行的所得税制对文化产业以及生产性的行业给予较多的优惠待遇。2011 年的全国企业所得税汇算清缴数据显示，虽然目前我国企业所得税的名义税率为 25%，但全部企业所得税的实际平均税收负担率为 22.17%。其中，文化、

① 陈娟、刘芳：“公司并购存在税收效应吗？——来自中国上市公司并购样本的证据”，载《中国会计学会 2012 年学术年会论文集》。

② 帕特里克·A.高根著：《兼并、收购和公司重组》(第 4 版)，顾苏秦、李朝晖译，中国人民大学出版社 2010 年版，第 606 页。

体育和娱乐业企业所得税实际税负率最低，为 11.02%；其次是农林牧渔业，为 17.1%；制造业的实际税率为 19.21%。[①] 在并购实践中，并购方实施并购计划的第一步就是要选定最适当的目标公司。在此过程中，并购公司会充分考虑政府对不同地区、不同行业，甚至不同纳税人所给予的有区别的税收优惠政策，从而起到降低自身的税收负担，实现股东财富最大化的效果，有些并购方甚至将获得这些特殊的税收优惠待遇作为发动并购的直接动机。

(3)利息费用的抵税效应

一般而言，税法对于公司的不同融资方式会规定不同的税收待遇，通过举债方式进行融资所产生的费用，往往具有“税收挡板”的效用，或者称为“税盾”效应。是指企业因负债而产生的债务成本，即利息费用可在税前支付，抵减当期利润，从而减少所得税额的支出。因此，只要息税前的收益率大于负债成本率，负债的比例越高，节税效果就越明显。并购涉及的环节多、交易额及资金量均较大，如果单从税收的角度进行考虑，采用股权融资的方式，虽然纳税人不会因为支付大量的资金而影响其生产经营活动，但其所支付的股利却不能在税前进行抵扣，这在一定程度上会加大并购方的税负。因此，在并购交易中，为达到最佳的利息抵税效应，并购方往往会结合自身的财务杠杆，考虑是否通过负债融资的方式筹集所需的资金。

2. 专门性的税法规则

由于专门性的税法规则是国家为规范和调整并购活动而特别制定的，它必然会从并购交易的方方面面对纳税人产生影响，从纳税人对并购目标的评测环节到并购类型的考量环节，再到并购方式的选择环节以及支付手段的确定等环节，这些有针对性的税收制度会通过直接影响纳税人的税负水平，对并购行为进行有力的调整和引导。

(1)并购目标的评测环节

在对目标公司的评测环节，往往会涉及对目标公司一些比较重要的税收属性的评估，如税务亏损的结转利用、资产的溢价及其折旧的处理方法、税收优惠政策的继受、存货的估价方法、会计处理方法的变更等。如何对这些税收属性进行税务处理，往往是各国在制订并购税制时需要重点考虑的内容，因为这些规则会对纳税人实施并购行为及并购交易的结构产生广泛且深远的影响。[②]

例如，在免税并购中能否对目标公司的净营业亏损、净资本亏损进行结转利

---

① “2011 年度企业所得税实际税收负担率行业排名”，载《中国税务报》2012 年 12 月 12 日。

② 邓远军著：《公司并购税收问题研究》，中国税务出版社 2008 年版，第 79 页。

用,以及多大限额地进行利用,直接决定并购公司在并购后能否大幅度地减轻其所得税税负。具体来说,在免税并购税收规则中,为了防止避税型并购交易的发生,对于并购公司对目标公司税务亏损的结转利用,大多数国家会规定结转期限及结转限额,在有些区分普通所得与资本利得的国家,往往还会要求并购公司对于其所继承净营业亏损以及净资本亏损只能分别用于冲抵并购后的普通所得与资本利得。在这种情形下,纳税人往往会结合自身的业务对目标公司的亏损原因进行考查,以便可以最大限度地利用目标公司的税务亏损。

即使在应税并购中,纳税人的税收属性也是纳税人进行并购时必然要考虑的重要因素。应税资产收购中,并购公司是否可以通过对所获得资产以公允价值或评估价值入账,以获得增量折旧所带来的"税收挡板"效应,往往会成为确定最终并购支付对价的决定性因素之一。即并购公司接受的资产可以按照评估价值或者参照公允价值入账,此价值一般会高于该资产的原账面价值,使相应的固定资产账面价值得到提高,以此来作为资产计提折旧的基础,可使并购公司在以后年度计提更多的折旧金额以抵减所得税,从而为其带来税收利好。

(2)并购类型的考量环节

在并购类型的选择上,纳税人往往会考虑采用某种类型的并购交易是否可以适用免税待遇,如果不能适用免税待遇,则其税收负担如何。学界一般基于对纳税人支付形式的考虑将并购交易从税收角度上区分为应税并购与免税并购。

根据所得税原理,纳税人的经济活动只要实现了收益就应当予以征税,但税法上允许纳税人通过并购等形式进行公司重组,而不需要确认这种变化是否会产生盈利或亏损,这主要是为了保障纳税人可以以灵活多样的形式安排自己的事务,而不至于因采用了某种形式而负担过多的税收义务。[①] 进一步讲,如果没有免税并购方面的规定,公司的并购行为在税法上就会全部被认定为应税事项,而过重的税收负担会阻碍并购交易的发生,这样的征税是没有效率的。特别是当那些能够保证被并购公司的经营行为及其股东利益继续的并购交易发生时,当事人并没有构成足够的经济地位变化以供其课税,这种行为在税法上可以被看作同样的公司在法律上的重建而已。[②] 因此,大多数国家在其税收制度中都会对并购交易设计免税的特别规定,以减轻纳税人在进行资本投资形式转换中所承担的超出其纳税能力的税收负担,并消除这些税负对于纳税人进行投资所产生的阻碍

---

① [美]约瑟夫·A. 佩契曼著:《美国税收政策》,北京出版社1994年版,第76页。

② V. 图若尼主编:《税法的起草与设计》(第2卷),国际货币基金组织、国家税务总局政策法规司译,中国税务出版社2004年版,第912页。

作用。

尽管大多数国家承认免税并购的待遇,但政府在制定税收制度时往往希望通过对并购交易的税法规制实现其产业优化升级、调整产业结构、促进经济发展等间接目标。因此,如果某种类型的并购交易不为国家的产业政策或经济政策所鼓励和支持,政府就会试图对这种类型的并购交易确认收益或损失,以促使纳税人缴纳税款,或者对此类型的并购交易规定较为严苛的免税适用条件以使纳税人难以享受免税待遇。由于无论从理论层面还是从现实层面来看,税法规制都会直接涉及财富的分配,一些纳税人会把税收利益看作资产来对待,因此,纳税人的利益必然会因此受到直接且重要的影响。① 在这种情形下,纳税人必然会在进行免税并购交易与应税并购交易之间进行考量,如果税负过重,会在一定程度上抑制纳税人进行并购的积极性。

(3)并购方式的选择环节

从并购的最终效果来看,无论纳税人采取哪一种并购方式,是选择合并交易、资产收购、还是股权收购,交易的实质基本相同,均是为了取得目标公司的部分或全部的控制权,并通过控制权的取得成为目标公司的股东,或获得目标公司经营某项业务的能力。但是从税收角度来看,并购方式不同意味着不同的税收效果。

在免税并购中,由于合并交易与资产收购往往会导致目标公司的清盘解散,因此,各国税法中一般均会规定并购方可以结转利用原本归属于目标公司的某些税收属性,如前述的税务亏损、税收优惠政策等。但在股票收购中,由于收购后目标公司依然保持着独立的法人资格,也即其独立的纳税人身份并未灭失,因此,在并购前归属于目标公司所特有的税收属性应当依然由目标公司继续享有,不得被并购公司结转利用。

在应税并购中,各并购方式之间的税收效果也不尽相同。以应税股票收购与应税资产收购为例,应税资产收购往往会给目标公司带来经济性双重课税等问题,即在资产收购中目标公司收到对价后在税法上就被认定为实现了其资产的转让收入,需要在公司层面缴纳企业所得税;同时,如果目标公司在并购后进行清算,则其股东在分得留存收益后,尚需在股东层面缴纳个人所得税。而应税股权收购的情形下,仅会导致目标公司在公司层面单一的税收。但对于并购方而言,在目标公司有资产评估增值的前提下,应税资产收购的吸引力显然要大于应税股权收购。因为与应税资产收购相比,应税股票收购后目标公司资产的计税基础依

① 帕特里克·A.高根著:《兼并、收购和公司重组》(第4版),顾苏秦、李朝晖译,中国人民大学出版社2010年版,第601页。

然保持不变，一般不会给并购公司带来资产原值增大的税收待遇，继而也无法给并购公司带来折旧额增大所起到的“税收挡板”的作用。[①]

(4) 支付手段的确定环节

一般而言，并购交易中的支付手段有现金支付方式、债券支付方式、股票支付方式、承担债务方式以及综合支付方式。不同的支付手段不仅与交易双方的税收利益密切关联，还直接决定整个交易是否可以适用免税待遇。

以现金或者债券作为并购对价进行支付的行为一般会在税法上被认定为应税并购交易，意味着目标公司及其股东转让资产或股票即期收益的实现。由于并购交易与普通的转让或销售行为不同，其中涉及的交易量大、金额多，一旦被并购方的收益得以实现，就会使其背负沉重的税收负担，尤其是在合并交易以及资产收购交易中，目标公司及其股东还会面临双重课税的问题。如果被并购方将这一税负转嫁给并购公司，则又会直接加大并购的成本。[②] 因此，在并购中采用现金支付或债券支付方式对于被并购方而言税负颇重。对于并购方而言，现金支付或债券支付均能够起到“税收档板”的效用，即可获得资产原值增大，继而使折旧额增大所带来的抵税利好。但与现金支付手段相比，并购方使用债券作为支付对价时，会面临确认其转让债券的所得所引起的税负问题。但这并不能表明现金支付一定优于债券支付，毕竟从非税角度来看，大量使用现金必然会影响并购公司的现金流，或者引发相应的财务风险，因此在实践中，纯粹使用现金作为支付对价的案例并不多见。

以股票支付的方式进行并购，往往会被认为免税交易。对于目标公司及其股东而言，当期不必确认转让资产或股票的所得，不必就并购交易事项缴纳所得税。鉴于货币具有时间价值，当期不纳税实际上意味着纳税人税负的减轻。因此，对并购双方而言股票支付方式显然是税负最轻的。

完全承债的支付方式，是指并购公司在目标公司资产与债务等价的情况下，以承担目标公司的债务为支付条件接收其全部资产。[③] 各国对于完全承债方式是否可以适用免税待遇的规定不一。但在这种方式下，并购公司无须支付现金或股票即可获得对目标公司的控制，避免了现金支付可能带来的财务风险，以及股票支付可能带来的股份稀释等非税因素的影响，并且为偿还目标公司债务所支付

---

① 固定资产折旧是指在固定资产使用寿命内，按照确定的方法对应提折旧额进行的系统分摊。在收入既定的情况下，计提的折旧越多，应纳税所得额就越少，企业的收益也就会越大。因此，折旧作为成本的重要组成部分，有着“税收挡板”的效用。

② 史文娟：“企业并购中的涉税问题研究”，载《西安邮电学院学报》2010 年 5 月。

③ 梁云凤、方震海：“税收视角下并购交易方式的选择”，载《财务与会计》2008 年 1 月。

的利息费用还可以给并购公司带来一定的节税效应。

并购交易中的综合支付方式,是指并购公司通过将现金、股票、债券等多种支付手段进行组合从而对目标公司实施并购的行为。综合支付方式是在并购中运用得最为普遍的支付手段,一是因为在这种形式下,并购公司可以将多种支付方式结合起来以最优的方式进行配比;二是因为各国税法中一般不会要求完全意义的股票支付才可适用免税待遇。因此,只要合理地控制非股票支付方式的比例,即使是将多种支付手段结合起来加以运用,也有可能使并购交易适用免税待遇,从而使并购双方的税负达到最理想的状态。

第二章　作为并购所得税法律制度逻辑主线的利益持续原则

——以美国税法为例证

利益持续原则(continuity doctrine)源于美国的判例法,是法官们在司法实践中对并购所得税处理规则所应遵循的逻辑进行的提炼与总结。该原则的引入原本是为了防止纳税人利用制定法的漏洞、滥用免税并购条款的规定,从而使其应税资产出售行为适用免税待遇。在长期的发展过程中,利益持续原则的内涵不断得到丰富,在立法者历次对税法典的免税并购重组条款进行调整及完善的过程中,判例法对利益持续原则的评判方法及认定标准又逐步渗透到制定法具体的并购所得税处理规则中。

本章以美国税法为视角,从税法规则中引入利益持续原则的原因、利益持续原则的历史演进及其在并购交易中的内涵三个角度来全面分析并购所得税法中的利益持续原则。之所以选择美国税法为例证,主要基于以下两点考虑:一是因为利益持续原则最早由美国的判例法明确提出,同时,从该原则历史发展的角度来看,其演变及完善过程在美国所得税法中体现得最为充分。二是因为美国的并购所得税法经过长时间的发展及调整,已形成较为完备的体系,税制结构成熟,立法意图明确,体现出严密、细致的特点,其具有很强的可操作性及实用性,被学者们誉为全球最为成熟且完善的企业并购税制。[①]

---

① 林德木:"中美两国企业并购税制的比较研究",载《税务与经济》2009年第4期。

美国税法对许多拉丁美洲国家、加拿大、日本等国都产生了深远的影响,这些国家的税法都对美国税法进行了不同程度的借鉴。① 并购税收领域的制度亦是如此。因此,研究并借鉴美国税法下的利益持续原则对于完善我国的并购所得税制度意义深远。

第一节 并购所得税制度中引入利益持续原则的起因

美国的并购所得法律体系主要由1924年以来国会所颁布并不断修订的免税并购条款、财政部的规章、税务局的税收裁决以及法院的判例所组成,利益持续原则(Continuity Doctrine)实质上是判例法的产物,是法院在长期实践中为了弥补制定法的缺陷及漏洞而引入的,最初目的是要将免税并购重组交易与应税资产销售等行为区别开来。免税并购重组条款颁布之初有两个前提假设:一是目标公司在并购重组后仅发生“形式上的改变”(merely change in form);二是目标公司的股东在并购交易中进行的是“纸面交易”(purely paper transactions)。这两个假设后来被发展成为利益持续原则的两个层面,即企业营业持续原则及股东利益持续原则。

一、股票股利判例引发对利益持续理念的思考

美国早期的税法典中并没有与并购相关的条款,利益持续的理念最初是由一系列与股票股利相关的判例提出的,尽管法院并没有在此类案件上贴上“利益持续”的标签,但这些判例对之后法官们判断并购重组交易是否负担所得税产生了很大的影响,因为通过这些判例,人们基本上已经达成共识:股票股利的发放与纳税人的应税所得无关,股东对于相同资产的利益并未因发放股票股利而改变,因此不必缴纳所得税。②

美国《所得税法案》于1913年生效,其中规定当公司向股东分配利润时,股东需要缴纳所得税,税基是其净收入或者净所得(net income),但是否应当对分配给股东的股票股利(stock dividend)征税,法案规定得并不明确。③ 1918年的Towne

---

① 维多克·瑟仁伊著:《比较税法》,北京大学出版社2006年版,第29页。

② David F. Shores, Reexaming Continuity of Shareholder Interest in Corporate Reorganizations, *Virginia Tax Review*, 3:17, 1998, pp. 419 - 465

③ Income Tax Act of Oct. 3, 1913, Ch. 16, 38 Stat. 114, 166.

v. Eisner 一案是实践中最早涉及股票股利是否应当缴纳所得税的案例。[①] 在该案中，法官最终判定，股票股利代表着“资本”的收入，而非“净所得”，没有现金流入，因此不应当缴纳个人所得税。法官的理由是“股利分配未使公司变得更贫穷，也未使股东比分配前更富有……”[②]同时，法官在本案中表达了一个重要的理念，即“股票股利分配后股东的所有权比例保持不变，唯一改变的是新的股份与原股份一起代表着由原股份在股票股利分配前所代表的相同的所有者权益比例……”也就是说，股票股利分配后，股东在公司同样资产上所持的利益依然保持不变，既然股票股利没有改变股东的所有权比例份额，也当然不会改变其经济利益，因此它不能算是应税的“收入”(income)。[③]

如果本公司向股东分配股票股利不涉及所得税的缴纳，那么股东接受全资子公司的股票股利是否也可以免税呢？在 1921 年的两起判例中，法官指出母公司将其持有的子公司的股票分配给股东的行为，不论该股东是否持有母公司的股票，均不能适用免税并购重组条款。United States v. Phellis 案中，新泽西州的一个公司将其全部资产转移到了在特拉华州新成立的子公司里，以换取子公司的股票及部分债券，然后又将子公司的股票分配给了股东，公司只保留了债券。在本案中，新泽西州公司的一个股东认为其所收到的特拉华州子公司的股票实质上是股票股利，应予以免税。但美国联邦最高法院在最终判决中否决了他的观点，法院认为：“新公司并不能等同于旧公司……应当将新公司看作是一个有独立人格的法人实体，股东所拥有的财产权益完全不同于其在旧公司所享有的所有者权益。”[④]在当年的另一起股票股票案件中法官也表达了相同的观点，1921 年的 Rockefeller v. United States 一案中，涉案公司是一家石油及天然气公司，通过管道从事石油的生产和运输，后来公司将管道资产转移给新成立的管道公司以换取新公司的全部股票。原公司随后将新公司的股票分配给股东。在本案中，法官提出：“向股东分配新公司股票的行为实质上是一种以可变换资产的形式转移给股东的收入，是对公司之前的与其盈余不可分割且偶然的利益的部分实现。”[⑤]在这

---

① Towne v. Eisner, 245 U. S. 418, 1918.

② 从收入实现的角度来看，这个理由实际上站不住脚的，因为在彼此独立的买卖中(at arm's length sale)，如果交易双方所收到的是价值相同的等价物，即使是交易过程中双方均未有现金流入，都不能在税法上被认定为没有实现任何“收入”。

③ David F. Shores, Reexaming Continuity of Shareholder Interest in Corporate Reorganizations, *Virginia Tax Review*, 3:17, 1998, pp. 419 – 465

④ United States v. Phellis, 257 U. S. 156 (1921).

⑤ Rockefeller v. United States, 257 U. S. 176 (1921).

两个案件中,法官实际上已经在一定程度上运用"股东利益持续"的理念去分析问题了,即只有当交易没有实质上改变股东的投资形式时该交易才能享受免税的税收待遇,这是基于对股东在交易后可继续持有相同的投资之理念的基础上得出的结论。

在随后的1924年的Weiss v. Stearn一案中,法院的判决与上述两个案件有所不同,但却同样是建立在对股东利益是否持续的分析之上的。在本案中,一家制造公司将其全部资产转移到了新成立的公司中,随后另一家投资公司以现金注入新公司中,并获取了新公司50%的股票。制造公司将其所持有的新公司50%的股票以及投资公司注入的现金全部分配给了其股东,同时宣告解散。制造公司的股东申诉只有收到的现金才符合税法对于"收入"的定义,并据此进行纳税,而其收到的新公司的股票应作免税处理,因为新公司的股票是用其所持有的旧公司的股票换取的。法官最终同意了股东的申辩,法官认为,本案与上述的Phellis以及Rockefeller两案是有所不同的,上述两案均涉及分配给股东原公司被分割出去的资产,尤其是Rockefeller一案可看作两个公司之间的资产剥离,但在Weiss一案中没有类似的情形出现,该案中股东所收到的股票是由新公司发行的,新公司经营着旧公司之前所有的资产,并继续运营着旧公司之前的业务,而Phellis一案与本案也有区别,即本案没有涉及重新成立一个与旧公司位于不同州的新公司。①

Weiss一案的判决是建立在取得新公司的股票后,股东的利益是否发生实质改变的基础上进行的,并以此作为判断制造公司的股东是否应当纳税的依据。这也是第一个运用利益持续原则分析股东所接收股票的案件,即如果并非是来自于发行股票的公司本身,这种股票的收益到底应当算是普通所得还是算股票股利的案件。②

二、免税并购交易判断依据的提出

在税法体系中,处置资产的收入一般应当纳税,这是由处于所得税制度核心地位的收入实现原则(the Realization Principle)所决定的。收入实现原则在美国联邦所得税法中扮演着重要的角色,许多规则都与该原则有着直接或间接的关系。根据收入实现原则,纳税人资产的市场价值波动本身并不具有税法意义,即

---

① Weiss v. Stearn, 265 U. S. 242 (1924).

② David F. Shores, Reexaming Continuity of Shareholder Interest in Corporate Reorganizations, *Virginia Tax Review*, 3:17, 1998, pp. 419-465.

不会产生任何应税所得或损失，只有当纳税人处置其资产以变现、用以置换其他资产，或者当纳税人收到以现金或实物等方式支付的投资收益等情形发生时，才会产生税法意义上的收益或损失。① 如此看来，收入实现原则实际上意味着对征税的所得或损失的衡量，始于资产的出售或者其他转让环节，而非在所得或损失的发生时进行。②

具体到并购交易，根据收入实现原则，资产的置换必然会引起会计上对收益或损失的记录，以区别旧资产与新资产在种类及内容上的不同。因为从并购的结果来看，原资产持有人对该资产的经济利益持续性已然终止，原有资产的产权已经发生转移，交易所得已经实现，纳税人应当就其所收取的对价的公允市场价值超过其所放弃资产的原值的收益部分缴纳相应的资本利得税。但是，纳税人经常会发生一些特殊类型的并购交易，这类交易最明显的特点是被并购公司及其股东实际上并未实现对资产的变现，如果要确认资产转让所得并筹集资金纳税，势必会影响到纳税人的投资决策。因此，有必要在税法规则中对此类并购行为予以特殊的税收待遇，并排除收入实现原则的适用。

1918 年美国参议院的金融委员会提出了应当以“非实现原则”（Non-recognition principle）作为并购重组适用免税待遇的依据，因为有些并购重组交易，实质上仅是纸面上的交易（purely paper transactions），所有者权益仅在形式上有所改变（merely change in the form of ownership），因此不应当确认此类并购交易的“收入实现”（realization of income）。③ 这一观点极大地影响了后来的税法对免税并购重组条款的设计与建构。同年，国会首次正式提出公司的并购重组交易在某些条件下可不必缴纳所得税，并在 1918 年《税收法案》第 18 章第 202(b)条款中规定：“在重组、兼并或合并过程中，如果股东以其所持有的原公司的股票或证券所换取的股票或证券是按照票面价值交换的，则不必确认股票互换过程中的收益或损失；但如果收到大于票面价值的股票或证券时，应根据市价超过成本价的

① Edward Zelinsky, For Realization: Income Taxation, Sectoral Acceretionism, and the Virtue of Attainable Virtues, 19 Cardozo L. Rev., p. 861. 转引自何清：“论美国联邦所得税制度下的实现原则”，中国政法大学 2009 年硕士学位论文。

② 崔威：“资产出资的税务处理：从一个细节看新企业所得税制”，载《月旦财经法杂志》2007 年 6 月。

③ David F. Shores, Reexaming Continuity of Shareholder Interest in Corporate Reorganizations, *Virginia Tax Review*, 3:17, 1998, pp. 419 - 465.

部分来确认收益。”[①]事实上,在《税收法案》出台之前,国税局在一些税收裁定中也表示了类似的观点,即当并购重组后的新公司发行股票以换取旧公司的股票时,新公司接管旧公司的资产,如果该股票的置换是以票面价值进行的,就不必确认收益,即便旧公司的股票在置换时所代表的资产较之其发行时所代表的资产有所增值。[②] 而后美国1921年的《税收法案》将免税并购重组条款修改为:“股东收到的因一个或多个公司并购重组而进行置换的股票,不必确认收益或损失。”[③]并购重组交易中股票或者证券收益适用“非实现原则”由此在美国税法中得以正式明确。

此后的美国税法对于并购重组的规定,开始将关注的重点由并购重组是否产生收入,转移到是否符合免税条件方面,如1924年的《税收法案》再次将并购重组条款修订为:“在并购重组计划中,一家公司仅用其股票或证券换取另一个公司资产的,不必确认置换的收益或损失”。[④] 在第203(b)(2)条款中还规定了在此交易中股东层面也不必确认收益或损失。[⑤] 同时,要求适用免税条款的前提是置换行为发生在并购重组计划的过程中(plan of reorganization)。

尽管早期的税法并未提及“利益持续”这一概念,但不可否认的是,在实践中,这一理念已逐步成为决定并购交易免税与否的重要依据。

三、弥补税收制定法规定的不足

自1918年美国《税收法案》引入免税并购重组条款以来,兼并及合并一直在税法上被认定为是“免税”的交易。[⑥] 但是当时并未对“重组”(reorganization)一词进行明确的解释,只是对其给出了较为宽泛的定义,同时沿用了州法律中对于

---

① The Revenue Act of 1918 provided: “when in connection with the reorganization, merger, or consolidation of a corporation a person receives in place of stock or securities owned by him new stock or securities of no greater aggregate par or face value, no gain or loss shall be deemed to occur from the exchange.” 40 Stat. at 1060.

② 但国税局的观点在实践中备受争议,人们普遍认为,将是否应当纳税的判断建立在对股票票面价值的基础之上,不仅武断、不清晰,而且还会干预正常的商业投资行为。See David F. Shores, Reexaming Continuity of Shareholder Interest in Corporate Reorganizations, *Virginia Tax Review*, 3:17, 1998, pp. 419 - 465.

③ Revenue Act of 1921, Ch. 136, S202(c)(2), 42 Stat. 230.

④ Revenue Act of 1924, Ch. 234, 43 Stat. 256. 该条款后来被一字不差地吸收为美国现行税法典的第361(a)条款。

⑤ 这一条款已经被吸收为美国现行税法典的第354条及第361条中,并重点用于强调“股东利益持续原则”。

⑥ Revenue Act of 1918, S202(b).

法定兼并及合并的要求。[①] 1921 年，为了促进并购重组的发展，国会将免税待遇的适用范围扩大到 B 型股票收购及 C 型资产收购，并首次对免税并购重组交易进行了制定法上的定义，在其第 202(c)(2) 条款规定了："本款所用的'重组'一词，包括法定兼并或合并(包括一家公司获得另一家公司至少大多数有表决权的股票的同时，获得其他种类股票的绝大部分；或者获得另一家公司几乎全部的资产)，资本结构的调整，公司身份、形式或组织地点的改变。"[②]随后，虽然国会又对免税并购重组条款进行了多次调整，但均是细节上的变化，而非本质上的改变。例如，1924 年将公司并购重组的概念作了细微的调整，由原来的"并购重组包括……"变为"重组是指……"。1936 年加入了对"法定兼并或合并"的规定；1939 年的开始允许并购重组中先假定该交易符合免税条件。

国会在修订法条时扩大了免税并购重组条款的适用范围，以便使那些与法定兼并或合并在交易结果上类似的并购行为享受同样的免税待遇，但其却忽略了给这些交易限定像法定兼并或合并一样的条件或要求，如适格的支付对价等。如果仅从法条的字面含义去解释，尤其是免税条款括号中的语句，纳税人以现金或现金等价物等为支付对价的并购重组行为同样也可以享受免税待遇。为了阻止纳税人利用税法的漏洞，滥用税收优惠待遇，法官在随后的一系列判例中正式提出了"利益持续原则"。

对如何适用 1926 年《税收法案》免税并购重组条款括号中的语句而引发的 Cortland Specialty Co. v. Commissioner 以及 Pinellas Ice & Cold Storage Co. v. Commissioner 案，通常被看作最早体现并确立利益持续原则的两个判例。在 1932 年的 Cortland 一案中，纳税人是一家封闭型公司，它将几乎全部的资产转移给另一家公司以获取现金及短期票据(最长 14 个月到期)，之后该公司将现金及票据分配给其股东并解散。[③] 税务局认为该交易应当作为资产销售对待，并据此对 Cortland 公司收税。但纳税人声称该交易应当享受免税待遇，其理由有两点，首先，根据当时的 1926 年《税收法案》第 203 条，免税的并购交易应满足下列条件：

---

① 对于何为免税的兼并及合并，各州法律中均进行了详细的规定，多数州法律中规定只有下列情形的兼并及合并行为才能免税：并购公司继续运营着与目标公司相同或类似的业务，且并购后，目标公司股东获得并购公司的所有者权益，目标公司解散。

② "The word 'reorganization' ... includes a merger or consolidation (including the acquisition by one corporation of as least a majority of the voting stock and at least a majority of the total number of shares of all other classes of stock of another corporation, or of substantially all the properties of another corporation), recapitalization, or mere change in identity, form, or place of organization of a corporation."

③ Cortland Specialty Co. v. Commissioner, 60 F. 2d 937 (2d Cir. 1932).

一是目标公司转移资产的行为应当符合税法典对于免税并购重组的要求；二是并购公司的支付对价是股票或证券。仅从该条款的字面含义来看，纳税人完全有理由适用免税条款，因为国会并没有在税法典中规定免税并购重组意义下“证券”的含义，而在税法典的其他条款中，证券的含义非常广泛，完全可以覆盖本案所涉及的短期票据等非股票证券。其次，纳税人认为，从免税条款括号中的语句来看，“重组”一词“包括一个公司获得另一个公司几乎全部的资产”，税法典对于资产收购与股票收购并没有规定适格的支付对价要求，因此，只要是目标公司转移了几乎全部的资产给收购公司即可适用免税条款。

在判决中，上诉法院（第二巡回法院）认同国税局的意见，认为尽管免税并购重组条款中没有定义“证券”的含义，但从国会当时的立法意图来看，此处的“证券”不应当包括短期票据以及现金等价物等类似的证券；而对于免税并购重组条款括号中的用语，如果仅是从该条款的字面含义去解释并运用的话，显然也不符合国会对于免税条款的立法目的。法官指出，免税条款中“重组”（reorganization）一词的真正含义，不应当“仅是指一个公司收购另一个公司绝大部分的资产的行为”，国会颁布免税并购重组条款旨在“确保并购重组后股东在公司里的所有者权益能够在另一个公司中得以持续”。[①] 因此，对于免税并购重组条款括号内的语句应当按照该条款括号前对于“法定兼并或合并”的定义进行理解，即资产收购与股票收购要享受免税待遇，也应当符合相应的条件。本案中以现金加短期票据为支付对价的资产收购因不能满足股东利益持续原则的要求，从而使该交易被定性为应税资产销售行为。

同年发生的 Pinellas Ice & Cold Storage Co. v. Commissioner 一案的案情与 Cortland 案基本类似，目标公司转移所有资产给并购公司以换取现金及短期票据，而后目标公司解散并将现金及票据分配给股东。[②] 税收法院认为，根据 1926 年《税收法案》的相关规定，销售及资产转让行为应当纳税，除非该行为是法律所规定的例外情形。而第 203（b）（3）条款正是规定例外情形的条款。根据该条款，并购重组一方向另一方转移资产以换取另一方股票或证券的行为免税。[③] 因为注意到该条款所规定的免税交易是资产置换行为（exchanges）而非资产销售行为（sales），因此，法院又将关注点转向美国联邦最高法院在之前判例中对于“销售”

---

① Cortland Specialty Co. v. Commissioner, 60 F. 2d 937 (2end Cir. 1932), at 940.

② Pinellas Ice & Cold Storage Co. v. Commissioner, 287 U. S. 462 (1932).

③ Section 203(b)(3) of the Revenue Act of 1926 provided: “No gain or loss shall be recognized if a corporation a party to a reorganization exchanges property, in pursuance of the plan of reorganization, solely for stock or securities in another corporation a party to the reorganization.”

所下的定义,即交易双方之间转移资产以换取资金的行为。因为本案中目标公司股东所收取的现金及短期票据被认定为代表着不久的将来可获得的资金,因此,税收法院认为此交易更符合税法中对资产销售的规定,而不应当适用免税并购重组条款。上诉法院(第五巡回法院)也认为不应当让那些实质上并不具有重组目的的直接资产销售行为或置换行为享受免税待遇。同时,上诉法院提出并购后并购公司应当继续目标公司的营业,并作了如下判决:"将一家公司以现金购买另一家公司资产的并购行为认定为免税并购重组交易,显然不符合国会对于免税并购重组条款的立法目的,因为这种交易行为并不符合免税的实质……而为了获取相应的免税待遇,目标公司的股东应该获得比现金、短期票据等更为明确的一种股东权益"。①

此后的很长一段时期,美国法院在判例中对于利益持续原则的运用一直援引从 Cortland 以及 Pinellas 两案中引申出来的三个原则:②第一,尽管税法典中免税并购重组条款括号中的语句对资产收购与股票收购没有规定适格的支付对价要求,即从法条的字面含义来看,只要目标公司转移了几乎全部的资产即可构成免税并购。但在实践中,括号里的用语:"包括一个公司获得另一个公司几乎全部的资产",应当按照该条款括号前的"法定兼并或合并"的含义进行理解,即资产收购与股票收购要享受免税待遇,也应当符合相应的法定条件:股东利益持续原则以及企业营业持续原则。第二,在实践中,对免税资产收购及股票收购所要求的"利益持续原则"并不适用于其他类型的并购重组交易,如法定兼并及合并的法定条件一般由州法律进行规定。因为法院认为,州立法所规定的法定兼并及合并的适格要件,如正式的并购计划,股东投票决议,异议者的权力及目标公司对于持异议者的法定义务等规定,足以将法定兼并及合并与应税资产销售相区别。第三,税法典免税并购重组条款中之所以有括号内的用语,是为了扩大免税待遇的适用范围,因此只要不是为了避税之目的而为的并购交易,就可以按照括号内的字面含义去解释法条。

1934 年国会在对税法修订时重新定义了免税并购重组,即"重组是指[A]法定的兼并或合并;[B]一个公司仅以其全部或部分表决权股票为对价的收购,在这里,部分表决权股票是指至少 80% 的有表决权的股票以及占总股票至少 80% 的其他类型的股票;[C]收购另一家公司几乎全部的资产;[D]一个公司转移其

---

① Pinellas Ice & Cold Storage Co. v. Commissioner, 287 U. S. 462 (1932), 2d, at 740.

② David F. Shores, Reexaming Continuity of Shareholder Interest in Corporate Reorganizations, *Virginia Tax Review*, 3:17, 1998, pp. 419 – 465.

全部或部分资产给另外一家公司,转移资产后,该公司或其股东或两者立即享有对转移资产的控制权;[E]资本结构的改变;[F]公司身份、形式、组织地的变化。"①通过对税法典相关条款的修订,国会将判例法中所确立的利益持续原则以法律条文的形式明确下来,这样不仅可以防止纳税人滥用免税并购重组条款以达到避税的目的,还可以使与法定兼并与合并实质类似的其他类型的并购交易享受同等的免税待遇。

第二节 利益持续原则的历史发展概述

利益持续原则主要有两层含义:在股东层面是指股东利益的持续(continuity of shareholder interest, COSI);在公司层面则意味着营业的持续(continuity of business enterprise, COBE)。尽管同是由 Cortland 及 Pinellas 两案确立下来的原则,股东利益持续原则的历史演进表现出从迅速发展到扩大适用,再到重归最初目的的发展历程,而企业营业持续原则则多被运用到反避税案件当中。

一、股东利益持续原则的发展演进

(一)股东利益持续原则的确立

1935 年美国联邦最高法院受理了三起与股东利益持续原则相关的案件,这三起案件被认为是促进股东利益持续原则迅速发展的"三部曲"。②

一是,Helvering v. Minnesota Tea Co. 案。在本案中,一个公司以其资产置换另一家公司价值 70 万美元的股票以及 40 万美元的现金对价,由于支付对价中有大量的现金,且普通股对价仅占到并购公司发行在外的总股票的 7.5%,因此国税局上诉委员会认为:"该交易看上去并不是那种以改变股东投资形式而使其投资利益得以持续的并购交易,相反,该交易彻底改变了股东的所有者权益……"③联邦最高法院在判决中引用了 Pinellas 一案中所要求的股东利益持续原则,并指出:"目标公司应当获得比短期票据更为明确的代表所有者权益的利益,这种利益必须是明确且重大的(definite and material),且必须代表出售资产价值的重大部

---

① Revenue Act of 1934, S112(g)(1), 48 Stat. 683, 705.

② David F. Shores, Reexaming Continuity of Shareholder Interest in Corporate Reorganizations, *Virginia Tax Review*, 3:17, 1998, pp. 419 - 465.

③ Helvering v. Minnesota Tea Co., 28 B. T. A. 591, 595(1933).

分。"[①]此案确立了股东利益持续原则对于支付对价数量上的要求,即要使股东利益得以持续,就得保证支付对价的绝大多数比例是代表并购公司所有者权益的股票。但在此案中,对于支付对价中的所有者权益应占并购公司全部所有者权益的比例并没有明确的要求。[②]

二是,John A. Nelson Co. v. Helvering 案。[③] 本案中法官认为,转移资产以换取现金与优先股的行为符合免税并购重组条款所要求的条件。因为"优先股的股东尽管在公司中没有表决权,但却不同于债券,持优先股的股东对于公司的营业活动仍有重大利益"。本案明确了股东利益持续原则对支付对价性质上的要求,即该原则并不要求目标公司的股东在并购后拥有对并购公司的管理权或控制权,以没有表决权的优先股为支付对价的交易也没有违背股东利益持续原则。

三是,Gregory v. Helvering 案。[④] 该案中,Gregory 夫人是一家联合抵押公司的唯一股东,该公司持有另一家证券公司 1000 股的股票,Gregory 想通过抵押公司向她分配证券公司的股票,以便使其能够再将证券公司的股票卖与第三方。由于根据当时的税法这样的股票分配行为是要纳税的,因此为了达到避税的效果,抵押公司另外成立了一个新公司,并将其所持的证券公司的股票全部转让给了这家新公司,而后其又将新公司的股票分配给了 Gregory,随后又很快将新公司股票予以清算,并将证券公司的股票分配给了 Gregory 以使其可以立即将证券公司的股票转让给第三人。Gregory 夫人对此次股票转让交易申报了资本利得税,这使得其缴纳的税款明显低于将此次转让行为作为股票出售时所应缴纳的税款。根据当时适用的 1928 年《税收法案》第 112(g)条款,免税重组交易包括"一个公司将其所有或部分资产处置给另一家公司,且在处置后,该公司或该公司的股东或两者均对处置的资产享受控制权的交易"。同时如果公司在并购重组计划实施过程中进行了股票的分配,则不必确认股票分配的收益。[⑤] 如果仅根据税法的字面含义来看,Gregory 一案符合适用免税并购重组条款的条件,但联邦最高法院认为,该交易不能享受免税待遇,因为本案中进行并购交易的目的仅是为了避税,并指出"法条上所述的一个公司将其资产转让给另一个公司的目的是发生在有商业目的的并购重组过程中,而不是发生在完全没有商业目的的或与商业目的无关的计

① Minnesota Tea Co. v. Commissioner, 296 U. S. 378 (1935), at 385.

② David F. Shores, Reexaming Continuity of Shareholder Interest in Corporate Reorganizations, *Virginia Tax Review*, 3:17, 1998, pp. 419 – 46.

③ John A. Nelson Co. v. Helvering, 296 U. S. 374 (1935).

④ Gregory v. Helvering, 293 U. S. 465 (1935).

⑤ Revenue Act of 1928, Ch. 852, S112(g), 45 Stat. 791, 818.

划中,而本案确实与并购重组计划无关”。① 最终法院认定本案中的交易只是想借助并购重组这一形式掩盖其真实的意图,即是为了向股东分配证券公司的股票。

在 Gregory 一案中,尽管“股东利益持续”一词并没有在联邦最高法院的判决中出现,但本案对于股东利益持续原则的发展却影响重大。首先,该案所倡导的免税并购重组需要有“真实的商业目的”,这引起了人们对于并购重组后目标公司股东出售股票行为的关注,即在并购后对新公司清算并出售新公司股票的行为,会让目标公司股东以资本利得的形式而非普通收入的方式收回其投资,这一行为会影响此类并购交易享受免税待遇。其次,从 Gregory 一案中可以得出如下结论:如果并购公司在并购后清算新公司是为了出售其所持证券公司的股票,而该行为不应当适用免税条款,那么,并购公司在并购后出售自身的股票也不应当适用免税条款。否则在该案中股东就可以通过出售并购公司的股票并将清算事宜留给股票购买方,这样也可以达到同样的避税效果了。因此,Gregory 一案使税务局及低等法院开始关注股东利益持续原则在“时间持续性”方面的要求,并开始考虑并购重组后股东立即出售股票的行为是否会造成对股东利益持续原则的背离。②

(二)成为独立于制定法的一个判例法要件

在 1940 年受理的 Le Tulle v. Scofied 一案中,法院首次暗示了股东利益持续原则应当作为一个完全独立于制定法的判例法要件。也就是说,即便并购行为符合税法中关于免税交易的规定,也有可能因为不符合股东利益持续原则而被认定为不得享受免税待遇。③ 在本案中,并购公司以 11 年期的债券为支付对价收购目标公司的资产,被法院判定不构成免税的并购交易。法院的理由是,1921 年《税收法案》的免税并购重组条款,将免税的范围从法定兼并和合并扩大至资产收购,是因为其交易结果在实质上与法定兼并或合并类似。因此,C 型资产收购的支付对价也应当像法定兼并及合并那样限定为收购公司的普通股股票,以使股东利益得以持续。

在 Roebling v. Commissioner 一案中,法院则首次正式声明,纳税人的并购交易要适用免税待遇,不仅应满足税法典中免税并购重组条款的要求,还应满足股

① Gregory v. Helvering, 293 U. S. 465 (1935), at 469.

② David F. Shores, Reexaming Continuity of Shareholder Interest in Corporate Reorganizations, *Virginia Tax Review*, 3:17, 1998, pp. 419 – 465.

③ Le Tulle v. Scofied, 308 U. S. 415 (1940).

东利益持续原则的要求。[①] 在该案中,South Jersey 公司根据当时的新泽西州法律被兼并到公共服务电气公司(PSE&G),其股东收到了公共服务电气公司100年期的债券为支付对价,以换取其所持有的 South Jersey 公司的股票。法官援引了《财政规章》引入的股东利益持续原则的"目的条款"(purpose clause),[②]认为判例法所确立的股东利益持续原则应该独立于制定法而存在,且是判断免税并购重组的必要条件。同时,法官还援引了 Le Tulle v. Scofied 一案的观点,认为本案中由于股东收到的对价是债券,而非维持股东利益持续所需要的"股票",因此,即使该交易满足了税法典中对于免税并购的要求,也不得享受免税待遇。

(三)股东利益持续原则的扩张适用

股东利益持续原则确立之初,法官仅将其运用于审查并购公司支付给目标公司的对价是否符合法定要求,即是不是能够保障股东所有者权益的普通股股票。但在1937年的 Groman v. Commissioner 以及1938年的 Helvering v. Bashford 两案发生后,实践中开始引入间接利益持续原则(Remote Continuity Test)来评价股东利益是否持续。根据间接利益持续原则,目标公司股东从并购公司获得的利益(表现为支付对价),应当能够充分体现其在目标公司原始投资的持续,如果该原始投资与支付对价之间的"空间距离"太过疏远或间接,将会造成对股东利益持续原则的背离,从而导致整个并购交易无法适用免税待遇。[③] 换句话说,间接利益持续要求目标公司股东收到的支付对价应当来自真正的并购交易当事方,如果对价来自并购公司的关联公司,如其母公司,则会影响股东利益的持续。

Groman 及 Bashford 两案均涉及母公司通过新成立的子公司收购目标公司的股票,而后目标公司被清算且并入并购公司的子公司,并购公司的支付对价不仅包括子公司的股票,还包括母公司的股票。法官认为,纳税人是否可以适用免税待遇的关键点在于判断母公司是不是"并购交易当事方"(party of the reorganization)——如果是并购交易的当事方,则目标公司股东获得母公司的股票意味着利益的持续,否则就违背了利益持续原则。根据当时税法典第112条,"并购交易当事方"是指所有参与并购交易的公司,也即本案中的母子公司均应被认定为并购的当事人。但在 Groman 一案中,法官指出,免税并购重组条款的立法目的是为了让目标公司股东的利益在并购后的"新公司"中得以持续。在本

---

① Roebling v. Commissioner, 143 F. 2d 810 (3rd Cir. 1944), Cert. denied, 323 U. S. 773(1944).

② Reg. 86, S112(g) - 1, 1934.

③ Christine M. Adams, Corporate Reorganizations Get a New Look: Tightening the Reigns on the Runaway Continuity of Interest Doctrine, *McGeorge Law Review*, Winter, 1998.

案中,这一新公司应当是并购公司的子公司,因为子公司在交易中的作用不容忽视,不得被视为母公司的"影子公司"(alter ego),因此子公司才是真正的并购交易当事方;母公司不论从免税并购重组条款的立法目的来看,还是从逻辑上看,都不得再被认定为同子公司处于相同地位的"并购交易当事方"。[①] 在 Bashford 一案中,法官也得出了相同的结论。[②]

上述两案本来与股东利益持续原则的适用并无多大关系,从判决内容来看,法官援引股东利益持续原则的目的仅是为了解释免税并购重组条款的立法目的,即目标公司股东应当对真正的并购者而非其他公司继续享受其所有者权益。[③] 但后来这两个判例却常常被人们作为对"股东利益持续原则"的扩大适用而加以援引,并不像法官在判决中声明的那样,仅仅将其看作对"并购交易当事方"一词进行术语解释的普通案件。[④]

股东利益持续原则对于股东利益持续时间的过度关注,导致了该原则的进一步扩大化适用。1939 年,美国联邦最高法院援引 Gregory 一案审理了 Pickard v. Commissioner 案。在该案中,法官再次明确了股东利益是否持续对免税并购重组条款的适用是必要的。这一声明似乎与法官在 Cortland 案与 Pinellas 案中的观点并无不同,但值得注意的是,法官判定 Pickard 案中股东利益并未持续的理由不是因为并购方支付对价的方式及数量不符合税法的要求,而是因为并购后目标公司股东很快将其所持有的并购公司的股票出售给了第三方以换取现金,并且该第三方自并购初始就表现出购买股票的兴趣。因此,法官指出在本案中股东利益没有得以持续。[⑤]

同样在 Heintz v. Commissioner 一案中,目标公司被兼并到并购公司,其股东收到的支付对价是并购公司的现金及优先股。由于目标公司股东不愿持有并购公司的股票,因此在并购前双方即达成了一个并购后即出售股票的协议。法院认为,该并购不得适用免税并购重组条款,因为"目标公司股东在并购后立即出售了其所持有的优先股股票。目标公司股东确实协助并购公司完成了并购交易……但并购公司按照与目标公司股东事先达成的优先股出售计划实施的兼并,不能改

---

① Groman v. Commissioner, 302 U. S. 82 (1937).

② Helvering v. Bashford, 302 U. S. 454 (1938).

③ 林德木著:《美国联邦公司并购税收制度研究》,科学出版社 2010 年版,第 97 页。

④ David S. Miller, The Devolution and Inevitable Extinction of the Continuity of Interest Doctrine, *Florida Tax Review*, 3:187, 1996.

⑤ Pickard v. Commissioner, 40 B. T. A. 258, 262, aff'd, 113 F. 2d 488 (1939).

变其资产‘销售’的实质，而并非一个免税的‘并购’”。[①]

国税局在其《第77—37号令》中正式采纳了Heintz一案的观点，并提出了多步骤交易原则，即在判断并购后目标公司股东处置其股票的行为是否会影响整个并购交易适用免税待遇时，应当将这两个或多个并购交易步骤自动合并为一个步骤进行考量，而不管这样的处理方式是否是维持任何税收原则的完整性所必需的。[②] 此后，将并购后目标公司股东的主观动机与其并购后出售股票的行为结合起来作为判断股东利益是否持续的依据，成为股东利益持续原则最重要的扩张。[③]

（四）制定法对股东利益持续原则的修正

自股东利益持续原则不断扩张适用以来，学术界及实践方一直不乏对该原则的批判之声，有专家甚至指出该原则的运用会导致纳税人在并购交易中投入太多的精力去关注如何达到该原则所要求的细节上，以至于整个并购过程变得费时且毫无效率。[④] 但从总体上来看，这些缺陷并不能对股东利益持续原则带来实质性的挑战，毕竟无论是法官还是国税局都认同这一观点，其认为对股东利益是否持续的判断应当是根据不同的案情来做具体的认定，不能一概而论。[⑤]

国会、财政部以及国税局自1954年起开始对《联邦税法典》以及《财政规章》中涉及股东利益原则的条款进行较大幅度的修订，并出台了《最终规章》，以不断促使实践中对股东利益是否持续的考量，重新回归到对并购公司直接及间接的支付对价的性质上。这些修订工作极大地完善了对股东利益持续原则的评判及界定，为纳税人与税务局提供了稳定且具可操作性的规则。制定法对股东利益持续

---

① Heintz v. Commissioner, 25 T. C. 132 (1955), at 143.

② Jere D. McGaffey & Kenneth C. Hunt, Continuity of Shareholder Interest in Acquisitive, Corporate Reorganizations, 59 Taxes, at 670 (1982).

③ 值得注意的是，运用多步骤交易原则来判断股东利益是否得以持续，是股东利益持续原则进一步扩张的表现，但这并非是早期判例发展的必然结果。早期判例中法官的关注点在公司层面，即基于对并购公司支付对价性质的考量判断该并购交易是否在实质上与法定兼并或合并相似，还是更类似于应税资产销售行为。因为对于目标公司股东而言，如果并购公司以其股票为对价，则代表股东在并购后依然具有“所有者权益”。但在Heintz案中，法官将关注点转向股东层面，即开始考核目标公司股东在并购后处置其股票的动机，对股东事后处置行为的过度关注给免税并购的界定带来了主观不确定性，因为法官判案的依据不再客观地放在对并购公司支付对价性质的判断上。See David S. Miller, The Devolution and Inevitable Extinction of the Continuity of Interest Doctrine, Florida Tax Review, 3:187, 1996.

④ Jasper L. Cummings, Jr., Reorganization Tax Opinions, 452 PLI/Tax 897 (1999).

⑤ Joshua D. Blank, Confronting Continuity: A tradition of Fiction in Corporate Reorganizations, available at http://works.bepress.com/joshua_blank/1, visited at Feb 9, 2012.

原则的调整主要体现在以下几个方面：

一是逐步取缔了间接利益持续原则。1954 年起，国会通过对《联邦税法典》第 368(a)(1)(C)条款的修订以及颁布第 368(a)(2)(C)条款取缔了对间接利益持续原则的运用，即允许在资产收购中使用母公司的股票为支付对价；同时也允许在法定兼并与合并以及资产收购中将目标公司的资产向下转移给并购公司的子公司。在随后的 1964 年与 1968 年的修订中，又开始允许纳税人在股票收购中使用母公司的股票作为支付对价，以及允许前向三角兼并及反向三角兼并适用免税待遇。因此，目前间接利益持续原则仅适用于目标公司资产向下转移给合伙企业，以及同时使用两个公司当事方股份为收购对价的两种情形。[①]

二是取消了对目标公司股东持股时间的要求。1998 年财政部修订了《财政规章》的相关条款，规定无论目标公司股东是在并购前将其所持有的目标公司的股份处置给第三方，还是在并购后将其持有的并购公司的股份处置给第三方，只要该第三方与并购公司并无任何关联，则该股票处置行为影响整个并购交易适用免税待遇。[②] 但是，如果并购后，并购公司的股票按事先约定由并购公司或者与并购公司有关联的第三方予以赎回，则该并购行为即背离了股东利益持续原则。[③] 同年，国税局发布的《最终规章》(*Final Regulation*)中也对此问题作了同样的规定。[④]

三是明确了支付对价的最低比例。2005 年财政部对《财政规章》进行了修订，指出并购公司支付给目标公司的对价中，并购公司的股票至少要占到全部支付对价的 40% 以上，即判断并购公司支付给目标公司股东的对价是“具有实质内容的所有者权益，且该所有者权益可代表被转移资产价值的重大部分”的标准是，股票对价至少要占到总对价的 40%。[⑤] 同时，财政部也承认并购合同签订当日与并购交易实际执行日的股价可能会产生波动，因此允许纳税人以并购合同签订当日的股价为基准来判断支付对价是否符合股东利益持续原则。

四是限缩了多步骤交易原则的运用。2000 年，财政部取消了 1998 年的《财政规章》中，关于并购前目标公司回购股票以及利润分配行为是对股东利益持续原则的违背的相关规定，指出只要目标公司用于股票回购的资金并非来源于并购公司，且并购前的股票回购行为不会减少目标公司的所有者权益，则可认定为并

---

① 林德木著：《美国联邦公司并购税收制度研究》，科学出版社 2010 年版，第 98 页。

② Treasury Regulation S1.368－1(e).

③ Ibid.,368－1(e)(1)(i).

④ T.D.8760,1998－1 CB 803,804.

⑤ Treasury Regulation S1.368－1(e)(2)(v),ex.1,as amended in 2005.

购中股东利益得到了持续。[①]

二、企业营业持续原则的发展与演进

企业营业持续原则最早出现于 Cortland Specialty Co. v. Commissioner 一案，虽然该原则并非本案的关键争论点，但法官在判决书中提到了免税并购重组条款的假设也应当包括并购后企业的营业也可得以继续。[②] 也有学者认为，企业营业持续原则其实自从有联邦所得税开始就已然存在了，因为税法典的免税并购重组条款在上述判例提出营业持续之前就已经明确表明了，并购交易后的公司形式必须以营业持续为原则。[③] 尽管如此，相比于股东利益持续原则如火如荼的发展演进历史，企业营业持续原则的地位颇为尴尬，其不仅一度处于深度休眠状态，还被一些学者质疑应当予以取消，即便是在实践中被运用，也常被和另一个判例法要件——“商业目的原则”结合起来，用于判断具有避税性质的并购重组交易。直到 1980 年出台《最终规章》，企业营业持续原则才得以正式确立。

(一)国税局对企业营业持续原则的态度

国税局首次正式提出企业营业持续原则是在 1956 年发布的第 56—330 号税收裁决中。[④] 在该裁决中，国税局指出如果并购重组后的企业从事的业务完全不同于目标公司的业务，则是对企业营业持续原则的背离。

由于当时法院对于企业营业持续原则有着更为宽松的要求，认为并购后的公司不必从事与目标公司相同或类似的业务，企业利益持续原则所要求的仅是并购后的公司继续从事商业活动。[⑤] 因此，受判例法的影响，在 1963 年的第 63—29 号税收裁决中，国税局废除了第 56—330 号税收裁决，并指出尽管法律要求并购重组后存续的公司应当继续运营，但不必运营目标公司以往的业务，从而彻底颠覆了之前对企业营业持续的严格要求。[⑥]

由于第 63—29 号税收裁决书所给予的宽松且易于达到的条件，自该裁决发

---

① Treasury Regulation S1.368 – 1(e)(6),ex.9,2000.

② Cortland Specialty Co. v. Commissioner,60 F.2d 937 (2nd Cir.1932),at 940.

③ John J. O' Donnell, Compliance With the New Continuity of Business Enterprise Regulation, *Washington Law Review*,1981,pp.55 – 83.

④ Rev. Rul. 56 – 330,1956 – 2 C.B.204.

⑤ 如在 1961 年的 Bensten v. Phinney 一案，涉及的案情与第 56 – 330 号税收裁决中的基本相同：三个从事土地开发业务的公司，将其资产转移到同股东控制下的从事保险业务的新公司，以换取该公司的股票。法官认为，该并购符合企业利益持续原则，可享受免税待遇。See Bensten v. Phinney,62 – 1 USTC II 9257,199 F. Supp. 363 (S.D. Tex.1961).

⑥ Rev. Rul. 63 – 29,1963 – 1 C.B.77.

布后的很长一段时间里,企业营业持续原则基本处于失效状态。直到 1978 年,在两个未公开的税收裁定决中,国税局对企业营业持续原则重新进行了修订,并废除了第 63—29 号税收裁决,且在其中的第 79—433 号税收裁决中明确提出,免税并购交易必须符合企业营业持续的要求。①

(二)法院对企业营业持续原则的运用

1. 与商业目的原则结合起来判断免税并购交易

法院在实践中常将企业营业持续原则与商业目的原则结合起来运用。② 在 Standard Realization Co. v. Commissioner 一案中,目标公司决定停业并清算,出售了部分资产,并向国税局发出了全面清盘的清算通知。由于股东对公司剩余的资产有着不可分割的利益,且继续持有这些资产毫无实际意义,因此股东决定成立一个新公司,以便将这些剩余资产转移到新公司卖掉。但是当旧公司清算完毕时,新公司销售资产的协议并未达成。③ 国税局认为这一系列的交易可以被定性为并购重组,税收法院却主张虽然这一系列交易安排都是有计划的,但对资产的处置并不能构成并购计划的一部分。因为资产的接收方,即新公司成立的目的是为了能够销售目标公司未清理完毕的资产,而非继续运营其业务。并购重组计划必须包括新公司成立后继续运营旧公司的全部或部分业务,这是由企业营业持续原则所决定的,在本案中,新公司并没有继续运营旧公司的业务,因为其成立之初没有表现出任何商业目的。④

Laure v. Commissioner 也是一起将企业营业持续原则与商业目的原则结合起来运用的案例。在该案中,目标公司资不抵债,并购公司决定在两公司兼并后出售目标公司的资产。税收法院认为兼并是在目标公司清算的情况下进行的,并购公司销售资产的合同已经签订,目标公司的破产意味着向并购公司转移资产并非

---

① John J. O' Donnell, Compliance with the New Continuity of Business Enterprise Regulation, *Washington Law Review*, 1981, pp. 55 - 83.

② 商业目的原则实际上也是法院在实践中创立的判例法要件,是指当事人具有营业动机是进行并购重组的前提条件之一,否则将会被认定为具有避税目的。

③ Standard Realization Co. v. Commissioner, 10 T. C. 708(1948), acq., 1948 - 2 C. B. 3

④ 有学者对该判决提出了质疑,认为本案中国税局的立场实际上是合理的,因为新公司处置旧公司资产的行为可以看作税法典第 368(a)(1)(D)条款所规定的 D 型并购重组行为的前奏。但法院的判决有其历史原因,案件发生在 1943 年,结案在 1948 年,当时税法典的第 337 条款还未出台,如果法院同意国税局的意见,那么销售这些资产将会使公司和股东面临双重征税。另外,法院作出这样的判决其实还有一个更为充分的理由,即并购重组计划不应当是清算计划的一部分,本案的案情表明新公司处置资产的行为实际上是目标公司清算计划的延续。See Peter L. Faber, Continuity of Interest and Business Enterprises: Is It Time to Bury Some Sacred Cows, *Tax lawyer*, 2:34, pp. 239 - 295, 1980.

基于商业目的,而是要付清债务。税收法院指出如果并购具有商业目的,则并购公司应当在并购后继续目标公司的业务,而在本案中,资产处置的唯一目的是将目标公司的营业净损失转移给并购公司。因此,本案中并购交易背离了企业营业持续原则。①

2. 作为反避税的有力工具

纳税人有时会试图通过清算—再设立公司(liquidation—re-incorporation)等一系列交易步骤,声称由于缺乏企业营业持续原则而放弃免税待遇,以逃避免税并购重组条款所规定的收购性 D 型重组必须适用移后扣减制度(carryover basis)。② 但事实上,并非所有的并购交易方都希望适用移后扣减制度,有些并购公司更愿意收购的资产在新成立的公司中以高于原账面价值的公允价值入账,以真实反映新公司的资产和财务状况。在此类案件中,法院会借助企业营业持续原则进行反避税。

在 Abegg v. Commissioner 一案中,一家一人公司出售了其所有资产以换取有价证券,而后运营了两年后宣布破产。该公司唯一的股东将其在破产清算中收到的现金及证券转移到了另一家由其成立的新公司中,并继续从事证券投资业务。③ 法院认为,本案中将一个交易拆分为清算及重新设立公司两个步骤是股东事先计划好的,事实上,此交易符合企业利益持续原则,因为新公司实际上继续经营与旧公司相同的业务,即证券投资业务,因此新公司资产必须以目标公司资产的原值作为新的入账价值。

在 Becher v. Commissioner 一案中,目标公司在第二次世界大战中从事帆布产品生产,战后因生意锐减而决定转行制造家具,而后目标公司开始销售其资产给并购公司,包括其现金、应收账款、存货、部分机器设备及一栋建筑物,期望销售资产的收益可让其运行新的业务。并购后并购公司试图将目标公司的资产全部卖掉,但未获成功,而后又将目标公司的资产用于本公司的家具生意。④ 税收法院支持了国税局的意见,认为此交易应当适用免税并购重组条款,因为并购公司

---

① Laure v. Commissioner, 70 T. C. 1087(1978).

② "移后扣减制度"(carryover basis regime)是 19 世纪 80 年代由美国法律协会及参议院的金融委员会所倡导推出的,是指如果目标公司处置资产的量足够大,则并购交易可被认定为免税的,并购方也可以目标公司资产的原值入账(依据的是税法上的结转基点制度 carryover tax basis)。但事实上,并非所有的并购交易方都希望适用免税待遇,有些并购公司更愿意收购的资产在新成立的公司中以高于原账面价值的公允价值入账,以反映新公司的财务状况。

③ Abegg v. Commissioner, 429 F. 2d 1209 (2nd Cir. 1970), Cert. denied, 400 U. S. 1008(1971).

④ Becher v. Commissioner, 22 T. C. 932 (1954), aff'd, 221 F. 2d 252(2d Cir. 1955).

虽然在并购后试图卖掉目标公司的所有资产,但却以失败告终,而后又开始利用目标公司的资产继续其业务,这是企业营业持续的体现。

(三)学界对是否取消企业营业持续原则的探讨

有学者认为,企业营业持续原则不需要新公司从事与其前身同样或相似的业务,只需要有业务活动继续运行即可达到该原则的要求。[①] 如前所述,在法院的一些判例中,也确实体现过类似的理念。如在 Bensten v. Phinney 一案中,三个从事土地开发业务的公司,将其全部资产转移到同股东控制下的从事保险业务的新公司中,以换取该公司的股票。法院认为,此交易是适格的免税并购,符合企业营业持续原则的要求。法院在本案中明确指出,新公司不必从事旧公司的历史性业务,企业营业持续原则所需的仅是新公司继续从事商业活动。本案中,法官虽然并未讨论目标公司的历史性资产问题,即该资产在并购后是被处置了,还是被新公司继续利用着,但从法官的判决书来看,应该是前者,因为法官在陈述案情时有这样的表述:"……转移给新公司的土地的收益被投资于新公司的业务。"[②]

American Bronze Corp. v. Commissioner 案件中涉及的案情与 Bensten 一案略有不同,目标公司保留了与其经营的零工业务有关的资产,卖掉了剩余的所有资产给无关联的第三方,随后被兼并到了同一股东控制下的并购公司,该并购公司也从事零工业务。税收法院认为该交易满足企业营业持续原则,可以适用税法典第368(a)(1)(A)条款对于法定兼并的免税规定。法院的理由是,对于企业营业持续原则的测试,法院更关注并购后存续公司的业务是否继续,但并不需要该业务与转让方之前的业务相同或类似。[③]

如果仅是要求并购后的公司继续从事业务活动,而不是继续目标公司的历史性业务,那么企业营业持续原则的存在似乎就没有多大的意义了。因此,有学者认为应当取消企业营业持续原则,理由主要有两点:一是国会给予一些并购重组免税待遇的主要考虑是此类交易不适合征税,目标公司的股东在此类交易中并没有实现任何经济利益,且其原有的投资利益得到了持续。既然股东的利益得以持续了,那么再考虑此类交易中目标公司的历史性业务是否继续或历史性资产是否得以利用就显得不那么重要了。二是对并购公司而言,目标公司之所以能成为有吸引力的投资机会,并不完全是因为目标公司的历史性资产或其业务可以被并购

---

① M. Bernard Aidinoff & Benjamin B. Lopata, The Continuity of Business Enterprise Requirement and Investment Company Reorganization, *Taxes*, 58:914, 1980.

② Bensten v. Phinney, 62 - 1 USTC Ⅱ9257, 199 F. Supp. 363 (S. D. Tex, 1961).

③ American Bronze Corp. v. Commissioner, 64 T. C. 1111(1975).

公司更好地利用,在大多数情况下,恰恰是因为并购公司可以将目标公司的资产或业务进行处置以换取收益,并将这些收益投到自身所经营的业务中去。而该业务与目标公司的业务相不相同,并不是并购公司筹划并购交易时所要考虑的重点。① 也有学者认为不应当将历史性资产是否使用作为企业利益持续原则的要件之一,因为企业进行并购重组交易的目的是为了提高资源的使用效率。也就是说,并购方之所以要选择目标公司,是因为并购方坚信可以更好地利用目标公司的资源,同时,目标公司的股东也认同这一点,这样才能达成双方并购的意向。如果一味地要求并购方继续使用目标公司的旧资产,可能会有碍并购双方的并购意向,同时也违背了税收中性原则。②

但显然美国政府并不认同这些观点,1980 年颁布的《财政规章》在其第 1.368 - 1(d)(2)条款中明确表示,适用免税并购重组条款要求并购公司或者继续运营目标公司的历史性业务,或者继续使用目标公司历史性营业资产的重大部分。至此,企业营业持续原则得以正式确立。

第三节 并购所得税法律制度中利益持续原则的内涵解析

利益持续原则是并购交易享受免税待遇的前提,在公司层面意味着营业的持续(continuity of business enterprise,COBE),是指并购后目标公司的历史性营业或历史性营业资产的重大部分应当继续得到运营;在股东层面则是指股东利益的持续(continuity of shareholder interest,COSI),即目标公司的历史股东可继续保持对并购前目标公司的资产及收益的所有者权益,且其与其他历史性股东的相互关系也应当像并购前一样。③ 这当然仅是利益持续原则最基本的含义,该原则在并购重组交易中会涉及方方面面的问题,如什么是目标公司的"历史性营业",怎样才能算得上使其得到继续运营,股东所持何种利益才能算得上真正的"股东利益",目标公司的股东持股多久才算有"持续的利益"……本节将对美国税法下利益持续原则的内涵进行进一步的解析。

---

① M. Bernard Aidinoff & Benjamin B. Lopata, The Continuity of Business Enterprise Requirement and Investment Company Reorganization, *Taxes*, 58:914, 1980.

② Shores, David F., Continuity of Business Enterprise—A Concept Whose Time Has Passed (March 19, 2009). Wake Forest Univ. Legal Studies Paper No. 1365217. Available at SSRN: http://ssrn.com/abstract=1365217.

③ Robert A. Jacobs. Reorganizing the reorganization provions. *New York University Tax Law Review*. 34:415. 1979.

一、股东利益持续原则的含义

"股东利益持续"原则在制定法上主要体现为美国《财政规章》(Treasury regulation)的第S1.368－1(e)条款。根据该条款,并购中目标公司的股东必须在收购公司持有明确的、重要的且具有实质性的所有者权益(definite,material and substantial proprietary interest),以使纳税人的并购交易符合免税条款的要求。

(一)适格的"股东"

在美国税法早期涉及股东利益持续原则的条款中,股东被描述为"所有权人"(owners of enterprise),但"所有权人"到底意味着什么,税法并没有予以明确。在实践中,目标公司的全部股东并不一定会作出相同的选择,即可能大多数股东会选择在并购中以用目标公司的股票换取并购公司的股票,但也会有一小部分股东更倾向于出售股票并实现现金收入。在这种情形下,如果对股东利益持续原则中的"股东"进行普通的语义解释,一旦在并购交易中有少数的股东不愿持有并购公司的股票,而是想实现现金收入,就会使许多本应适用免税条款的并购交易不得不面临纳税的待遇。因此,在判例法中法官一般将"股东"一词作为一个整体进行考量。如在Kass v. Commissioner一案中,目标公司的一个小股东Kass夫人接受了并购公司以股换股的并购协议,但由于大多数股东最终选择出售其所持的目标公司的股票以换取并购公司的现金对价,从而导致了整个并购交易背离股东利益持续原则,不得适用免税并购重组条款。Kass夫人希望自己能够免税,但法官最终认定Kass夫人在此次并购交易中应就其以股换股的收入纳税。①

值得注意的是,判例法一度认为并购交易中并购公司支付给目标公司的对价应当指向目标公司的历史性股东(historic target shareholders)。这是在Yoc Heating Corp. v. Commissioner一案中确立下来的,主要是为了防止纳税人利用时间差规避历史性股东的门槛标准,分步交易规则同样适用于对历史性股东的界定,但历史性股东并不排除新股东或市场套利交易商。② 但美国财政部在2005年9月对《财政规章》(Treasury regulation)的第S1.368－1(e)条款进行修订时,取消

---

① 从本案来看,股东利益持续原则是将股东作为一个整体来看的,该原则并不要求所有的目标公司的股东必须做出同样的选择,这样可能会导致针对少数股东利益的不公正的结果。因为不可否认的是,中小股东从并购交易开始之时即处于弱势,他们无法决定公司是否应当并购,并购中对价应当如何选择等问题,但这也不能导致股东利益持续原则受到质疑,毕竟如何保护中小股东的利益是公司法而非税法应当解决的问题。See Joshua D. Blank,Confronting Continuity: A tradition of Fiction in Corporate Reorganizations,available at http://works.bepress.com/joshua_blank/1,visited at Feb 9,2012.

② 姜浩著:《美国联邦公司税法制度研究》,中国政法大学出版社2009年版,第187页。

了对并购公司必须向目标公司历史性股东支付并购对价的限制。

(二)适格的"股东利益"

为了使并购交易符合免税并购重组条款的条件,并购公司应当以其股票为支付对价,以使目标公司的股东获得明确的持续的所有者权益。换句话说,为了保障目标公司股东在并购后依然享有持续的股东"利益",应当满足以下三个方面的要求:

一是股东利益持续原则要求股东持有的必须是代表所有者权益的股票。公司的证券持有人可能会持有在风险及控制力上程度不同且有所区别的各种权益。其中,短期债券代表着其持有人具有对公司经营的最低风险承担及最小控制权,而普通股股票则代表着其持有人承担着公司经营的最大风险及最大控制权。在 LeTulle v. Scofiled 一案中,法官对公司的债权人及所有权人(股东)进行了区别,认为不论债券的期限有多长,均不能代表持有者具有所有者权益。而只有作为拥有公司所有者权益的股东,才值得去考虑在并购交易后其利益是否得以持续。①而在 Pinellas 一案中,联邦最高法院认为,只有持有并购公司的股票才能代表股东在并购公司有"明确的"所有者权益。John A. Nelson Co. 一案则明确了股东利益持续原则并不要求目标公司股东在并购后拥有并购公司的管理控制权,以没有表决权的优先股作为支付对价也可以使并购交易符合股东利益持续原则。因为尽管优先股没有表决权,但却不同于债券,不代表其持有者对公司的营业活动没有重大相关利益。也就是说,不论优先股与债券之间的区别有多么微小,前者代表所有者权益,而后者不是。②

二是股东利益持续原则要求支付对价中的大部分是并购公司的股票。③早期的判例法及制定法对于并购公司的支付对价中股票应占多大比例均没有明确的要求,因此在司法实践中,法官具有极大的自由裁量权,他们一般是基于并购交易的事实,而非一个简单的既定比例去判断该交易是否可以适用免税并购重组条

---

① LeTulle v. Scofiled,308 U. S. 415 (1940).

② 值得注意的是,1997 年税收减免法案(the Taxpayer Relief Act of 1997)中修改了美国税法典中的第 354 条,提出了在并购交易中应当确认损益的"不适格的优先股"(non-qualified preferred stock)概念,并决定将其作为财产对待,而非作为股票。一般来讲,此处的优先股指那种仅参与分配固定股利、不参与公司的成长计划、并受一些回购计划制约的优先股。这一法案反映了国会对于那些与债券非常类似的优先股的态度,但由于股东利益持续原则所倡导的是"股东"的利益得以持续,而非"所有者权益"可持续,因此该修订案备受争议。

③ 根据现行的美国《联邦税法典》由于对免税的资产收购与股票收购均要求收购公司的支付对价中必须全部或几乎全部是收购公司自身或其母公司的有表决权的股票,因此,支付对价数量的要求针对这两种收购并不适用。

款。如在 Helvering v. Watts 一案中，法官认为45%的比例即可以达到充分保障股东利益持续的要求；[①]在 John A. Nelson Co. v. Helvering 案中，联邦最高法院在收购对价的 38.5% 由股票组成时，判决该交易可适用免税待遇；[②]而在 Miller v. Commissioner 一案中，并购公司支付的股票对价仅占目标公司发行在外股票价值的 25%，该交易也被认定为免税的。[③] 近些年来，美国财政部一直力求给纳税人一个较为明确的指导，2005 年 9 月修订后的《财政规章》要求免税并购中股票的比例至少要占到总支付对价的 40%。[④] 值得注意的是，《财政规章》中要求的仅是目标公司股东所收到的代表所有权的股票对价占全部对价的比例，而不是目标公司股东所收取的股票对价占并购后并购公司全部股票的比例。[⑤]

三是股东利益持续原则要求支付对价要与目标公司发行在外的股票价值挂钩。在 Minnesota Tea Co. 一案中，法官认为，要达到股东利益持续原则的要求，不仅目标公司的股东获取的对价应当是具有实质内容的所有者权益，而且该所有者权益应当可以代表被转移资产价值的重大部分。[⑥] 但在该案中，并没有探讨到底多大比例才能达到资产价值的"重大部分"。1977 年，国税局在其发布的第 77－37 号税收程序（revenue procedure）中对此问题进行了明确，规定并购公司使用的股票对价应当至少相当于目标公司发行在外的股票价值的 50%，否则就不能适用免税并购重组条款。同时，国税局还明确表示，在实际运用中，"并购交易之前对目标公司股票的销售、回购以及其他方式的股票处置行为，都应当作为并购实际发生日并购公司使用的股票对价是否符合规定比例的考虑因素……"[⑦]另外，在过去的免税规则中，对股东利益持续的判断主要是基于并购当日发生时交易双方的股票市价，而不是基于并购合同条约日的股票价格，因此，并购双方不得不花费大量时间和精力去考查并协商合适的并购日。但这一批判如今已经过时了，国会在 2005 年修订税法时已经在并购规则中承认了股价的波动情况，并明确了应当以合同签订日时的股价为基准，去评判股东利益持续原则是否得到了满足。

（三）适格股东利益的"持续"

股东的利益要如何"持续"才能满足股东利益持续原则的要求，这个问题实

---

① Helvering v. Watts, 296 U. S. 387 (1935).

② John A. Nelson Co. v. Helvering, 296 U. S. 374 (1935).

③ Miller v. Commissioner, 84 F. 2d 415 (6th Cir. 1936).

④ Treasury Regulation, S1. 368－1(e)(2)(v), ex. 1, as amended in 2005.

⑤ 姜浩著：《美国联邦公司税法制度研究》，中国政法大学出版社 2009 年版，第 188 页。

⑥ Minnesota Tea Co., 28 B. T. A. 591, 595(1933).

⑦ 1977－2 C. B. 568.

际上涉及了两个方面，一是对目标公司股东持股时间的要求，即目标公司股东在并购后需持有并购公司的股票多长时间；二是对目标公司股东处置股票的要求，即并购前与并购后目标公司股东转让所持股票的行为是否会构成对股东利益持续原则的背离。

美国税法一度对股东在并购后的持股时间以及处置股票的行为设置了颇为严格的要求，如国税局在其第 66—23 号税收裁决中曾指出，并购重组后目标公司的股东应当持有并购公司的股票至少 5 年后再出售。[①] 在实际的判例中，法官甚至比较认同 7 年才是使股东利益得以持续的最低标准。对于目标公司股东在并购重组后出售其股票的行为，Heintz v. Commissioner 一案确立的理念是，这是对股东利益持续原则的违背。[②] 在 MacDonald's Restaurants of Illinois v. Commissioner 一案中法官也作出了相同的判决。[③] 制定法中也有类似的规定，如 1966 年美国《联邦税法典》规定，目标公司股东在并购后即卖掉并购公司股票的行为会对股东利益持续原则产生影响。国税局曾在 1977 年的第 77—37 号《税收程序》中指出，目标公司股东事先计划好并最终付诸实施的并购后出售所持股票的行为，会导致该并购交易不得适用免税条款。但这一规定引来了不少批判之声。反对者的理由主要有两点：一是很难判断目标公司股东的这种股票出售行为什么时候会影响到并购交易适用免税条款；二是如果目标公司股东将股票出售给无关联的第三方，如何判断这种出售行为会对并购交易造成影响？[④]

正如在 McDonald's 案中，税收法院所提出的那样，"并购重组后目标公司股东以并购公司的股东身份存在，但是，一旦他们在并购公司享有了充分的所有者权益，他们即可以自由地处置其所有权，这样的行为并不会影响之前的并购交易适用免税条款。就像他们在并购前可自由处分其所持目标公司的股票一样，并购后他们也同样具有自由处置其所持的并购公司的股票的权力"。[⑤]

根据这个观点，只有当目标公司股东事先已达成的并购后出售并购公司股票的承诺有约束力时，才会对股东利益持续原则有影响。这里的有约束力的承诺可以是固定的销售价格，或用以决定售价的公式等。在这种情形下，目标公司股东不承担并购公司的所有者风险，在并购重组后的公司也不享有所有者权益。目前

---

① Revenue Ruling, 66 - 23, 1966 - 1, C. B. 67.

② Heintz v. Commissioner, 25 T. C. 132 (1955).

③ MacDonald's Restaurants of Illinois v. Commissioner, 688 F. 2d 520 (7th Cir. 1982).

④ David F. Shores, Reexaming Continuity of Shareholder Interest in Corporate Reorganizations, *Virginia Tax Review*, 3:17, 1998, pp. 419 - 465.

⑤ McDonald's Restaurants of Illinois, Inc v. Commissioner, 76 T. C. 995 (1981), at 997.

美国现行的法规基本上与税收法院在 McDonald's 一案中的观点相似。

1998 年财政部重新修订了《财政规章》第 368 条,该条规定,目标公司股东在并购后出售股票的行为没有造成对股东利益持续原则的背离,至少在资产收购及股票收购中没有违背该原则。① 立法者声称"股东利益持续原则主要是为了确保并购方的对价是以合适的方式支付,并在一定程度上促进并购交易的简便操作……"因此,"目标公司股东处置收购公司股票的行为,不能作为判断股东利益持续原则的依据"。②

二、企业营业持续原则的含义

考查股东利益持续原则时一般不能与并购交易中的支付对价分开,与此不同,企业营业持续原则与企业在并购中的商业调整密不可分,这里的商业调整实际上意味着并购后公司如何运营目标公司的业务或资产。企业营业持续原则在制定法上主要体现为《财政规章》第 1.368 - 1(d)条款,该原则要求并购公司在并购后或者继续从事目标公司的历史性营业,即营业继续,或者继续使用目标公司历史性营业资产的重大部分即资产继续。

(一)营业继续

在实践中,判断营业是否持续一般会涉及三个问题:一是什么是适格的"营业";二是如何界定目标公司的"历史性"营业;三是令营业持续的方式有哪些。

1. 适格的"营业"

首先,根据美国《联邦税法典》第 355 条的要求,企业营业持续原则所要求的适格"营业"应当是独立的。③ 也就是说,目标公司转让给并购公司的业务在并购前可与其他运营的业务区别开来。判断营业是否独立的依据主要有三个:一是可依据两个营业规则(two business rule)进行判断。该规则是由 Edmond P. Coady 一案确立的,在该案中,税收法院允许目标公司纵向分割之前已存在的一个整体业务。④ 但是,粗略地将一个整体业务分解成几个小块,每一块都具有整体业务最初的功能并不是第 355 条所要求的"独立"的营业。同时,两个营业规则还要求这一业务是目标公司"重要"的业务。也就是说,假设并购公司承接了目标公司

---

① Treasury Regulation, S1. 368 - 1(e), as amended in 1998.

② Continuity of Interest, 61 Fed. Reg. 67, 512(1996), to be codified at 26 C. F. R. pt1, Proposed Dec. 23, 1996.

③ I. R. C. S355(b)(1).

④ Edmond P. Coady, 33 T. C. 771(1960).

的整体业务，但只继续运营目标公司不重要的那部分业务，同时处置掉剩余的资产及业务，并声称其满足了"营业持续"的要求，这显然是不行的，因为这种做法会导致纳税人对《联邦税法典》第382条的滥用——该条款规定满足企业营业持续原则后可享受目标公司税收属性结转的优惠，如目标公司的净营业亏损、净资本亏损等。[①] 二是可依据营业资产的地理位置进行判断。不同的地理位置是决定是否存在独立"营业"的一个重要因素，但这个因素并不是决定性的。《财政规章》第355条给出了一些不同的地理位置如何构成独立营业的例子。从这些例子来看，如果仅考虑地理位置，除销售机构之外的任何机构，如果位于不同的州，就很容易被定性为不同的且独立的"营业"。例如，在该条款的例8、例9、例13及例14中，描述了一个公司位于不同州的资产，即使从事相同的业务活动，也可以构成独立的"营业"。例10则规定了由不同的经理人员所经营的业务，由于缺乏统一的仓储设施，即使是位于相邻或相连的地区或城市，也有可能是独立的"营业"。[②] 三是可依据业务的功能或类型进行判断。《财政规章》第355条规定了除非业务活动本身包含着获取业务收益的每一个步骤，即收入的确认及费用的支付步骤，否则该业务不能构成独立的"营业"。[③] 该条款的例11描述了销售及制造肉产品的业务活动实质上是一个整体的肉加工"营业"的两个分步骤；[④]而例12则描述了煤矿本身与钢铁的加工与销售业务并不能形成单独的"营业"，因为煤矿本身并不能产生相应的生产销售收入。[⑤]

其次，每一个独立的营业都应当是活跃的。[⑥]《财政规章》规定，目标公司的历史性营业是指最近经常经营的业务，但不包含作为整个并购重组计划的一部分而开始经营的业务。[⑦] 换句话说，并购后并购公司重新经营目标公司已经停止了的业务，并不能满足企业营业持续原则的要求，除非该营业只是处于暂时休眠状态。[⑧] 但在实践中，法官们采用了更为宽松的判断标准。根据判例法，如果可以确定目标公司一直在试图重启这一处于休眠中的业务，则不论是什么原因使其最终未能成功启动，依然可被认定为法律所允许的暂时性的业务停止。如在H. F.

---

① John J. O' Donnell, Compliance with the New Continuity of Business Enterprise Regulation, *Washington Law Review*, 1981, pp. 55 – 83.

② Treas. Reg. S1. 355 – 1(d).

③ Ibid., 355 – 1(c).

④ Ibid., 355 – 1(d), example (11).

⑤ Ibid., example (12).

⑥ I. R. C. S355(b)(1).

⑦ Treas. Reg. S1. 368 – 1(d)(3)(1980).

⑧ Ibid., 382(a) 1(h)(b)(1962).

Ramsey Co. v. Commissioner 一案中,处于财务困境的目标公司一直被其关联公司要求重启已经停止的业务,并出售大部分资产以维持其财务状况。法院认为,在营业停止期间,尽管目标公司试图让该营业重新运行起来的努力未果,但该营业仍可被认定为暂时处于休眠状态。因此,并购后并购公司对该营业的恢复,满足了企业营业持续原则的要求。① 同样的结论也出现在 Clarksdale Rubber Co. v. Commissioner 一案中,目标公司自愿停止营业并将营业资产出租给其关联公司以维持财务的稳定,由于目标公司并没有出售相关营业资产或关闭该营业的目的。因此,法院认为,并购公司重新恢复经营该业务满足企业营业持续原则的要求。② 值得注意的是,这一规则并不适用于处于清算状态的目标公司。在 United States v. Fenix & Scisson, Inc. 一案中,法院认为目标公司在并购前对清算及解散计划的采纳表明了其永久关闭该营业、而非暂时停止的企图,因此背离了企业营业持续原则。③

最后,并购公司只需继续运营目标公司一个重要营业即可。1980 年出台的《最终规章》基于 Lewis v. Commissioner 一案得出的结论中,④给出了这样一个例子:目标公司运营着三个价值基本相同的业务——生产合成树脂,为纺织行业生产化工产品,以及配送化工产品。目标公司出售了其合成树脂生产线以及化工产品的配送业务,并由此获得了并购公司支付的现金及可售证券。随后目标公司出售了剩余的全部资产给并购公司,以换取并购公司有表决权的股票。并购公司则在并购后继续运营着目标公司的化工产品制造业务。《最终规章》指出,在本例中该交易符合企业营业持续原则。⑤ 由此例中可以看出,当目标公司具有多个业务时,并购公司只需继续运营其中的一个营业即可满足企业营业持续原则的要求。

2. "历史性"营业的界定

历史性营业通常是指目标公司在并购前所从事的营业。根据美国税法典的相关规定:作为并购重组计划的一部分而开始的营业不能被认定为目标公司的历史性营业;但投资业务在一定条件下可以构成目标公司的历史性营业。

---

① H. F. Ramsey Co. v. Commissioner, 43 T. C. 500 (1965).

② Clarksdale Rubber Co. v. Commissioner, 45 T. C. 234 (1965).

③ 在许多并购重组计划中,当事双方至少会对一个参与方进行清算,这种清算是可以适用免税并购重组条款,即使对其清算也是并购计划的一部分。本案中所涉及的是还处在营业中的公司对其业务的永久停止。

④ Lewis v. Commissioner, 176 F. 2d 646 (1st Cir. 1949).

⑤ Final Reg. S1. 368 – 1(d)(5), Example 1.

《最终规章》例3中给出这样一个案例：目标公司是一家生产男童及男士裤子的公司，作为并购重组计划的一部分，目标公司将其所有的资产出售给了第三方以换取现金，并购买了高度多样化的股票及债券的风险投资组合。而后，目标公司开始从事投资业务，这也是并购重组计划的一部分，投资业务从事三年半后，目标公司全部投资业务转让给并购公司——一家受管制的投资公司（required investment company），并换取了该投资公司有表决权的股票。《最终规章》认定此例中的并购并没有满足企业营业持续原则的要求，因为目标公司的投资业务并非其"历史性营业"，股票和债券也非目标公司历史性的营业资产。①

在《最终规章》例3最初的建议稿中，并没有明确本例的一个重要前提条件，即目标公司改行从事投资业务是整个并购重组计划的一部分，因此建议稿一出台，本例即成为学界争议的焦点。争议主要源于以下三点质疑：一是本例中目标公司经营的投资业务与并购交易之间经过了三年半的等待期间，却意味着整个并购仍然不能适用免税条款，那么目标公司运营多久的业务才可被视为适格的历史性营业；二是目标公司处置全部资产后又购买的任何经营资产是否都不能构成适格的历史性营业资产；三是投资股票或证券的业务是否永远不能构成企业营业持续原则所要求的历史性营业。②

最终例3出台时加入了一个前提条件，即目标公司后来从事的投资业务是整个并购重组计划的一部分，以解决上述争议，并指出，投资业务也可以构成"历史性营业"，但如果该业务的运行是并购重组计划的一部分，则整个交易将受到多步骤交易原则的测试。同时，财政部指出，在运用多步骤交易原则时，尽管所有的事实及整个交易的情形均会被考虑到，但各步骤之间间隔的时间的长短，是决定某一个步骤是不是整个并购重组计划一部分的一个重要因素。

很显然，加入这个前提条件，只是使《最终规章》例3的案情和结论显得更为合理了，但这种避重就轻的解决方式并没有对争议的问题进行明确的解答。实际上，在《最终规章》正式稿出台之前，美国税法的一些条款及相关的判例法对上述问题均有一些指引。如《财政规章》第382(a)—1(h)(4)条款要求目标公司从事的投资业务应当是其经营的主要业务。③ 也就是说，以投资为目的而持有资产的活动不应当被看作目标公司的"营业"，除非这些投资业务在并购前就构成了目

---

① Treas. Reg. S1.368 - 1(d)(5), example (3) (1980).

② John J. O' Donnell, Compliance with the New Continuity of Business Enterprise Regulation, *Washington Law Review*, 1981, pp. 55 - 83.

③ Treas. Reg. S1.382(a) - 1(h)(4)(1962).

标公司的主要业务。在 Exel Corp. v. United States 一案中,目标公司从事贮木场零售业务约有 50 年了,后来该公司出售了其所有的资产并换取了现金。先是将现金投资于短期政府债券,而后又开始投资普通股股票。大约一年半后,目标公司将所有的现金资产都用于投资证券,并被一家公司收购了其全部的证券资产。法院认为本案中并购公司并没有继续从事目标公司的历史性营业,因为目标公司并购前从事的主要业务并不是投资业务,原因有两点:一是目标公司开始其最初的投资业务,也就是投资于短期证券的时间是在出售全部贮木场资产以换取现金的大约一年之后进行的;二是当时并没有该公司转行从事投资业务的书面表述。① 由本案我们可以看出,一年半的时间并不足以证明该公司的投资业务可被认定为“历史性营业”,那到底持续多久的业务才可被认定为“历史性营业”呢?根据《联邦税法典》第 355 条,企业营业持续原则下所要求的“历史性营业”必须有 5 年以上的历史且一直由目标公司自主运营。②

3. 历史性营业“继续”的方式

根据《财政规章》第 382 条,为了满足企业营业持续原则,并购后并购公司应当继续运营目标公司的历史性营业达到两年以上;并且在营业性质上与并购交易前目标公司的历史性营业相同。③ 该条款同时指出,考量企业营业是否持续的主要因素包括:公司雇员、厂房、设备、产品、位置、顾客,或者其他足以影响相同营业继续的因素的变动;④次要因素包括:资本投入的数量、总收入、薪水总额、或相同的因素。⑤

我们从《财政规章》第 382 条列举的几个例子中可以看出,在上述的考查因素中,雇员的变动是其中最重要的因素,其次是顾客群是否得以维持,最后是对营业资产的位置或性质等因素的考虑。在第一个例子中,制造公司搬到另一个州,处置其旧资产及其大部分老雇员的行为,被认为是对企业营业持续原则的背离,即便其迁址后依然生产同样的产品并出售给相同类型的顾客群。⑥ 第二个例子则指出,一个商店从市中心搬到郊区,处置了其大部分资产,但保留了原有的大部分员工、生产线及顾客群的行为遵循了企业营业持续原则。第三个例子关于一个清算的商店,从一个城市搬到另一个城市,变更了将近一半的雇员及大部分顾客,尽

① Exel Corp. v. United States, 451 F. 2d 80 (8th Cir. 1971).
② I. R. C. S355(b)(2)(B).
③ Treas. Reg. S1. 382(a)(1)(A), (B), (C).
④ Ibid., 382(a) -1(h)(5).
⑤ Ibid., 382(a) -1(h)(7).
⑥ Ibid., 382(a), example (1).

管该商店保留了大部分资产,但仍被认定未继续其历史性营业。

判例法对于雇员的变动不像制定法要求的那么严格,在 Commissioner v. Goldwyn Crockery Co. 一案中,一个耐用消费品供应商增加了一项干货贸易业务,并从田纳西州迁到了伊利诺伊州,因此损失了近一半的顾客,故关闭了其零售商店,并变更了几乎全部的雇员。法院认为,新增加的干货贸易业务对企业营业持续原则并没有影响,只要原有的业务依然继续运行即可。并指出,营业地点的改变并不能被认定为是构成"营业"改变必然的因素,因为新的营业地点还在原有的业务范围之内。

(二)资产继续

资产继续是指目标公司历史性营业资产的重大部分在并购后被并购公司继续使用,其含义主要包括以下几个方面:

1. 资产在性质及数量上的要求

根据《财政规章》的相关规定,目标公司的历史性营业资产是指那些在历史性业务运营时使用的资产,具体包括股票、证券及无形营业资产,如商誉、专利、商标等,不论其是否有计税基础。① 这是企业营业持续原则对资产性质的要求。

而对于何谓营业资产的"重大部分",税法典上并无明确的量化的规定,其仅指出了免税的资产收购、正向三角兼并与反向三角兼并中并购公司均应获得目标公司实质上的全部资产(substantially all)。国税局为了推进税收裁决的规范化发展,提出为了满足税法典所要求的"实质上的"全部资产的要求,目标公司转移给并购公司的资产应当至少占到其净资产公允市价的90%以及总资产公允市价的70%,同时不得区别这部分资产是营业资产还是其他资产。② 由此可以看出,国税局对于"重大部分"资产的判断,注重将资产的质量与数量两个方面结合起来进行考核。尽管这一方法为税收裁决提供了明确的量化参考,但由于规定过于严格,导致许多并购重组交易在实际执行中难以满足"企业营业持续原则"的要求。

判例法对于"重大部分"营业资产的判断主要依据以下两种标准,一是看该资产是否在性质上而非在数量上属于目标公司的重要运营资产;二是依据该资产对于目标公司营业的重要性进行确定。对于第一种判断标准,早在1965年的James Armour,Inc. 一案中,法官就曾指出目标公司转移给并购公司的占其总资产51%的资产可被认为了"实质上"的全部资产,因为这部分资产实际上组成了目

---

① Treas. Reg. S1.368 - 1(d)(4)(1980).

② Rev. Proc. 77 - 37,1977 - 2 C. B. 568.

标公司100%的运营资产。① 在Atlas Tool Co. v. Commissioner一案中也有类似的判决:目标公司转移其机器设备及存货(约占目标公司总资产的19%)给并购公司,同时将其可收回的应收账款及累积盈余(约占目标公司总资产的81%)分配给股东。法院认为,尽管转移给并购公司的资产仅占到目标公司总资产的19%,但很显然这部分资产在性质上而非数量上是目标公司全部的运营资产(operating assets),因此,该交易符合企业营业持续的原则。②

依据资产对目标公司营业的重要性来判断整个交易是否符合企业营业持续原则,是第六巡回法院在Laure v. Commissioner一案所确立的标准。在该案中,并购公司是一个制造商,目标公司提供空运服务,并为并购公司提供配送货物的服务。两家公司的共同所有人将目标公司兼并到并购公司,以解决目标公司的财务危机。作为整个并购重组计划的一部分,并购公司向目标公司的原飞行员出售了目标公司所有的营运资产(不包括目标公司的机场及机棚),该飞行员则继续为并购公司提供空运服务,并从并购公司处租赁机场及机棚。③ 税收法院认为,本案不能满足企业营业持续原则的要求,因为并购公司没有继续运营目标公司的业务,也没有继续使用目标公司的营运资产,因为仅对机场及机棚保留所有权不足以使目标公司的资产得以继续运营。④ 但第六巡回法院(上诉法院)推翻了税收法院的判决,认为虽然本案中转移给并购公司的资产即机场与机棚,仅占到目标公司总资产的27.25%,但这足以使并购公司有足够的能力继续运营目标公司的空运配送业务。同时,第六巡回法院指出,对于"重大营业资产"的衡量,应当取决于该部分资产对于运营业务的重要性。本案中,机场和机棚对于目标公司的空运配送业务而言是极其重要的,因此这些资产正是企业营业持续原则所要求的重要的营业资产。⑤

---

① James Armour, Inc. v. Commissioner, 43 T. C. 295 (1965).

② Atlas Tool Co. v. Commissioner, 614 F. 2d 860 (3rd Cir.) Cert. denied, 449 U. S. 836 (1980).

③ Laure v. Commissioner, 653 F. 2d 253 (6th Cir. 1981).

④ Ibid., 70 T. C. 1087 (1978).

⑤ 有学者指出Laure一案中所确立的方法易于遵循且比较实用,但该方法的有效性值得商榷:首先,依据运营某项营业对于目标资产的需要程度来判断该资产在性质及数量上是否重要,这在一定程度上与美国《联邦税法典》第354(b)(1)(A)条所表述的"实质上全部"有很大的不同;其次,根据该方法,资产对并购公司营业的重要程度成为判断营业是否持续的最重要的考虑因素,而目标公司之前如何使用转移的资产、该资产是否具有营业资产的性质以及该资产占目标公司总资产的多少比重等因素均不重要,这无疑会增加判决此类案件的主观不确定性。See John J. O' Donnell, Compliance with the New Continuity of Business Enterprise Regulation, *Washington Law Review*, 1981, pp. 55 - 83.

2. 资产在使用程度上的要求

企业营业持续原则对于转移资产的使用程度(asset uses)没有特别严格的要求,《最终规章》在其列举涉及该原则的例2中明确了,即使并购公司对目标公司的历史性营业资产的使用程度低于目标公司之前对该资产的使用,依然符合企业营业持续原则。在例2中,并购公司制造计算机,而目标公司制造计算机的组件并销售其所有的产品给并购公司,后来并购公司决定只进口组件,目标公司被兼并到了并购公司,并购公司继续购买进口组件,并将目标公司的设备作为备用的供应资源。由于作为备用资源的这些设备构成目标公司历史性营业资产的重大部分,该并购符合企业营业持续原则。①

从例2中可以看出,即便并购后并购公司将目标公司的资产作为备用资源也可满足企业营业持续原则的要求,但此处的"备用资源"与企业的库存资产并不相同。并购公司对收购资产的消极使用或者说保存备用在本质上虽然没有背离企业营业持续原则,但从长远意义上讲,并购公司应当给出将这部分资产作为备用资源的理由。② 在 Atlas Tool Co. 一案中,并购公司起初将收购的目标公司资产作为备用设备,但在并购交易的2个月后开始启用这些设备,并在1年内开始利用这些设备从事生产制造业务——如同这些设备在目标公司中的使用目的一样。本案中,法官认为纳税人没有违背企业营业持续原则。③

3. 并购前后对资产的处置要求

并购后并购公司对目标公司资产的出售与目标公司在并购前对其资产的出售有同样的税收效果,即不能满足免税并购重组条款对于企业营业持续原则的要求。《财政规章》在其第368条的例4及例5中分别给出了并购前及并购后处置收购资产的例子,例4指出目标公司生产儿童玩具,并购公司配送钢铁及类似产品。目标公司出售了其所有资产给第三方并获得了相应的现金及票据,而后被并购公司兼并。本例中的并购缺乏企业营业持续要件。例5中,目标公司制造农业设备,并购公司从事旧家具加工业务。目标公司被兼并到了并购公司,并购公司按照并购重组计划在兼并后立即处置了目标公司的资产,同时,并购公司也没有继续目标公司的农业设备制造业务,在本例中,并购交易背离了企业营业持续原则。④

---

① Treas. Reg. S1.368 – 1(d)(5), example (2)(1980).

② John J. O' Donnell, Compliance with the New Continuity of Business Enterprise Regulation, *Washington Law Review*, 1981, pp. 55 – 83.

③ Atlas Tool Co. v. Commissioner, 614 F. 2d 860 (3rd Cir.) Cert. denied, 449 U. S. 836 (1980).

④ Treas. Reg. S1.368 – 1(d)(5), example (4)(5)(1980).

第三章　利益持续原则在国外并购所得税法律制度中的运用

全世界范围内的公司并购浪潮首先在西方兴起，经过了相对较长的发展时间后，主要市场经济国家的并购所得税制都有了长足的发展，并形成了一套相对完善且稳定的税收体系。目前，国外的并购税收规则已体现出越来越细致严密的特点，尤其是以美国为代表的实行判例法的国家，税务法官在实践中不断地解释阐明免税并购条件的含义，使得纳税人适用免税待遇的标准变得非常成熟完备。[①] 本章基于对税制完备性的考虑，选取了美国、德国、英国、日本、澳大利亚等国与并购相关的税法制度进行考察，希望通过对这些国家的并购治税经验的深入分析，为构建及完善我国的并购所得税制提供参考。

从各国的并购所得税立法实践来看，尽管由于各国的国情、政府对并购的导向态度以及税收执行水平的不同，导致各国的并购所得税制的具体内容也有许多差异。但从总体上讲，各国并购所得税税收规则背后所体现的利益持续原则却是基本一致的。利益持续原则要求并购交易后并购公司继续运营目标公司的历史性营业或历史性营业资产的重大部分，并且，目标公司的历史股东需继续保持其对目标公司转让资产的控制，以保障原投资利益的持续。以此为出发点，各国将并购交易在税法上区

---

① 雷根强、沈峰："国外公司并购税制的主要特点和发展动态"，载《涉外税务》2003 年第 10 期。

分为免税的并购交易与应税的并购交易，其中给予纳税人免税的优惠待遇是因为并购交易中体现了利益的持续，因而各当事方可以免于在当期确认并购过程中所产生的收益或损失，也即纳税人在并购交易中所产生的纳税义务可递延至收入真正实现或税法所规定的条件出现时才予以纳税。而应税并购则体现了纳税人的投资利益已经终止，因而必须在税收上确认其在并购过程中所实现的收益或损失。

第一节　免税并购所得税制度中利益持续原则的体现

一、免税并购的法定要件

对利益持续原则的遵循是并购交易当事方适用免税待遇的前提。在免税并购交易中，为了体现目标公司及其股东利益的持续，各国税法一般会要求并购方无论采用何种方式进行并购，其支付对价中的绝大部分应当由符合法定要求的代表所有者权益的股票所组成，以此来体现目标公司原股东对并购后的公司营业活动仍有重大相关利益。同时，各国税法还结合合并、资产收购以及股票收购各自的特点，分别对各并购方式下的免税法定要件进行规定。

（一）免税合并

依照参与交易的当事方的法人人格是否消灭，可将合并交易区分为新设合并与吸收合并。其中，新设合并是指参与并购交易的当事方的法人人格完全灭失，由新成立的公司概括承受交易当事方的全部权利与义务；而吸收合并则是指合并后仅剩下一个当事方继续存续，其他消灭当事方的全部权利与义务由该存续公司予以承担，灭失公司的全部债权及债务完全转移给存续下来的公司。大多数国家都要求纳税人所发生的合并行为要享受免税待遇必须符合以下几点要求：一是并购公司的支付对价应当符合法定要求；二是存续公司对灭失公司债权债务的概括承受；三是除了存续公司外，其他参与公司最终都必须清盘解散。

在美国，免税兼并及免税合并统称为A型并购重组，或法定兼并或合并。[①] A型并购重组常被誉为是最典型的一种并购重组形式，因为美国国会在1918年首次颁布针对免税并购重组的相关条款时，即已规定了符合法定条件的A型并购重组可享受免税待遇。根据美国财政部对于《联邦税法典》所作的官方说明——

---

① 这里的“法定”是指美国各州的州法律。另外，尽管法律意义上的新设合并与吸收合并有着明确的不同，但在美国，consolidation和merger两词经常混用，可用于指任何形式的公司合并。参见林德木著：《美国联邦公司并购税收制度研究》，科学出版社2010年版，第3页。

《财政规章》中的相关规定,下列事件同时发生时才意味着法定兼并或合并的发生:[①]一是并购公司对目标公司的全部资产及债务都予以概括承受。也就是说,除了那些在并购交易中目标公司派发给股东的资产以及目标公司已经免除或已经偿付的债务之外,并购公司需要承担目标公司全部的权利与义务。二是并购后目标公司的法人人格灭失。也就是说,除了需要应对并购交易之前所发生的特定法律纠纷等特殊情形之外,目标公司在并购后不再以独立的法律形式存续。三是目标公司股东收取的对价中的重大部分来自于并购公司的股票。在实践中,国税局一般要求并购公司的股票至少要占到全部支付对价的50%。[②]

美国税法对于法定兼并或合并的适格支付对价并没有像对资产收购以及股票收购那样严格的规定,是因为其《联邦税法典》中对于法定兼并或合并的要求具有一定的弹性空间,其免税条件主要由各州的州法律进行规定。因此相对于资产收购与股票收购的而言,税法典对于法定兼并或合并规定的要求相对较低,这也使得A型并购重组在美国成为最为灵活且最具竞争优势的一种免税并购重组形式。

大多数国家对于免税合并中使用的支付对价的法定要求要比美国规定得严格。加拿大对于合并的税收规定主要体现在《加拿大所得税法案》第87节中,其规定免税的法定条件是目标公司除了获得合并后新公司的股份对价外,并没有收到现金等非股票形式的额外对价,也即要求免税合并中仅可以使用股票作为唯一的支付对价,否则整个交易将被视为按照公平市价出售了其所持有的股份。值得注意的是,如果并购公司股东以额外对价代替零星股份,即不足一股的股票支付的,合并交易仍可适用免税待遇。法国税法中明确规定,允许并购公司支付给目标公司的对价中含有一定量的现金,但现金所占的比例不得超过支付对价总额的10%,否则就会导致整个合并交易成为应税行为。

荷兰对于免税合并的规定与美国类似,其对于合并的规定体现在财政部所发布的标准规定中。根据相关规则,免税的合并必须符合以下要件:吸收公司或新设公司概括承受被合并公司的全部债权债务;被合并公司的资产应整体出让,不得单独转让;合并后被合并的公司应当清盘解散。同时,荷兰税法又从合并后股东控制权的角度对免税合并的法定要件进行了补充,即规定了如果合并后某一股东出现了以下现象,则会导致整个交易被认定为应税事项:一是该股东对清盘解散的公司依然拥有决定性的控制权;二是该股东对参与合并的任一当事方公司保

---

① USA Treas. Reg. 1.368,2T (b)(1)(ii).

② USA Revenue Procedure 77-37,1977-2 C.B.568.

留或获得了决定性控制权；三是该股东因为转让股份而在合并后的3年内失去控制权。如果符合上述条件，则该合并交易在税法上会被视为非因经营目的而为的交易，不得适用免税规则。①

尽管免税待遇可使纳税人获得递延纳税的好处，从而缓解其纳税的资金压力，但由于合并后存续公司要承担灭失公司的所有债权债务，且其在合并中获取的资产的计税基础也不得到提高，因此并非所有的纳税人都愿意享受免税待遇。一些国家的税法规定，交易当事人可以自由选择是否适用免税规则。例如，在法国，税法规定，如果符合免税条件的合并交易的各方均不愿享受法定的免税待遇，可以申请将合并交易视为灭失公司纯粹的清算行为，即纳税人应当就其资产及负债的出售行为承担纳税义务。②

（二）免税股票收购

股票收购，是指收购公司向目标公司的股东收购其所持有的目标公司的股票，或由目标公司增发新股由收购公司进行认购的行为。对于收购公司而言，股票收购的目的一般是为了取得对目标公司的控制权，因此各国对于股票收购享受免税待遇的法定要件主要从两方面进行规定，一是支付对价必须是代表所有者权益的股票；二是收购后收购公司对于目标公司控制权的实现。

澳大利亚对于免税股票收购的法定条件要求比较严苛，根据该国1997年的《所得税评估法案》的相关条款，下列四个条件必须同时满足纳税人才能享受免税待遇：一是收购公司在收购后立即获得目标公司所有的股份；二是目标公司股东在收购公司依然持有与在目标公司相同比例的股份；三是目标公司股东在收购公司所持有股份的公允市价与该公司发行给所有其他股东的公允市价相同，且目标公司股东对其所持的目标公司的股份是以公允市价予以处置；四是目标公司股东是澳大利亚的居民或者目标公司的股份必须与澳大利亚有关，也即处置目标公司股份的行为受澳大利亚税法的管辖。③

大多数国家并未要求目标公司股东必须在收购公司依然持有与在目标公司相同比例的股份，如加拿大的《税务行政条例》要求，目标公司在免税股票收购中应当获得的是构成收购公司资本权益的股票或零股，不允许用收购公司的认股权证等作为支付对价。但由于对纳税人而言完全的以股换股行为难度较大，加拿大政府允许收购公司的支付对价包括少量的非股票对价，只要目标公司股东可明确

① 解宏著：《企业并购的税收问题研究》，中国财政经济出版社2006年版，第206页。
② 隋平、罗康著：《全球并购：法律操作与税务筹划》，法律出版社2011年版，第29页。
③ Section 124 – 380 of Subdivision 124 – G of the Income Tax Assessment Act 1997.

区别出哪部分股票是和收购公司股票交换的，哪部分股票是和收购公司的非股票支付手段交换的，即可享受以股换股部分的免税待遇。[①] 荷兰的并购税法规则中也允许在股票收购中，收购公司支付不超过10%的股票公允市价的现金对价。法国税法中也有与荷兰相似的规定，即允许支付对价中的现金等非股票资产不得超过股票公允市价的10%，但目标公司股东必须在收购后持收购公司的股票5年以上。

还有一些国家要求并购后目标公司股东在收购公司享有表决权。例如，在美国，免税股票收购又称为B型并购重组，相关规定主要体现在其《联邦税法典》第368(a)(1)(B)条款，其法定条件包括以下几点：一是收购公司仅可使用具有表决权的股票为支付对价(可以由普通股及优先股组成，但不得包括可以购买收购公司具表决权股票的权证)收购目标公司的股票。即目标公司股东接受任何来自于收购公司的现金及其他财产等对价都会导致该交易丧失免税资格，收购公司具有表决权的股票是适用免税条款唯一可接受的支付对价。[②] 二是收购后收购公司实现对目标公司的控制权。控制权的取得要求收购公司在并购后持有目标公司超过(含)80%的具有表决权的股票以及持有目标公司股票总价值的80%及以上，即并购后目标公司成为收购公司控制下的子公司。

由于在实践中纳税人难以在一次交易中即达到税法上所要求的80%控制权的门槛，因此美国税法允许收购公司"渐进式"取得对目标公司的控制权。美国《联邦税法典》第368(c)条款指出，并不要求在B型并购重组中收购公司通过一次交易即获得对目标公司的控制权，只要最终可达到80%的要求，即可被认定为满足了免税股票收购的法定要件。也就是说，不论收购公司在实施收购之前是否已经持有了目标公司的部分股份，只要在实际交易日收购公司实现了对目标公司的控制权，即可适用免税条款。由于美国税法允许这种"渐进式"的股票收购行为，B型并购重组所要求的"控制权"的实现并不适用多步骤交易原则，免予税务确认与累积所形成的股权控制的相容使得B型并购重组的适用具有明显的灵活性，体现了政府对于股票收购行为的激励。[③]

除美国之外，其他一些国家或地区也允许以"渐进"的方式取得对目标公司的控制权。根据德国税法的相关规定，在确定收购公司是否对目标公司形成控制

---

① 李维萍著：《资产重组的税收政策》，中国税务出版社2007年版，第233页。

② 值得注意的是，美国税法典允许以现金代替零星股票(fractional shares)，即不足1股的股票。如果在收购过程中产生零星股票必须用少量现金对价时，也不会影响到整个交易适用免税条款。Rev. Rul. 66-365, 1966-2 C. B. 116.

③ 姜浩著：《美国联邦公司税法制度研究》，中国政法大学出版社2009年版，第203页。

时，收购公司在收购之前所持有的目标公司的股份也应计算在内，即德国也允许收购公司以渐进的方式取得对目标公司的控制权。英国虽然也允许收购公司分步对目标公司进行控制，但要求在收购实际发生时收购公司已经拥有目标公司25%以上的股票，或者已经取得表决权方面的控制。同时，英国税法还进一步明确规定，可以将股票收购行为看作收购公司为了获得目标目标公司控制权而作出的总报价的一部分。①

对于收购公司取得控制权所要求的持股标准，各国规定的有所不同。美国税法所要求80%的门槛显然较高，大多数国家均要求达到50%以上即可。如根据荷兰的税法规则，免税股票收购中，收购公司应当至少收购目标公司50%以上的股票；德国则要求收购公司获得目标公司表决权的大多数。另外，由于上市公司的股票发行规模要远远大于一般的非上市公司，法国税法根据目标公司的所属类型的不同，对控制权所要求的持股比例进行了区别，即如果目标公司是非上市公司，则收购公司须持有目标公司50%以上的股票，如果目标公司是上市公司，则要求收购公司持有其30%以上的股票。

（三）免税资产收购

资产收购是指收购公司购买目标公司全部或部分资产的行为。收购公司之所以选择收购目标公司的资产而非股权，一般是因为收购公司的最终目标并非是实现对目标公司的控制，而是通过收购目标公司的部分或全部资产获取经营某种业务的能力。目标公司通常会在资产收购后选择清盘解散，这使得资产收购与合并在交易实质上非常相似，各国对于免税资产收购行为的法定要件主要从三方面进行规定：一是支付对价是代表所有者权益的股票；二是收购公司应当收购目标公司绝大部分的资产；三是要求目标公司在收购后予以清盘。

以美国为例，资产收购在美国又被称为实践性的A型并购重组（Practical Type A Reorganization）。美国《联邦税法典》关于免税资产收购即C型并购重组的规定主要体现在第368（a）（1）（C）条款中，法定条件主要有以下几点：

一是收购公司仅可使用具有表决权的股票为唯一对价。值得注意的是，C型并购重组也像B型并购重组那样，要求收购公司以具有投票权的股票作为唯一对价，但相比较B型并购重组的要求还是比较宽松。C型并购重组的支付对价允许有一些例外，如根据债务承担规则及额外对价放宽规则（boot relaxation rule）。《财政规章》规定，允许收购公司直接承担目标公司的债务，或让其目标公司的资

① 李维萍著：《资产重组的税收政策》，中国税务出版社2007年版，第235页。

产依然担保未履行完毕的债务，这都不会影响免税待遇的适用。① 另外，美国《联邦税法典》第368(a)(2)(B)条款中还规定了支付对价的另一种例外情形，即额外对价放宽规则，根据这一规则，如果收购公司支付具表决权股票对价的公允市价相当于目标公司全部资产公允市价的80%，且在收购完成后，收购公司获得了目标公司几乎全部的资产，则收购公司可以使用现金等非股票资产作为补充对价。也就是说，美国税法允许收购公司在达到一定条件的资产收购中最多使用20%的非表决权股票的对价。为了防止纳税人将额外对价规则与债务承担规则结合起来运用，以规避前者对于非表决权股票对价20%的使用限制，税法典进一步规定，收购公司对目标公司债务承担将被视为收购公司支付给目标公司的现金对价。②

法定条件之二是收购公司在交易完成后获得目标公司几乎全部的资产。该要件要求目标公司不得在资产收购前剥离收购公司不需要的资产，否则将被视为分裂性并购。③ 但目标公司在收购前向股东派发定期股息的行为不算是对资产的剥离。④

法定条件之三是收购完成后，目标公司必须根据税法的要求进行清盘，并将所收取的对价及目标公司剩余的资产全部分摊给股东。这一法定要件是美国国会在1984年对税法典进行修订时增加的，立法报告中称加入该要件的理由是：C型并购重组的交易实质类似于法定兼并或合并，因此C型交易中的目标公司也应当像在法定兼并或合并那样清盘解散；另外，如果目标公司在交易后不进行清盘，则其可以在并购后继续以独立法人资格从事营业活动，其结果必须是导致一些不具有C型重组资格的交易享受免税待遇。⑤

瑞典的资产收购规则与美国类似，但在税法上要求将资产收购视为由两个行为所组成，即目标公司将全部股票转让给收购公司，以及目标公司清算并将并购公司的股票分配给其股东。许多国家与瑞典一样将纳税人的资产收购交易分解成两个行为，但与瑞典不同的是，有些国家的资产收购并不能享受完全意义上的免税待遇。如德国和荷兰不允许目标公司对其股东免税分配股票，而日本税法则要求目标公司就其清盘行为确认收益或损失。加拿大税法则要求目标公司确认

---

① USA Treas. Reg. S1.368 - 2(d)(1).

② USA I. R. C. S358(d).

③ Helvering v. Elkhorn Coal Co. ,95 F. 2d 732 (4th Cir. 1937),Cert denied. 305 U. S. 605,59 S. Ct. 65,83 L. Ed. 384 (1983).

④ USA Rev. Rul. 74 - 457,1974 - 2 C. B. 122.

⑤ 林德木著：《美国联邦公司并购税收制度研究》，科学出版社2010年版，第70页。

清盘中的收益或损失,同时对于目标公司向其股东分配收购公司股票的行为,也要求目标公司的股东进行纳税。这样的税收安排使纳税人在资产收购中所承担的税负要远远大于在合并中所承担的税负,但资产收购和合并对于纳税人而言在实质上都是将一个公司转移到另一个公司,随后又对目标公司进行清算的行为,因此,这个问题一直为学界所关注。①

二、集团并购及三角并购的特殊规定

并购交易并不仅仅发生在独立的当事人之间,大多数情况下还会涉及母子公司或集团公司。或者是母公司作为控股公司不实际参与交易,而是授权新设立的子公司或已经存在的子公司完成合并;或者是发生在母子公司之间或集团成员公司之间的并购交易。

(一)集团内部并购

许多国家在制定并购税制时都比较关注公司间的关系,如根据澳大利亚税法的规定,如果资产在一个合并纳税集团内部进行转移,可根据《所得税评估法案》规定的"单一实体规则"(single entity rule)享受免税待遇。② 在此过程中产生的费用也不得在税前进行扣除,这些费用可以计入资产的原始成本以在将来计算处置这些资产的收益或损失,以及为可计提折旧的资产计算折旧额。但与一项现存的、过去或未来可能发生的业务相关的某些资本支出可在5年内予以扣除,但这些资本支出的发生必须是以应税为目的。

在英国,由于考虑到任何并购行为都可能涉及公司集团的改变或建立,其税法规定根据母公司在子公司的持股比例将集团公司分为预缴公司税集团、亏损减免集团以及资本收益集团三类。其中,预缴公司税集团是指母公司拥有子公司50%以上普通股股份的集团;亏损减免集团指母公司持有子公司75%的普通股股份的集团。在这种集团内部,只要母公司拥有子公司的股份是作为投资而不是作为营业资产使用,亏损公司的营业亏损等税收属性就可以转移给其他成员进行结转利用。③ 资本收益集团则要求母公司持有子公司至少75%的普通股股票,同时子公司持有其子公司至少75%的普通股股票,以此类推。母公司可以不是英国的居民公司,但必须拥有每个成员公司至少50%以上的经济所有权(economic

---

① 李维萍著:《资产重组的税收政策》,中国税务出版社2007年版,第237页。

② S126-60 of Subdivision 124-G of the Income Tax Assessment Act 1997, Austrilia.

③ 刘飞:"刍议发达国家的企业并购税制及其启示",载《财会研究》2011年第11期。

ownership)。[①] 且一个公司仅能成为一个集团公司中的成员。一般情形下,目标公司提前处置并购公司不需要的资产会使整个交易成为不适格的免税并购行为。但涉及集团公司内部之间的资产收购行为时,如果目标公司是资本收益集团公司中的一员,则其可以依据英国1992年《可税收入法案》第171节规定,于并购前将并购公司不需要的资产处置给集团中的其他成员,这一行为是免税的。为了避免集团内部成员利用此规则进行避税行为,该法案的第179条同时规定了如果某个接收资产的成员离开了集团公司,将视为其在获得这些资产的6年内以公允市价处置了所有在集团内部成员之间所获得的资产。英国的2003年《金融法案》也规定了相应的反避税措施,指出在下列情形下,集团内部转移资产的行为不得享受免税待遇:一是部分或全部转移对价实际上直接或间接地被集团外的公司收取;二是转移中产生的利益直接或间接地提供给集团外的某个个人;三是接收方或转移方不再是同一集团公司的成员,因为转移方或第三方不再是接收方的母公司。[②]

日本税法也于2010年10月引入了新的集团税收规定,并根据母公司的控股情况分三种情形确认在集团内部转移资产或业务是否应当确认收益或损失。其中,如果母公司向其新成立的或已经存在的100%控股的子公司转移资产或业务仅为获取子公司的股票时,可免予缴纳公司所得税。[③] 日本税法对于这种情形是作为并购重组税收规则的例外事项进行规定的,并不要求母子公司满足并购重组规则所要求的任何条件。如果母公司对其直接或间接持股50%以上但未达到100%控股的子公司转移资产或业务时,如能满足以下几个条件,可延迟确认收益或损失,直到该资产或业务被转移给集团外的公司:母公司仅为换取该子公司的股票;转移的业务中需有80%及以上的雇员继续在该子公司从事相同的业务;且母公司转移的业务在转移后应当由该子公司继续运营下去;在转移业务的过程中,该业务所涉及的主要资产及负债应当一并转移给接收业务的子公司;且母公司依然保留超过50%以上对该业务的所有权。如果母公司向其持股50%或少于50%的子公司转移资产或业务时,也有可能被认定为适格的免税并购重组,但需满足股东利益持续的要求、业务相互关联的要求以及业务规模相匹配的要求,即80%以上的前股东在资产转移后依然持有接收业务的公司的股票;转移的业务与

---

① 英国税法上的"经济所有权"是根据直接或间接的收入分配及实缴资本来进行判断的。

② UK Schedule 7 of Finance Act 2003.

③ 根据日本税法,关于集团内部转移资产免税的规定,"资产"的范围是特定的,包括固定资产、土地、证券、可用货币计价的可收回但未收回的应收账款、以交易为目的的证券,以及计税基础低于1000万日元的资产。

接收方的某一项业务必须互相关联或在规模上匹配。其中,规模上匹配主要是指被转移的业务与接收方相关联业务之间的销售比例、雇员比例或其他合适的衡量方式之比不得大于5:1,或者被转移业务所涉及的至少一个高级经理人员继续管理着转移的业务。①

根据美国《联邦税法典》,在资本收益税集团公司内部,即在母公司拥有子公司且子公司拥有孙公司75%以上股份的集团公司内部,资产的转让行为可以适用免税待遇。同时,为了规避集团公司利用此规定进行合理的以避税为目的的资产转移行为,美国税法还规定了获得优良资产的集团成员在获得资产后的6年之内不得离开集团公司,否则需要就资产实现的收益纳税。② 另外,根据相关规定,如果目标公司与并购公司同属于一个集团公司,则目标公司的清盘分摊行为属于免税事项,目标公司与并购公司均不必确认收益或损失。根据美国税法典规定,免税受控子公司的完全清盘必须符合以下三个条件:一是母公司持子公司具表决权股票的比例占其总的具表决权股票的80%以上,且持子公司其他一切种类的股票占其股票总数的80%以上;二是母公司按照清盘计划将子公司的资产全部予以清盘;三是母公司须在子公司第一次清盘并分摊资产所在的纳税年度终止后的3年内完成所有资产的转移。③

(二)三角并购

有一些国家,如美国还规定了母公司不实际参与并购交易,由其控制下的子公司对目标公司实施并购的交易,如果符合特定的要件也可享受免税待遇。与直接并购相比,三角并购在形式上更具灵活性,其不仅可使控股母公司利用子公司进行债务隔离,即在得到目标公司全部资产的同时,避免承担其潜在的义务;同时,实施三角并购无须获得控股母公司股东的同意,从而避免了公司法所规定的一系列烦琐复杂的表决程序。④

根据美国税法规定,三角并购包括三角兼并、三角B型收购以及三角C型收购。其中,三角兼并包括两种形式,即前向三角兼并与反向三角兼并。在前向三角兼并中,实施兼并行为的是母公司控制下的子公司,但子公司以母公司的股票为支付对价兼并目标公司,兼并交易结束后,目标公司解散而并购子公司依然存续。与前向三角兼并不同的是,反向三角兼并结束后,目标公司依然存续,而实施

---

① Art 2 – 12 – 8 of the Japanese Corporation Tax Law.

② 陈建国:"中美并购重组税制立法原则比较",载《涉外税务》2006年9月。

③ 林德木著:《美国联邦公司并购税收制度研究》,科学出版社2010年版,第169页。

④ 同上,第76页。

并购的子公司宣告解散。

免税前向三角兼并(forward triangular merger)的法定条件主要包括以下几点:一是控股母公司对于作为实际参与并购的子公司具有控制权。根据美国税法典规定,具有控制权的标准是指母公司持有子公司具有表决权的股票占到子公司总的具有表决权股票的80%,并且持有其他种类的股票占到总数的至少80%。二是并购公司获得目标公司几乎全部的资产(substantially all of the assets),并限制目标公司在兼并前剥离某些并购公司不想要的资产。三是目标公司股东在兼并中获得的对价是控股母公司的股票,且不限于具有表决权的股票,但并购子公司的股票不能作为对价进行支付,否则该交易在税法上将被作为分裂性重组对待。根据相关税法规则,在前向三角兼并中,目标公司可以被并购子公司兼并,也可以被控股母公司所兼并。并购子公司及控股母公司均要承担目标公司的债务,对目标公司债务的承担并不会视为额外对价(boots)。同时,美国税法还允许并购子公司是基于兼并之目的而设立的,即并购子公司可以在兼并未开始实施时提前设立,也可以在母公司已对目标公司实施兼并之初设立。① 另外,在实践中,美国国税局还允许并购公司在交易完成后将目标公司的资产向下转移给其控制下的子公司。②

根据美国《联邦税法典》第368(a)(2)(E)条款,反向三角兼并(reverse triangular merger)的免税条件如下:一是控股母公司对于作为实际参与并购的子公司具有控制权,即要符合80%的控制门槛。二是目标公司在兼并后继续存续,而并购子公司解散。三是目标公司在交易中获取的对价是控股母公司具有表决权的股票。四是目标公司在兼并后除收取的母公司的股票对价外,继续持有其在兼并前实质性的所有资产,并且持有并购子公司实质性的所有资产。但基于并购之目的,由控股母公司转移给并购子公司的资产除外。另外,在反向兼并之后,允许存续的目标公司不仅可以将所持有的全部或部分资产转移给其具有控制权的子公司,还可以连续向下转移。但如果目标公司在兼并中以本公司的资产换取股东所持有的本公司的股票,则其交换出去的那部分资产不应当再划归到其所持资产的范围之内。③ 五是在兼并后母公司取得了对目标公司的控制权。与前向三角兼并一样,税法允许控股母公司自愿承担目标公司的债务,这一债务承担不会

---

① USA Treas. Reg. S1.368 -2(b)(2).

② USA Rev. Rul. 72 -576 1972 -2 C. B. 217.

③ USA Treas. Reg. S1.368 -2(j)(3)(iii).

被视为支付的额外对价，而是作为母公司缴付给继续存续的目标公司的资本金。①

在反向三角兼并中，母公司可能对存续的目标公司再次进行向上兼并。美国国税局一般会对这一系列的交易适用多步骤交易原则进行认定，也即在税收上将反向三角兼并与随后的向上兼并合并为一个交易予以处理，将其视为控股母公司对目标公司的直接兼并，在税收上忽视并购子公司的存在。② 即使控股母公司是在并购子公司兼并目标公司之后才作出向上兼并的决定，美国国税局认为也应当将此类交易视为收购母公司以自身股票为对价直接收购目标公司的行为。③

从免税的法定要件以及享受的税收待遇来看，美国税法对于反向三角兼并的要求要比前向三角兼并严格，首先是前向三角兼并中对使用控股母公司的股票种类没有作特殊的要求，但在反向三角兼并中，税法要求支付对价应该是母公司的具有表决权的股票。另外，在反向三角兼并中不得采取渐进式的交易方式，否则会造成对母公司取得目标公司控制权要件的违背，这一点与在前向三角兼并中允许渐进式的收购方式有所不同。④ 学者们对前向三角兼并与反向三角兼并适用不同的税收待遇颇有争议，甚至美国国会也曾在 1971 年的立法报告中指出，在相同的税收情境下，没有理由让前向三角兼并适用免税待遇，而将反向三角兼并视为应税行为。⑤ 但在实践中，一些非税因素，如目标公司法人人格继续存续下去的经济价值等因素，影响着控股母公司到底是选择进行前向三角兼并还是实施反向三角兼并。⑥

美国税法中对于三角 B 型收购与三角 C 型收购的法定要件与直接 B 型和直接 C 型的要件类似，如三角 B 型收购也要求仅可用具有表决权的股票为对价，且要实现对目标公司的控制，唯一区别是三角并购要求收购公司在收购中使用的是其母公司的具有表决权的股票，而直接收购则要求在收购中使用收购公司自身的具表决权的股票。但是在三角 B 型及 C 型并购中，收购公司不得混合使用自身

---

① USA Treas. Reg. S1. 368 - 2(j)(4).

② USA Private letter ruling 95 - 20 - 046, 1995.

③ USA Private letter ruling 94 - 20 - 027, 1994.

④ 有学者认为，渐进式的反向三角兼并在交易实质上与 B 型股票收购相似，但美国税法典允许渐进式的股票收购行为的同时却不允许渐进式的反向三角兼并交易，这一规定让人难以理解。参见林德木著：《美国联邦公司并购税收制度研究》，科学出版社 2010 年版，第 81 页。

⑤ Tad Rava22ini, The Amalgamation Reorganization Provision: The Asymmetry in Treatment of Forward and Reverse Triangular Mergers and other Problems, *Golden Gate University Law Review*, 1996, 26:591.

⑥ 姜浩著：《美国联邦公司税法制度研究》，中国政法大学出版社 2009 年版，第 200 页。

的股票与母公司的股票。①

日本税法在2007年修订重组税制时规定了满足一定条件的三角并购同样可以适用免税待遇,即要求三角并购交易前及交易后控股母公司直接持有且会继续持有并购公司100%的股份;该并购的发生在同一企业集团内部或者合并后继续经营目标公司的同一事业;同时该三角并购还应满足其他免税并购所应具备的要件。如果纳税人的交易满足以上条件,则税法允许目标公司股东就其放弃的旧股票延缓转让盈亏的实现,并允许目标公司延缓确认资产移转而产生的转让盈亏。②

三、额外对价的税务处理

一般而言,在满足上述法定要件的并购交易中,如果目标公司或其股东所收取的对价仅包括并购公司的股票,则各当事方的税务处理比较简单:目标公司及其股东均无须确认其转让资产或股票的收益或损失;目标公司股东应当按照成本替代原则来确定其在并购公司的投资成本,即以其所放弃的目标公司股票的计税成本作为并购公司股票的初始价值;而并购公司对其所获得的目标公司资产或股票的初始投资成本则应当根据结转原值原则进行确定,即以资产或股票在目标公司的原计税成本入账。③ 但在实践中,完全意义上的股票支付往往很难做到,目标公司的少数股东可能并不希望换取并购公司的股票,以使他们在目标公司中的投资利益得以持续,而是试图通过出售其所持有的目标公司的股票以获得现金,从而行使他们"被买断的权利"。④ 在这种情形下,并购公司就需要支付少量的非股票形式的额外对价(boot)。大多数国家的税法允许免税并购交易中存在少量的额外对价,以保护那些对公司决策没有控制能力的少数股东的权益。毕竟,利益持续原则是将公司的股东作为一个整体来看待的,如第二章所述,该原则并不要求目标公司所有的股东必须作出同样的选择,以免导致针对少数股东利益的不公正结果的出现。

一般而言,额外对价不仅包括一般意义上的现金、非股票资产等对价,美国《联邦税法典》指出,未达到法定条件的股票对价及证券对价也可被定性为额外

---

① USA Treas. Reg. S1.368 -2(c).

② 早川胜:"日本三角合并、三角股份交换制度的实务问题",载王保树主编:《公司重组:理论与实践》,社会科学文献出版社2012年版。

③ 林德木著:《美国联邦公司并购税收制度研究》,科学出版社2010年版,第124~126页。

④ 李维萍著:《资产重组的税收政策》,中国税务出版社2007年版,第206页。

对价。其中,未达到法定条件的股份对价主要是指收购公司所支付的具有以下几个特点的优先股股票:一是该优先股的持有方有权要求发行方或其关联方赎回这些优先股票;二是该优先股的发行方或其关联方,根据事先约定的股票发行条件必须回购这些优先股票;三是该优先股的发行方或其关联方有权利回赎这些优先股票;四是该优先股的股利直接或间接地参照同期利息率商品价格指数等相关指标进行调整。[①] 而未达到法定条件的证券对价则是指目标公司或其股东所收取的除了那些根据美国《联邦税法典》第 354 条所允许的可不必确认收益的证券之外的证券。具体分两种情形:一是当目标公司或其股东以其所持有的目标公司的证券交换收购公司的证券时,未达到法定条件的证券是指收购公司证券本金超过目标公司证券本金的那部分金额;二是当目标公司或其股东收取了收购公司的证券,但并未放弃其所持有的目标公司的证券时,未达到法定条件的证券是指收购公司证券的全部本金。[②]

还有一些国家将并购公司对目标公司的债务承担也视为一种额外对价。根据澳大利亚的税法,目标公司负有到期债务的,如果该债务在并购过程中被债权人免除了,则并购公司将不能完全结转利用目标公司的某些税收属性,如可向前结转的净营业亏损以及资本亏损等。如果目标公司未偿付的债务被资本化处理了,并购公司同样也会面临同样的税收效果。因此,在澳大利亚,一个普遍采用的替代措施是由并购公司提供资金归还目标公司的未偿付债务,并通过调整最终的支付对价额进行。

有些国家税法中对于额外对价的收取要求比较严格,例如,根据日本的《公司并购重组规则》,适格的并购重组交易中纳税人是不必确认收益或损失的,但如果纳税人在并购过程中收取了现金等非股票对价,就会使整个交易成为应税事项,目标公司转移的资产或股票等也必须参照按市价公允价值出售的情形进行税务处理,而目标公司所收取的并购公司的股票对价,将在税法上被认定为股息收入。[③]

但目前大多数国家都允许纳税人在并购中使用一定限度的额外对价,这并不会影响到整个交易适用免税待遇。额外对价的支付部分是应税的,股票支付部分是免税的。例如,美国税法规定,除了 B 型股票收购中收购公司仅可使用表决权股票作为收购对价外,其他类型的并购交易中均可依据税法使用一定数量的额外

---

① USA I. R. C. S351(g).

② Ibid. S356(d).

③ Art 62 of the Japanese Corporate Tax Law.

对价。各纳税人的税收处理如下：

对于在并购过程中中断了投资利益并实现了现金收入的目标公司股东而言，应当在不超过其所收取的额外对价的公允市价范围内确认收益，但如果目标公司股东在交易中面临损失，则股东也不能确认亏损。① 如果目标公司股东在免税并购中收取的对价中包含有并购公司两种或两处以上的股票或证券，当其确定在并购公司的初始投资成本后，还应当将该成本在其所持有的并购公司的各类股票及证券中进行分摊。根据美国《财政规章》第1.358—2(a)条款，初始投资成本应当根据某种股票或证券的公允市价占其所持有的所有股票或证券的公允市价比例进行分摊。如果目标公司股东是以其所持有的多种目标公司的股票及证券换取并购公司的股票及证券，则其在并购公司中的初始投资成本应当按照其在交易中所放弃的每一种目标公司的股票或证券分别进行确认。但如果目标公司股东在并购中所收取的对价相当于向其分派目标公司的股息时，根据美国《联邦税法典》第356(a)(2)条款，股东应当按照其在目标公司中的持股比例在不超过目标公司累积盈余以及未分配利润的范围内，以股息所得确认所实现的收益。对于已确认的收益中超过应税股息的部分应当按照资本利得缴纳税款。在并购交易中适用股息分配的标准在美国颇受争议，首先，从一般意义上讲，股息分配往往是公司的内部行为，而并购交易往往涉及至少两个公司。其次，美国税法中对于在并购交易中如何认定何为具有股息分配效果的额外对价并没有统一的规定。最后，由于额外对价仅在资产交换的收益范围内按照股息课税，且确认的课税收益不超过纳税人按照股权比例所享有的累积盈余及未分配利润，使得额外对价可全部或部分逃避按照股息课税的待遇。②

如果是目标公司收取了额外对价，如何进行税收处理取决于目标公司是否将其所获得的额外对价分派给了股东。根据美国《联邦税法典》第361(b)(1)条款的相关规定，如果目标公司并没有将其收取额外对价派发给其股东，则其所收取的现金及其他资产将构成目标公司的应税所得，须在其所收取额外对价的公允市价范围内确认实现的收益。但如果目标公司随即将在并购中收取的额外对价分配给了股东，则可免予税务确认。这是因为目标公司在此过程中并没有实现任何利润，仅是充当了一个将额外对价转移给股东的中介而已。③ 但值得注意的是，无论目标公司是否将收取的额外对价派发给股东，目标公司都不能确认其因收取

---

① USA I. R. C 356.

② 林德木著：《美国联邦公司并购税收制度研究》，科学出版社2010年版，第117页。

③ 李维萍著：《资产重组的税收政策》，中国税务出版社2007年版，第246页。

额外对价而导致的损失。[①]

对于支付额外对价的并购公司而言，则应根据其支付的额外对价中所包括的具体内容而确定是否确认收益或亏损。根据美国税法的相关规定，以下两种情形下并购公司不必确认收益或亏损：一是并购公司的额外对价仅由符合法定标准的现金所组成；二是并购公司所收购的目标公司的资产或股票上负有债务，而依据美国税法，应将这种情形视为并购公司以承担债务的方式向目标公司支付的现金对价。除上述两种情形外，如果并购公司使用的额外对价中包含非现金资产，则应将其视为对该资产的处置，其实现的收益或亏损应当根据该资产所换取的目标公司资产或股票的公允市价减去该资产计税成本后的余额确定。[②] 在计算对目标公司资产或股票的初始投资成本时，并购公司需要在其所获得的资产或股票的原计税成本基础之上，再加上该收益以确定入账价值。

四、目标公司税收属性的结转利用

一般而言，各国税法都允许在免税并购中，由并购后依然存续的公司继承清盘解散的目标公司的某些税收属性，如营业亏损、税收优惠措施等所得税事项。这一税收处理规则也是对利益持续原则的一种诠释。根据利益持续原则，目标公司股东对其资产的投资利益并没有随着目标公司的解散而终止，因而在并购前归属于目标公司的某些税收属性也应当由继续运营的公司继续结转利用。

国际并购实践证明，并购过程中所涉及的税收属性的结转及利用问题，会直接影响到并购交易的活跃程度与交易量。尤其是可用来抵销所得继而减轻纳税义务的税收抵免额及营业亏损等税收属性，在并购交易中十分重要。[③] 这是因为并购公司可利用目标公司的累计未弥补亏损来冲减自己的利润，从而达到少缴所得税的目的。为了避免公司之间有意识地进行“亏损交易”，即一个盈利公司仅是为了避税之目的而收购一个亏损公司，各国的税法都对目标公司的营业亏损等税收属性的结转进行了相应的限制。

根据日本税法的规定，自 2001 年 4 月起，公司的净营业亏损可自发生的纳税年度起向前结转 7 年，但如果公司在一定时间段时大部分所有权发生了变化，会

---

① 姜浩著：《美国联邦公司税法制度研究》，中国政法大学出版社 2009 年版，第 225 页。

② USA I. R. C S1001.

③ 邓远军著：《公司并购税收问题研究》，中国税务出版社 2008 年版，第 84 页。

导致对营业亏损及潜在亏损的限制性结转。[1] 并且,根据相关规则,只有在适格的免税交购交易下所发生的符合要求的目标公司净营业损失才能被并购公司所结转利用,否则就有会有所限制。例如,如果并购交易双方成为同一集团公司的成员已超过 5 年之久,则目标公司的净营业亏损可被并购公司全部结转利用,否则,目标公司在成为集团公司成员之前所发生的净营业亏损必须满足以下条件:一是业务相关的要求;二是业务规模配比的要求;三是从交易双方成为集团成员始到并购交易发生止,交易双方的业务没有任何变化。另外,为了防止目标公司与并购公司在并购前提前转移部分雇员及收入到亏损公司,以满足上述要求,日本税法还规定了交易双方必须遵守的几个具体指标。即转移的业务必须在整个法定期间满足规模匹配的要求(从交易双方成为集团成员之初到并购发生止),且亏损公司在成为集团成员时的净资产公允市价要大于其净营业亏损。如果交易双方的指标未达到上述要求,则仅当亏损公司成为集团公司成员之后所产生的净营业亏损可向后结转,在此之前产生的净营业亏损均不得被结转利用。

美国税法规定,在资产转移完成日后,收购公司可以继承目标公司的税收属性,如净营业亏损、净资本亏损、投资抵免以及资产折旧方法等会计处理事项。[2] 一般而言,纳税人的净营业亏损要向后(carry back)结转 2 年,且向前(carry forward)结转 20 年以抵销应税收入。但可被并购公司继续利用的目标公司净营业亏损要受到一些限制。首先,目标公司的净营业亏损仅能冲抵并购公司在并购后的普通所得,并且该净营业亏损首先应当结转至并购公司在资产转移完成日所属的纳税年度,即美国《联邦税法典》第 381(c)(1)(A)条款所谓的"第一个纳税年度"。同时,税法还规定,在"第一个纳税年度"中目标公司净营业亏损的扣除额,不得超过并购公司在该年度应税所得乘以在资产转移日后的剩余天数与纳税年度总天数(即 365 天)之比后的余额。但是,该年度未结转的目标公司的净营业亏损可继续在并购公司以后的纳税年度继续使用,且不再受上述结转额度的限制。值得注意的是,如果资产转移日与并购公司的纳税年度终止日是同一天,则目标公司的净营业亏损应当先于并购公司自身的净营业亏损被结转利用。[3] 其次,还要遵循税法典第 382 条的限制(Section 382 limitation)。根据该条规定,如果一个公司经历了所有权变更,即 3 年内公司持股 5% 以上的大股东发生了超过

---

① 潜在亏损如资产的计税成本与它们真实的市场公允价值之间的差额,必须待资产出售等事项发生,损失真正实现时才能予以确认。

② USA Treas. Reg. S1. 381(b) - 1(b)(1).

③ USA I. R. C. S381(c)(1)(C).

50%的股权的变动,就应当按照第382条所规定的净营业亏损结转额度进行结转。该限额是基于公司所有权变化之前的净营业亏损总额以及新发生的损失进行计算,在数额上相当于亏损公司所有权变化时股权的公允市价乘以变化日联邦长期免税利率后的得数。该限额在新资本注入(stuffing transaction)以及公司规模缩小等特殊情形下还可以进行相应的调整。如果计算出的结转限额在所有权变化后的纳税年度超过了当年度应税所得减去所有权变化前可结转亏损的差额,则在下一个所有权变化后的纳税年度可结转的限额可以加上这一超出的数额。另外,如果目标公司有盈余,在免税并购中,并购公司不得将并购后的净营业亏损或净资本利得向过去结转冲抵目标公司在并购前的所得。[①]

德国在近几年也加强了对于公司间亏损交易的防范措施(anti-loss trafficking rules)。德国旧的反亏损交易规则的有效期至2007年,根据该规则,公司50%以上的直接持股股东的变化,以及在两个纳税年度内注入大量新的商业资产,均可能导致亏损公司丧失其向前结转亏损的权力。[②] 德国《公司所得税法》规定,自2008年始,亏损公司在5年内将超过25%或50%的股票直接或间接地转移给其任意一个股东或具有相同目的的集团内部的其他股东,或有相似情形的发生,如资本增加或集团内部直接持股或间接持股股东的结构的变化,均可使公司部分或全部丧失向前结转亏损的权力。同时,到股票转移之日为止新发生的亏损也不得被结转利用。但如果公司发生下列情形,可免于适用反亏损交易规则,并将其亏损向前结转:一是重组免除(restructuring escape rule),[③]即如果公司所有权的变更仅是并购重组计划的一部分,则亏损向前结转不受影响。但其要求公司在并购重组后的破产清算中与工会签订相应的协议,或者在并购重组后的5年内保持平均80%的工资费用,或注入新资产(股票转移后1年内至少25%的资产负债表上的资产)。二是集团内部结转免除(intra-group escape),即如果目标公司与收购公司同属于被同一股东控制下的集团公司,可免于适用公司法中对于亏损结转限制的规定。三是以前年度亏损保留免除(hidden-reserve escape),即在实践中,如果目标公司出售了超过25%的股份,税务局会考虑允许并购公司利用其以前年度未利用完的亏损。

在英国,如果纳税人有营业亏损,则该亏损可用于冲抵同一业务未来的利润。

---

① USA I. R. C. S381(b)(3).

② Sec. 8(4) of German Corporate Income Tax Act.

③ 由于欧洲委员会认为这一规则实际上是一种变相的政府补贴(state aid),因此德国政府已于2010年4月暂时取缔了该规则,这一规则是否可继续使用还有待于欧洲委员会的最后决议。

因此如果目标公司有可向前结转的亏损，并购公司可以在未来的纳税期间用目标公司的亏损冲抵其利润以起到抵税的作用。但根据英国税法，可向前结转的亏损仅可以用以冲抵同一业务所产生的利润，如果并购公司在并购后改变了目标公司的业务类型，则其可享受的亏损抵税待遇即告消灭。但需要注意的是，如果纳税人在 3 年内所有权及主要业务的性质均发生变化的，其营业亏损不得向前结转。① 并购后，目标公司的所有权很显然发生了变化，因此，如果目标公司有可向前结转的营业亏损，确认其在并购前、后主要业务是否发生了重大变化就显得非常必要。② 另外，英国税法还规定，在营业亏损是在目标公司在并购后产生的，其产生的亏损不得向后结转。在实践中，并购公司并购了亏损的目标公司后，不得不想办法改变其经营方式以确保目标公司可盈利。因此，确保目标公司的主要业务性质没有发生改变是非常困难的。③

但各国对于集团内部成员之间的免税并购行为所引起的亏损结转利用都规定得相对宽松，如根据英国税法的相关规定，如果并购交易的两个公司同属于一个集团公司，则一个公司可将其盈余冲抵另一个公司的亏损，而亏损公司可将其亏损抵减应税利润。该亏损不仅包括营业亏损、资本利亏，还包括超额的管理费用支出以及资本减免(capital allowance)等税收属性。日本税法则规定，如果交易双方同是同一股东控制下的集团公司的成员时，目标公司的损失可以结转给并购公司，但在集团建立之初所属的税收年度以及以前年度不得结转，这一限制不仅对并购公司有效，对目标公司也有效。

第二节　应税并购所得税制度中利益持续原则的体现

对于没有体现利益持续原则的并购行为，如并购公司的支付对价中包含有大量不能体现所有者权益继续的现金、债券以及非股票类的其他资产，一般会在税法上会被确认为应税并购交易。在这种情形下，目标公司及其股东应于当期确认

---

① UK Tax Act 1988, S768.

② 英国税务海关总署(HMRC)在其 Practice Sp10/91(revised in 1996)中给出了“业务性质及经营方式重大改变”的要件，即公司主要资产类型的转变、公司提供的服务或设施的改变、公司顾客群、产品或市场的改变等。因此，公司营业用建筑位置、公司供应商、管理层、人事、产品的制造方法或进价及售价的改变等因素都有可能影响国税局对公司主要业务性质及经营方式改变的判断。但税务海关总署同时也指出了，所有为提高效率或生产技术，通过回收亏损项目以改进产品范围的行为不会被认定为主要业务性质的改变。

③ Company Acquisitions Handbook (9th edition), Tottel Publishing, p. 536.

转移资产或股票的收益或损失,同时,如果并购公司的支付对价中包含有非现金资产,应当进行视同资产销售的税务处理。

一、应税并购的所得税课税要素分析

税收是国家进行宏观调控的重要手段,国家可以通过税收这一工具实现对某一市场行为的规范和引导。但如果国家要对某个行为进行有效地规制,必须首先确定该行为的课税要素。这是因为课税要素是国家征税不可或缺的前提要件,只有在符合课税要素的情形下,国家才可以对某一行为进行征税,而缺少课税要素的立法,在一定程度上讲,必然会成为有缺陷的制度设计。[①] 从所得税的角度考虑,一个应税事项应当至少包括以下几个课税要素:纳税人、税率、计税依据以及税收特别措施。所得税法可以通过对税率的调整、税基确定标准的改变、税收特别措施的出台等规制手段,来实现对并购交易的鼓励促进和限制禁止。[②]

(一)纳税人

纳税人是各个具体的税收规则中必须首先要明确的要素,因为它直接影响征税的范围。[③] 通常情况下,并购交易中至少涉及以下三方当事人:目标公司,指在并购交易中被合并、资产收购、股权收购等行为所指向的对象目标;目标公司的股东,指在并购交易中以其所持有的目标公司股票置换并购公司所给付的现金、证券等资产的股东;并购公司,指实施并购行为的公司。

1.资产收购中纳税人的确定

资产收购是并购公司用现金或证券等形式为支付对价购买目标公司大部分或全部资产,以获得对目标公司的某项资产或全部资产的所有权的行为。收购完成后,并购公司一般会获得目标公司一定程度的控制权,以实现其经济目标。从定义来看,资产收购行为包括以下两个基本纳税人,即并购公司与目标公司。但在资产并购中,目标公司通常会在全部资产出清或者交易完成后清盘,并将出售资产的收益派发给股东;或者是先清盘并将资产分摊给股东,再由并购公司向股东购买所需资产。因此,目标公司的股东也同样会被确定为纳税人面临税款的缴纳。

从上述分析中可以看出,不论是目标公司将资产转让所得分配给股东,还是先将资产分摊给股东再由其出售给并购公司,资产处置收益均会使股东与公司面

---

① 张守文著:《税法原理》(第5版),北京大学出版社2009年版,第45页。

② 张守文著:《财税法疏议》,北京大学出版社2005年版,第265页。

③ 张守文著:《税法原理》(第5版),北京大学出版社2009年版,第48页。

临经济性双重征税的问题:在目标公司层面要缴纳该资本收益的公司所得税,在个人股东层面还要缴纳个人所得税。各国对于如何解决这个问题的处理方法不尽相同,归纳起来主要有两种:一是对于那些不区别普通所得与资本利得、而是进行统一纳税的国家,一般在对个人股东征收所得税时给予相应的税收优惠待遇。如荷兰采取的是“重大利益原则”,规定只有当个人股东持有某一公司足够多的股份时,其转让行为才是应税的;澳大利亚则是利用归集抵免办法来消除重复征税的问题。二是对于那些在税法上对普通所得与资本利得进行区别的国家,一般会选择对个人股东采取低税率甚至免税的方法以解决双重征税的问题。如德国对个人股东是按照其投机性所得或重要性投资所得的50%减征资本利得税;而荷兰则承认个人股东对其股票转让所实现的资本利得是税后收益,可以予以免税,而不论其股票转让的原因是什么。①

2. 股票收购中纳税人的确定

股票收购中并购公司以现金、证券等形式为支付对价直接向目标公司的股东购买其所持有的目标公司股票,在股票收购后,目标公司的法人资格一般不会受到影响,而是成为并购公司的子公司或参股公司。在股权收购的过程中,收购公司在目标公司股东手中收购所需的目标公司股票,因此股票收购一般直接发生在收购公司与目标公司股东之间,只要目标公司股东与收购公司就股票收购事宜达成一致,目标公司是否参与并购交易并不重要。在这种情形下,由于目标公司并没有实际参与并购交易,因此一般不会产生与收购有关收益或损失的确认,因此,股票收购中事实上只有并购公司与目标公司股东两个纳税人。值得注意的是,在有些情形下,目标公司可能在收购结束后清盘并向其股东分摊资产,此交易从实质上讲是一种资产收购行为,因此应当参照资产收购的做法将目标公司确定为纳税人。

股票收购与资产收购一样均可为并购公司带来扩张的效果,但从上述分析中可以看出,股票收购中由于只涉及目标公司股东及并购公司两个纳税人,由此避免了资产收购给目标公司及其股东所带来的经济性双重征税的问题。但这并不意味着从税收角度考虑,股权收购就一定优于资产收购。因为在应税资产收购的情形下,虽然目标公司作为纳税人应确认并购交易中的收益或损失,但并购公司却因此可以获得所购资产原值增大的税收利益,即并购公司可以将其所收购的目标公司资产以其市场公允价值而非账面成本入账,从而使收购资产的原值增大。而这就意味着并购公司对该资产的折旧计提额的增大或者在之后处置该资产时

① 邓远军著:《公司并购税收问题研究》,中国税务出版社2008年版,第97页。

收益额的减少，从而减少税款的缴纳。相比之下，股票收购中并购公司并不能得到此类的税收利益，但是并购公司在处置这些资产时也可以确认在收购时未确认的增值部分，因此，选择资产收购还是股票收购是并购公司基于不同的营业需要而对收购方式的选择和判断。①

3. 合并中纳税人的确定

合并是指两家或者两家以上的公司合为一个公司的并购行为。合并分为新设合并与吸收合并，两者唯一的区别是在新设合并中并购公司与目标公司均不再存续，而在吸收合并中并购公司依然存续，而目标公司在合并后清盘并丧失法人资格。合并中涉及的纳税人一般包括三个：目标公司、目标公司股东以及并购公司。

有学者指出，目标公司在合并中是否作为纳税人应当由税法进行明确，因为在合并过程中，目标公司实际上也并未与并购公司直接发生交易，而是由并购公司直接将对价支付给了目标公司的股东。另外，并购公司对目标公司债权债务的概括承受是遵循法律而为的，而非根据合同而为，因此这不属于合同性质的资产处置。② 不可否认的是，合并中目标公司确实未直接参与交易，但此处的未直接参与并购交易的行为与股权收购中目标公司未参与交易的行为不同，在合并后，目标公司最终会进行清盘。在有些国家，如美国，合并在税收上通常被视为并购公司在目标公司清盘前购买其资产的行为，③因此从税收角度考虑，目标公司仍是理所当然的纳税人。另外，即使合并非基于合同而为，但税法上的课税更讲究的是要根据实质课税原则进行纳税的确认。也就是说，在确认是否符合课税要件时，必须依据与实质相对应的法律关系进行判断。

（二）计税依据

计税依据直接影响着纳税人的税负，因为它是一国税法所规定的用以确定应纳税额的依据。根据所得税规则，在应税并购行为中，收购方应根据被并购方的税收义务确定其所收购的被并购方资产的价值，此时资产相应发生的利润、贬值以及实现的利得、损失等并不依据并购前的资产价值计算，而是应根据并购中分

---

① 林德木著：《美国联邦公司并购税收制度研究》，科学出版社 2010 年版，第 143 页。

② 李维萍著：《资产重组的税收政策》，中国税务出版社 2007 年版，第 150 页。

③ 这是由 West Shore Fuel, Inc. v. United States (1979) 一案所确立下来的规则。因此，在美国，并购公司选择合并还是选择直接资产收购完全是基于一些非税因素的考虑，如合并要求并购公司对目标公司的债权债务概括承受，而资产收购就不必受此限制。

摊给它们的新价值计算。①

1. 资产收购的计税依据

从税收角度考虑，资产收购可分解为资产出售与目标公司清盘两个应税事项。

对于目标公司而言，其计税依据是转移资产的收益与该资产的计税成本之差额。其中，转移资产的收益是指目标公司收取的全部支付对价的市场公允价值，资产的计税成本是指该转移资产的原值减去会计所允许计提的折旧额或摊销额后的余额。

资产收购中目标公司转移给并购公司的部分或全部资产应当分项确定所实现的收益或亏损的具体数额，如此一来就会涉及如何进行资产价值的分摊问题。在一些对资本利得，尤其是出售长期持有资产的资本利得适用优惠税率的国家，为了防止纳税人尽可能多地将收益分摊到诸如土地、商誉等长期资产上，利用低税率达到避税的效果，政府常会在税法上对分摊方法作出严格的规定，如美国税法典规定，目标公司应当采取剩余分摊法（residual method）分摊其出售资产的价值。② 根据该方法，支付对价应当首先分摊给第一类资产即现金、银行存款或类似资产，其次再分摊给第二类资产即政府债券、可流通的股票等资产，再次是应收账款、存货、固定资产等除无形资产之外的其他全部资产，最后才可分摊给第四类资产，包括商誉、企业未来经营价值等无形资产。同时，分摊第一类到第三类资产时，如果应分摊的收益少于该类资产公允市价的总额时，应按照该类别中每一项资产在收购日的公允市价按所其所占该类资产的比例进行分摊。

对于并购公司而言，对于其收购的资产也存在一个将其支付的对价进行分摊的问题，在资产价值分摊的过程中，并购公司与目标公司有着不同的利益。不同于目标公司希望将价格分摊给资本性资产以使其税负达到最小化，并购公司更希望可以通过直接支出，即将收购价分摊给可以立即扣除的项目上（如存货成本等），以使收购成本尽可能快地得到补偿。③ 在实践中，美国国税局及法院曾一度认为应当认可由并购公司与目标公司自行商定的分摊办法，以平衡双方的利益冲突，但鉴于双方常会商定使用不同的、但对各自均有利的分摊方法以达到避税的效果。于是，美国国会最终决定，为了防止并购交易双方自行商定的分摊方法损

---

① V. 图若尼主编：《税法的起草与设计》（第 2 卷），国际货币基金组织、国家税务总局政策法规司译，中国税务出版社 2004 年版，第 916 页。

② USA I. R. C S1016（a）.

③ V. 图若尼主编：《税法的起草与设计》（第 2 卷），国际货币基金组织、国家税务总局政策法规司译，中国税务出版社 2004 年版，第 918 页。

害到政府的税收利益，并购公司在确认其收购资产的成本时，也应当按照剩余分摊法依次对资产进行分摊。①

另外，如果并购公司的收购对价中包括除现金之外的资产，那么并购公司也应当按照应税资产销售来纳税，其计税依据应为其支付资产对价的公允市价减去该资产的计税成本后的余额。

目标公司股东作为纳税人在资产收购中会面临两种情形，一是目标公司将资产分摊给股东，由其向并购公司出售；二是由目标公司将资产的转移收益分配给股东。第一种情形下的纳税处理较为简单，股东纳税人的计税依据是资产转让所得，即转移给并购公司资产的公允市价与分摊给股东的资产的计税成本之差。在第二种情形下，纳税人的计税依据是其获得收益与其放弃的所持有的目标公司股份成本之间的差额。其中，纳税人获得的收益是指并购公司支付对价的公允市价按照股东在目标公司中的持股比例所确定的数值，而纳税人的持股成本是指股东当时购买目标公司的股票时所支付的全部价格。另外，如果资产收购中目标公司在清盘时向股东分摊支付对价之外的其他资产，这实际上是一种“股息分配”行为，股东应按其持股比例确认股息所得。

2. 股权收购的计税依据

如前所述，股东收购中只涉及两个纳税人，即目标公司股东与并购公司。目标公司股东转让股权的行为应当按照其收取的对价公允市价与其持股成本之差额计算收益或损失。当并购公司是以非现金资产作为支付对价时，应当确认该资产的转让收益。

3. 合并的计税依据

在合并中，由于并购公司要将目标公司的债权债务全部概括承受，目标公司清盘并丧失法人资格，因此无论是新设合并还是吸收合并，目标公司都应当按清算进行所得税的处理。目标公司的计税依据是其转让全部资产的收益，即目标公司收取的支付对价的公允市价减去其净资产计税成本后的余额。其中，目标公司净资产的计税成本应为其转让的全部资产的计税原值减去由并购公司所承担的目标公司负债额后的余额。

目标公司股东所获得的支付对价应视为清算财产，与其所放弃的目标公司股权的计税原值之差是其缴纳税款时的计税依据。而并购公司应当按其所接受的目标公司各项资产及负债的公允市价作为其计税成本，当支付对价中包括有非现金资产时，并购公司应确认该资产转让所得或损失。

---

① USA I. R. C S1012.

（三）税率

税率是衡量并购交易税负高低的主要指标。对并购交易中纳税人的收益适用何种税率的主要依据是一国税法是否对普通所得与资本利得进行区别。在将两者进行区别的国家中，对于资本利得通常适用比普通所得更低的税率，如比利时、法国、爱尔兰等国；也有一些国家，如我国、澳大利亚、日本等国对资本利得与普通所得采用的是统一的税率，但即便是没有对资本利得有单独的安排，通常也会对资本利得制定一些特殊的税收优惠政策，使其有效税率低于普通所得的税率，并会将资本利得与其他所得进行区别对待，以使资本亏损和资本利得隔离开来。①

之所以要对资本利得在税法上作特殊的考虑，是因为资本利得税并不同于其他税种，其在实践中表现出以下三个特点：②一是资本利得的实现具有自愿性的特点。这也是资本利得不同于纳税人的其他所得的最显著的特点。资产的持有人可以选择出售其所持资产以获取收益，也可以选择不出售以推迟纳税；相比之下，对于纳税人的普通所得，如工资、红利、利息等，纳税人是不能选择即时实现或延迟实现的。与资本利得的自愿性相对应，资本利得税具有投资的"锁住"效应。在没有税收的条件下，如果投资者比资产持有者能够更有效地使用该资产，交易对双方都有利，这种交易可以通过重新分配资产并增加其使用价值，从而提高经济的运行效率，因为资产的所有权转移到了能够更有效使用资产的一方。但资本利得税的征收不利于这种交易，因为资产所有者在持有资产时并不承担任何纳税义务，转让资产时就得缴纳资本利得税。这时，较低的资本利得税率可以在一定程度上矫正这种低效的行为，从而鼓励资本流动、活跃资本市场，防止形成投资的"锁住"状态。③ 二是通胀因素使投资者所实现的资本利得并非其全部所得。投资行为与投机不同，投资一般是长期的。对于投资者而言，该资产项目的售价与进价之差，并不一定是其全部所得，因为在投资期间通货膨胀有可能虚增该投资项目的收益。从另一个角度讲，在通胀高居不下时，如果将资本利得税的税率定得过高，无异于是对投资的惩罚，从而影响市场的发展。而低税率则能降低纳税人的负担，减少其进行交易的现金压力。三是资本利得税无法避免"双重征税"的现象。这一点主要反映在股票投资上，如果公司分红给个人股东，就会被课以

---

① V.图若尼主编：《税法的起草与设计》（第2卷），国际货币基金组织、国家税务总局政策法规司译，中国税务出版社2004年版，第671页。

② 资料来自于周敦仁："资本利得税探述"，载《世界经济研究》1996年第5期。

③ 解宏著：《企业并购的税收问题研究》，中国财政经济出版社2006年版，第115页。

公司所得税以及个人所得税,从而造成双重征税。此时,如果还对资本利得征收较高的税款,对于交易双方来说都会产生负面的影响。

资本利得税的这几个特点使得税率规则的制定者不得不对其进行特殊的考虑,但这也给了政策制定者一个实现调控的有利手段。目前,大多数国家都会对纳税人的资本利得制定优惠的低税率,以促进并购交易活动的增长。

二、纳税人的税收待遇

(一)应税资产收购

由于在应税并购交易中双方均有可能涉及税款的缴纳,因此对于目标公司及其股东而言,理所当然是想达到税后净收益最大化,而相对应的,并购公司则希望其收购对价最大程度地反映所收购的资产或股票的税后价值。单从税收角度来看,并购公司更倾向于选择资产收购方式进行并购,主要原因是资产收购中并购公司所收购的目标公司资产的计税基础一般会得到提高,即并购公司可获得目标公司资产原值增大至市场公允价值或收购对价的税收待遇,这会降低并购公司日后处置这些资产的可税收入,并使并购公司在并购后提取更多的折旧成本或获得更多的摊销费用以冲抵收入,从而达到抵税的效果。同时,收购公司还可以对目标公司的资产进行随意的选取(cherry-pick),而不必承担目标公司的潜在税收义务及负债,因为在资产收购中,目标公司以前年度的税收债务及风险依然由目标公司保留。对于目标公司而言,如果并购公司所需的资产价值被高估,则出售资产显然并不是一个明智之举,因为这会给目标公司及其股东带来经济性双重征税,即在公司层面缴纳出售资产的公司所得税后,将收入分配给其股东又会使股东面临个人所得税的缴纳。但如果目标公司的资产贬值,目标公司可能会有出售这些资产的税收动机,以便可用出售资产所产生的亏损抵销其现存的或未来的营业收益。

各国税法对于各纳税人在应税资产收购中的税务处理略有不同,但总体上来讲,都会要求目标公司在应税资产收购中必须当期确认资产转移的收益或损失。同时,并购后目标公司清盘并向其股东分摊剩余资产及出售资产的收益时,也会面临税款的缴纳。在应税资产收购中,如果目标公司股东获得了并购对价,应当以该对价的公允市价与其所放弃的目标公司股份计税成本的差额为基础确认收益或损失。如果目标公司随后清盘,并向其股东分配未被并购公司收购剩余资产的,目标公司股东还应在其所获得的并购对价公允市价的基础上加上所接收目标公司的剩余资产的公允市价,以计算并购过程中产生的收益或损失。并购公司如果在资产收购过程中使用了非股票之外的资产(现金除外)作为支付对价,应当确认该资产的转让收益或亏损,这在税法上属于视同销售的行为,所确认的数额是该资产的公允价减去计税成本后的余额。

除此之外,在应税资产收购中,对于目标公司及并购公司而言,最重要的税收事项有两个:一是收购对价如何在各项被收购的资产中进行分配。因为目标公司与并购公司在分配支付对价的过程中有着不同的利益,对价如何分配直接决定着目标公司当期的税收负担,以及并购公司对这些资产的原始投资成本如何计价,进而影响并购公司在将来可用于抵税的折旧额或摊销额。例如,在加拿大,目标公司更希望将收入尽可能地分配到诸如土地、商誉等长期资产上,因为根据加拿大税法规定,其在长期资产上实现的收入的50%可以免税。而收购公司则更希望将支付对价分摊给可立即获得税收抵扣的资产上,如可计提折旧以抵减当期收入的固定资产。[①] 在这种情形下,目标公司与并购公司往往会达到一致,即在牺牲政府税收利益的基础上使双方共同的税收地位得到最优化处理。[②] 为了避免税款流失,美国税法规定,并购公司和目标公司均需采用剩余分摊法将并购对价的公允市价分摊给所收购/出售的各项资产。具体而言,双方依次将并购对价分摊给以下各类资产:第一类是现金、银行存款等货币资金;第二类是银行存单、政府债券等易于变现的股票或债券资产;第三类是除商誉与持续经营价值(going concern value)之外的其他全部资产;第四类是商誉与持续经营价值。同时,在第一类及第三类资产内部,支付对价应当按照每一项资产在并购日公允市价的比例进行分摊。[③]

二是能否在应税资产收购中确认商誉并予以摊销。单个资产的全部收购成本与其价值总额之间的差额通常应当被确认为商誉,如日本税法规定,如果收购公司支付的收购价高于目标公司资产的计税成本,收购公司可获得资产原值增大至公允市价的税收利益,同时,收购价超过资产公允价值的部分可被确认为商誉。日本允许并购中所获得的商誉按直线法在5年之内摊销完毕。而德国税法则要求纳税人在15年内用直线法摊销商誉。有些国家,如澳大利亚,不允许对在并购过程中获得的商誉进行摊销,但澳大利亚在资本折扣的相关税收规定中提供了一些对特定类型无形资产的摊销办法,因此收购公司必须在收购过程中要求目标公司确认那些可享受摊销待遇的无形资产,如版权、工业设计、专利等,而不应当将

① 解宏著:《企业并购的税收问题研究》,中国财政经济出版社2006年版,第215页。

② V.图若尼主编:《税法的起草与设计》(第2卷),国际货币基金组织、国家税务总局政策法规司译,中国税务出版社2004年版,第918页。

③ USA Treas. Reg. S1.1060-1.

所有的无形资产均划归为商誉。美国税法典在1993年修订之前也是不允许并购公司摊销商誉等无形资产的,除非纳税人能够证明某些无形资产可以准确计算出剩余使用年限,才允许其在该无形资产的使用年限内进行成本摊销。1993年国会修订了该条规则,规定并购公司可按15年期以直线法摊销在并购中获得的商誉等无形资产,同时无形资产的使用年限也不再作为摊销成本的参考因素。

有些国家为鼓励资产收购行为,出台了一些资产再投资的税收优惠政策。根据德国税法规定,满足一定条件的纳税人,出售其不动产及建筑物后又购入新的不动产及建筑物时,可享受再投资税收优惠。即其销售资产的收入不必在当期纳税,而是待新资产购入后用于直接抵销新资产的取得成本,但新资产的折旧基础会因此而降低。在英国,如果目标公司在资产收购中面临巨额的应税所得时,可申请《可税收入法案》(the Taxation of Chargeable Gains Act 1992)第152条所规定的营业资产结转减免优惠。根据该条规定,如果纳税人将处置某些特定类型资产的收入用于重新购买在同一业务上使用的替代资产,或用于购买纳税人所属集团公司的另一个成员从事相同业务所需的资产时,可申请营业资产结转减免优惠。[①] 如果申请成功,纳税人对于旧资产的处置收入将不必纳税,但同时替代资产的原始成本将按照旧资产的销售收入入账。在这种情形下,只有当替代资产被销售时,旧资产的出售收入才会得以实现并确认,除非这一收入又被下一轮的营业资产结转减免所取代。除此之外,英国税法还于1982年引入了调整指数补贴规则(indexation allowance),即为了减轻通货膨胀对于资本利得的影响,纳税人可通过申请此补贴以提高资产的计税成本,但需与收购日和资产处置日之间零售价格指数的提高保持一致,且该补贴不得用于计算资本利得。

(二)应税股权收购

基于对税收的考虑,资产收购对于并购公司的吸引力要大于股权收购。因为在股票收购中收购公司一般会对目标公司全权接受,包括其所有的历史性债务及潜在的或有负债。并且,目标公司资产的计税基础依然保持不变,一般不会给并购公司带来资产原值增大的税收待遇。但目标公司及其股东一般更倾向于选择应税股权收购,因为在资产收购中目标公司及其股东均需确认并购过程中产生的收益及损失,且在大多数国家会面临双重征税的问题。但股权收购可避免销售收入从目标公司分配给其股东时所带来的额外税负,即在股权收购过程中,目标公

---

① UK TCGA 1992 第152条适用的资产类型包括:用于经营目的的建筑物、土地、厂房及机器。替代资产必须在处置旧资产后的3年内购买或在处置前1年内购买。纳税人还可以在处置无形资产时申请该条款的税收优惠。

司股东直接获得销售股票的收入,避免了资产销售收入被目标公司通过股利分配或清盘行为再次分配给股东时所带来的所得税款的缴纳,因此股权收购仅会涉及目标公司股东单层面的纳税行为。同时,多数国家还会规定专门针对股票出售收入的优惠税率,甚至有些国家还会根据实现资本利得的纳税人类型的不同,以及纳税人持有股票的目的的不同而决定是否可以对纳税人予以免税。[①]

如在德国,对于出售方即目标公司股东而言,股票收购的税收负担要远远小于资产收购的税收负担,不仅是因为股票收购仅会产生股东层面的税负,德国税法还规定,如果股东是公司纳税人,则其出售股票所产生的资本利得的95%可免于纳税,但在并购交易日之前目标公司所产生的亏损及可向前结转的亏损将不得再被任何一方所利用。对于个人股东而言,基于其持股比例的不同可以享受的税收优惠也不同。如果个人股东在目标公司的持股比例大于1%,则其出售股票收益的40%可免于缴纳资本利得税,剩下的60%的收益将以普通所得税的税率纳税,但同时其销售费用的40%不得予以抵扣。

在英国,无论股权收购是不是应税事项,目标公司股东出售其所持的目标公司股份时均有可能享受免税待遇。根据英国1992年《可税收入法案》第135节,符合一定条件时,纳税人处置股票产生的资本利得可转到其所获得的新股票的成本上(rollover),并且可待新股票被处置时再予以确认。这些条件包括,买方即收购公司是公司纳税人;基于商业之目的向卖方即目标公司股东发行股票,以换取其所持有的目标公司股票。同时,收购公司在交易后必须持有目标公司超过25%的普通股股票,或者持有超过50%的具表决权的股票,或者必须与目标公司股东对收购后即取得目标公司的控制权一事达成一致。[②] 另外,英国税法还规定,持股10%及以上的公司股东处置其所持股份可享受大额持股免税待遇(substantial shareholding exemption,SSE)。[③] 为了获得免税资格,该股东应当在处置股票前的2年内至少持续12个月持股。即便是不能享受大额持股免税待遇的个人股东,在其出售所持股份时也可享受低税率,即自2010年6月起,个人纳税人的资本利得税税率为28%,要远低于普通所得税50%的税率。

澳大利亚的资本利得与普通所得适用的税率都是30%,但其税法中有类似大额持股可享受税收优惠的政策,即如果公司纳税人处置其所持股10%及以上

---

① V.图若尼主编:《税法的起草与设计》(第2卷),国际货币基金组织、国家税务总局政策法规司译,中国税务出版社2004年版,第918页。

② Schedule 137 of UK TCGA 1992.

③ Schedule 7AC of UK TCGA 1992.

具表决权股票的公司的股票时,产生的应税资本利得可按规定减少一定比例以反映其投入公司的资产用于推动该公司业务的程度。这一比例一般用该股东投入的资产除以公司的总资产之比来确定。如果比值小于10%,则纳税人处置其股票产生的资本利得应全额纳税;如果这一比值大于90%,则纳税人可不必确认处置股票产生的资本利得;如果这一比例在10%～90%之间,则纳税人的应税资本利得按相应的比例予以减少。

加拿大对于纳税人出售股票的税收优惠政策体现为,目标公司股东可以选择将其在应税股票收购中所实现的收益作为资本利得计税,还是作为股息分配计税。两者的税负是有所差别的,加拿大的资本利得税率在20%～25%之间,而股息所属的普通所得的税率则高达33%,但这并非是纳税人更倾向于选择适用资本利得税率的原因,在加拿大,公司之间的股息分配是予以免税的,另外,纳税人转让股票的行为也有可能享受免税待遇,只要股息大于归属于转让股票的所得。①

对于并购公司而言,原则上股票收购中并购公司不能获得目标公司资产原值增大的税收待遇,但在有些国家,为了鼓励公司间的并购交易,其规定即便是在股票收购纳税人也有机会获得资产原值增大的机会。例如,根据德国《合并税收规则》,如果并购公司在收购后又发生了应税合并行为,则允许其将获得的资产原值增大至公允市价,与此同时,纳税人必须确认收益并缴纳所得税,并购公司对于目标公司在并购交易日前产生的可向前结转的亏损也不得再予以结转利用。2009年前的澳大利亚合并纳税税收制度规定,如果目标公司的股票被一家从属于合并纳税集团的成员公司所收购,则收购公司的某些资产可获得原值增大的税收待遇,即支付给目标公司以获得其股票的对价可以计入收购公司所获得的某些资产计税成本当中。但自2009年3月26日起,澳大利亚政府修订了其资本利得税及合并纳税企业规则,取缔了公司以并购方式进行以旧股换新股交易中资产原值增大的税收待遇。

即使是应税股权收购,有时候并购公司也会使用部分股票对价,这不仅是反映两个公司"并购"的一个事实表现,也是并购公司筹集资金的另一种替代方式,因为用自身的股票为对价会极大地减轻并购公司的资金压力。在有些国家,在应税收购中使用股票对价也可以享受一些税收优惠政策。如日本税法规定,即便是整个股票收购交易未达到免税条件,如果目标公司股东在此过程中收到的对价仅包括收购公司的股票,其出售股票的资本利得可延期予以确认。但同时,目标公

---

① 解宏著:《企业并购的税收问题研究》,中国财政经济出版社2006年版,第216页。

司的某些资产将会按照盯市法(market to market)重新计价,并且要确认重新评估后的收益或损失。

在应税股权收购中,目标公司一般不会产生纳税义务,因其未直接参与并购交易且在收购后依然保持其独立的法人人格。但根据美国税法规定,纳税人可在以下三种情形下,选择将应税股权收购视为应税资产收购,从而使目标公司将成为纳税人,承担税款缴纳的义务。一是如果目标公司在股权收购后选择清盘并向股东分摊剩余资产。根据实质重于形式原则,目标公司的清盘分摊行为将在税法上被视为应税事项,除非清盘时目标公司与并购公司是同属于一个集团公司的受控子公司,①或者目标公司在清盘时已经成为并购公司的受控子公司。② 二是收购公司在并购后至少持有目标公司80%具有表决权的股票,且该股票至少占到目标公司总股票价值的80%,如果该收购交易是由在连续12个月的纳税期间所进行的一个行为或一系列收购行为所组成时,并购公司可根据美国《联邦税法典》第338条的相关规定,选择适用应税资产收购的税收待遇。如果并购公司选择了适用第338条,则目标公司在税法上将被视为将其全部资产在并购公司实际获得目标公司的控制权当日,以公允市价予以出售。此后,目标公司可以重新选择适用新的纳税年度、新的折旧方法等会计处理方法,其原有的全部税收属性在资产出售日将被视为完全灭失。③ 三是如果目标公司隶属于某个合并纳税集团公司,④则并购公司可以和目标公司共同决定是否选择将股权收购视为目标公司的出售资产及清盘行为,即目标公司将按照以公允市价出售资产,并将收入及剩余资产分配给其股东进行相应的税收处理。⑤

(三)应税合并

大多数国家在税法上都没有直接针对应税兼并或合并的相关规定,如在美国,应税合并行为在税收上被视为目标公司在并购公司收购其全部资产后的清盘行为。但不同于应税资产收购的是,在应税合并中并购公司应当对目标公司的资产及债务一并概括承受。在实践中,如果某个交易在形式上看是并购公司向目标公司收购资产,但在经济实质上却相当于合并时,法官会根据实质重于形式原则

---

① 美国税法中所谓的“集团公司”是指成员公司的至少80%的表决权股票及80%其他各类的股票由其他成员公司持有的公司链。参见I. R. C S1504(a)。

② USA I. R. C. S331,S332.

③ USA I. R. C. S338(h)(2).

④ 如果目标公司与并购公司同属于一个集团公司,则目标公司的清盘分摊行为属于免税事项,目标公司与并购公司均不必确认收益或损失。

⑤ USA I. R. C. S339(h)(10).

判决并购公司承担目标公司的债务。①

澳大利亚和日本的税法也有类似的规定。在澳大利亚，兼并或合并的税收效果可以通过收购目标公司随后再将其清盘并转移其全部资产到并购公司中获得。日本的税法则要求被合并方在合并时视为按时价向合并方转移其所拥有的资产和负债，并计算转让的所得。在这种情形下，被合并方将视为以时价取得合并方的新股等对价，并将该新股等对价立即交付给其股东的行为，而合并方接受的被合并方的资产和负债，将以时价来计算计税成本。而被合并方的股东所接受的合并方的新股等对价，将以时价计算其转让旧股的所得。② 同时，日本税法还规定，公司之间整体业务的转移可通过以公允市价转让该业务所涉及的资产以及义务来完成，出售方应当以转让业务的账面净值(book value)与所收取的对价之间的差额为基础确认收益或损失。同时该业务市价与转移对价之间的差额允许并购公司在税法上将其确认为商誉。

三、利息费用的税务处理

在应税并购中，由于并购公司的支付对价大部分来自非股票资产，因此其不可避免地要利用外部融资以完成并购交易。一般而言，并购融资所产生或支付的利息是允许税前扣除的，如果纳税人有足够的可税利润，还可将其用以抵销并购费用。为了防止纳税人在并购中利用利息的抵税作用过度负债并进行税收筹划，各国税法中均有相应的反避税措施以限制不正当的利息扣除行为的规定。

如美国税法有相关规定，符合下列条件的并购债务利息不得在税前扣除：一是具有股权性质的负债。有些债务可能从税收角度上被定性为股权，在这种情形下，该负债所产生的利息将被视为不可抵税的股息。在实践中，法院一般基于以下事项考虑该负债是否具有股权的特点：根据借贷双方的意图及对合同形式的遵守程度、债权人及股东的身份是否实质上不同、并购公司从外部融资的能力以及资本弱化程度及所涉及的风险。二是被国税局认定为高收益折扣债务的负债(applicable high-yield discount obligation，AHYDO)。一般而言，AHYDO的持续时间在5年以上，其收益率比美国国税局所公布的联邦利率高出至少5%，并且其最初的发行折扣(original issue discount)要大于纳税人实际支付的利息。被认定为AHYDO后，纳税人所发生的利息须被延迟至利息实际支付时才能扣除，甚至有

① 林德木著：《美国联邦公司并购税收制度研究》，科学出版社2010年版，第134页。

② 刘小勇："日本企业组织再编所得税制的修改及对我国的启示"，载刘剑文主编：《财税法论丛》(第8卷)，法律出版社2006年版，第346页。

可能被视为不得扣除的股息。三是并购公司或其控股母公司为了筹措并购公司的支付对价而发生的债务。包括并购公司或其控股母公司在并购过程中或在并购发生之前,为了筹集并购资金而借入的债务。四是该债务在清偿顺序上从属于并购公司的应付账款等营业性短期债务,或明显从属于并购公司大额无担保负债,不论这些债务是未偿付完毕的还是新发生的。五是该债务可直接或间接地转换成并购公司的股份,或者该债务隶属于可直接或间接地可转换为并购公司股权的一个投资单元或其他安排的一部分。六是并购公司在发行该债务的纳税年度的最后一日,其负债权益比率超过2:1,或者其年度预期收益不超过其应支付或发生的年度利益的3倍。① 同时,美国国税局还有权利根据税法典第482条的规定,调整当事人的借款利息率,以使其反映正常交易关系(at arm's length)。

与美国税法的规定相同,大多数国家对于具有股权性质的债权的利息的扣除有非常严格的限制措施。在澳大利亚,根据自2001年起实施的税收规则,对于并购过程中所使用的股权与债权应基于实质重于形式的原则进行判定,这意味着在某些情形下,看似合法的债务可能基于税收之目的而被视为股权投资,而合法的股权投资形式也有可能被认定为税收意义上的债权。一般而言,如果发行方对投资者的本金或原始投资负有一个事实上的而非潜在的归还义务,该义务必须在10年内归还,且其使用利息是基于名义上或约定的数值时,该投资将被视为债权,其利息可在税前扣除。如果股权投资者对其投资的使用利息一般会要求视发行方的业务表现而定,如根据发行方的利润能力或其业务活跃程度等情况。支付给股权的利息不能抵税,对股权投资的归还在税法上将视为股息分配。

日本税法则要求公司负有利息的债务与直接或间接拥有公司50%以上股份的股东产权之间的比率,即债权与产权之比(debt-to-equity ratio)不得高于3:1,超过这一比例后公司的利息费用不得在税前扣除。同时,根据日本税法,净资产基于税收之目的不得小于其资本账户如实收资本及资本公积的余额。如果未分配利润(retained earnings)的账户是负数,则资本账户将被视为公司的净资产。

根据德国税法的相关规定,自2008年起开始实施利息扣除限制规则(earning stripping rule orinterest barrier),以取代于2007年终止的资本规则(capitalization rule)。根据利息扣除限制规则,纳税人当期能扣除的净利息费用(利息费用减去利息收入后的余额)最多相当于利息折旧摊销前收入(EBITDA,Earnings Before

---

① 林德木著:《美国联邦公司并购税收制度研究》,科学出版社2010年版,第152页。

Interest, Tax, Depreciation and Amortization)的 30%。[①]另外,利息扣除限制规则适用于纳税人在并购过程中所发生的所有借款的利息,包括有质押或担保的银行贷款,以及集团内部贷款的利息。但当年未获抵扣的利息可向前结转到以后纳税年度再予以利用。德国税法同时还规定,如果下列条件得以满足,纳税人可不必适用 30% 的扣除限额:一是纳税人的年净利息负担(利息支出减去利息收入后的余额)少于 300 万欧元。二是纳税人并不某个集团公司的成员,且其支付给重要股东、关联方以及背对背贷款人的借款利息不超过公司总的净利息费用的 10%。三是如果纳税人是某个集团公司的成员,则应证明其产权比率(equity ratio)与集团的产权比率相当,或仅比集团的产权比率低 2%。[②] 但 2% 的规则仅适用于纳税人或集团公司的其他任何成员支付给其重要股东、集团外的关联公司,或者受重要股东或关联公司担保的无关联第三方的利息费用不得超过其净利息费用 10% 的情形。

在某些情形下,并购公司自身没有足够的资金去实施并购,但其所属的集团公司的其他成员可提供资金支持时,集团公司就需要根据相关税法的规定去决定如何将资金转移给并购公司。根据英国公司税收规则,在债务融资的情形下,纳税人可按权责发生制(accrual basis)在税前扣除应计利息(而非实际支付的利息),但由于英国对于集团内部之间的资金往来有相应的免税优惠措施,如果该利息是支付给其所属集团公司的其他成员公司,且在借款方的利息所发生的会计期间终止后的 12 个月内未实际支付的,该利息仅当实际支付时才能在税前予以扣除。同时,如果成员之间的借款利息率超出了正常范围,即超过了发生在无关联方之间的借款利息率,超出的部分不得在税前抵扣。如果并购公司从无关联第三方处筹集到并购资金,但担保方是其所属的集团公司的其他成员时,除非借款方可以证明该担保仅是为了降低资金的使用利息率,即使是无此担保,借款方仍可从该第三方处筹集到相同数额的款项,否则借款方将不能全部或部分扣除相应的利息费用。但如果并购公司自身没有足够的可税利润以抵销允许扣除的利息费

---

① 值得注意的是,EBITDA 是基于德国的相关税法规则计算出来的,这一数值与公司会计账目上的利息折旧推销前收入的数额不一定一致。例如,计算税法上的 EBITDA 时,股息收入仅占 5%,因为根据德国税法规定纳税人 95% 的股息收入是免税的。

② 产权比率 = 股东权益总额/资产总额。根据德国税法,产权比率的计算一般应基于在国际会计准则下(IFRS)制定的集团资产负债表及借款方的资产负债表,但在一些特定情形下也允许基于欧洲或美国的一般公认会计准则(GAAP)制定的资产负债表计算产权比率。产权比率在计算时需要对一些会计科目进行调整,如所有者权益总额中应当减除一些短期股权项目,如纳税人在资产负债表日前 6 个月内接受的捐赠资产。

用,它可以将此顺差(surplus)放弃并转移给集团内部的其他成员。如果该成员公司的可扣除利息费用总额超过了同期的可税利润,余额可向前结转(carry forward),但却不能再次放弃并继续转移给集团内部的其他成员。

第三节 国外并购所得税法律制度的启示

一、利益持续原则是并购所得税制度的前提和基石

从各国的并购税收立法实践来看,利益持续原则是并购税制的前提和基石,这一点体现在并购税收规则的许多方面:

一是各国税法一般均会将并购行为区分为免税并购交易与应税并购交易。如第二章所述,之所以要对某些特殊的并购交易适用免税待遇,原因在于一般税法规则下,纳税人之间进行的资产置换必然会引起会计上对收益或损失的记录,以区别旧资产与新资产在种类及内容上的不同。但有些并购交易与一般资产或股票的购买行为并不相同,表现为纳税人的投资利益并没有中止,仅发生了形式上的改变,是以一种全新的不同的方式得以持续。① 因此,有必要使这种特殊类型的并购行为排除一般规则的适用,同时保证此类并购交易后公司经营依然持续,并购前的原股东利益得以持续,②即符合利益持续原则。同理,纳税人的应税待遇也体现了税收规则对于未体现利益持续原则的并购交易的一种应然态度,即纳税人的投资利益已经实现,应当在税收处理上体现为当期确认并购中的收益或损失。

二是免税并购中对于支付对价的严格要求。各国税法中对于纳税人适用免税待遇的法定要件中均要求并购公司的支付对价绝大部分由代表所有者权益的股票所组成,仅允许有少量的额外对价。这是因为政府没有理由对没有明显改变纳税人投资形式的交易征税,并购后虽然公司的形式改变了,但股票对价足以反映目标公司股东的投资利益依然在改变公司的形式下得以保持。而允许少量对价的使用仅是出于买断少数股东权益的考虑,以使那些对公司没有控制能力,但对并购交易有异议的少数股东可以实现其现金收入。

三是免税并购交易中成本替代规则的运用。如果纳税人实施的并购交易满足了各国税法所规定的免税法定条件,则纳税人对其在并购中所获得的资产或股票的初始投资成本的确认适用成本替代原则,对于并购公司所接收的目标公司的

---

① 37 - 2 USTCII 9533,302 U. S. 82,89(1937).

② USA Regulations 111(1950),S29. 112(g)(1).

资产或股票,可按其原计税成本入账;而目标公司股东所持有并购公司股票的价值,可按其所放弃的目标公司股票的原计税成本确定。成本替代规则的运用主要考虑到并购后被并购方也即目标公司的经营依然持续,只不过以不同的方式继续而已。在免税并购交易中,纳税人并没有在实现其原始投资的现金收入,而只有以资产或股票的原计税成本入账才能客观地反映出这一事实。

四是纳税人收取的额外对价需确认收益。各国对于额外对价的税收待遇规定不尽相同,但一般均要求纳税人应当在额外对价的公允市价范围内确认并购所实现的收益。这种税收处理实际上也是利益持续原则尤其是股东利益持续原则的体现,即如果目标公司股东在并购中收取的对价仅包括并购公司的股票,则足以证明其在目标公司中的投资利益通过持有并购公司的股票而继续在并购公司存续下去。但如果目标公司股东在并购中收取了额外对价,则表明其对目标公司资产的部分投资利益已经终止,因此必须从税法上对这部分处置收益进行确认。[①] 同理,如果目标公司股东收到的附带利益是大额的、足以影响对股东利益是否得以持续的判断,则目标公司的股东须就其收到的全部对价确认收益,而不论该收购是否符合免税并购重组的法定要件。

五是目标公司在免税并购中不得确认损失。例如,根据美国税法规定,免税并购中目标公司在任何情形下均不得确认损失,其理论依据是目标公司的历史性营业或资产的重大部分在变化的公司形式下得以继续,因此,目标公司并非是处置资产的行为。例如,在资产收购的情形下,一般会要求目标公司清盘并向股东分配剩余的资产。根据美国税法典,此时目标公司应当按照以公允价格出售这些资产来进行税务处理,也即按照资产的公允市价与计税成本之间的差额来确认收益,但不得确认损失。

六是净营业亏损等税收属性的结转利用。并购交易的参与公司都具有独立的法人人格,在税法上表现为独立的纳税人资格,因此都有可归属于自身的税收属性。在免税并购中,虽然目标公司的法人人格灭失,其独立的纳税人身份也随之消失,但由于目标公司对其营业的投资利益在变化后的公司中依然继续,目标公司股东对其资产的投资利益也没有随着目标公司的清盘解散而灭失,因此,在并购前归属于目标公司的独立的纳税人资格所特有的税收属性也应当由继续营业的公司予以继承。[②] 同时,利益持续原则要求发生亏损的公司也即目标公司的

① 林德木著:《美国联邦公司并购税收制度研究》,科学出版社 2010 年版,第 123 页。
② 姜浩著:《美国联邦公司税法制度研究》,中国政法大学出版社 2009 年版,第 196 页。

股东对亏损的结转利用继续保留利益受益人的身份，因为其是亏损的“实际承担人”。[①]

二、构建符合本国国情的利益持续原则

尽管美国税法在特定领域对其他国家或地区的税法产生了广泛而深远的影响，如许多拉丁美洲国家、加拿大、日本等国，都对美国税法进行了不同程度的借鉴。[②] 并购税收领域的制度亦是如此。但同时，由于西方国家的并购税制是经历近百年的发展才最终形成的，作为一国上层法律建筑的税收制度，不可避免地要受到该国经济基础以及市场秩序的影响。因为，由于各国的国情不同，导致各国税法对并购交易采取的措施也略有不同。有些国家注重税收中性在并购税制中的体现，因为政府希望本国的税法规则既不会对纳税人的并购活动产生障碍，也不会因过度的税收优惠而使国家税收收入流失，如美国、法国、德国等国家的税法比较偏重对并购行为本身的规制。而有些国家则更注重并购税制中税收调控作用的发挥，因此其税制中具有明显的政策考量的痕迹，如日本、英国等国家。

美国的并购税制非常注重税收中性原则的运用。早在美国税法引入免税并购条款时，国会即提出，免税待遇的最初立法目的并非是鼓励兼并或合并，而是将“并购交易税收待遇的不确定性对并购决策所造成的消极影响降低到最小程度”。[③] 而后，在美国税法不断地调整并完善并购税制的过程中，也在不断地使其符合税收中性原则的要求。如为了避免不当的税收立法影响纳税人对经济实质相同但交易类型不同的并购方式的选择，立法者不断地扩大税法中免税并购重组条款的适用范围，从 1921 年将股票收购纳入免税并购重组条款，到 1954 年开始允许子公司利用母公司的股票去收购目标公司的资产，以及 1964 年正式在税法典中规定了三角兼并的法定要件等。可以说，并购交易免税待遇的法定要件中隐含着实质课税的要求，体现了经济实质相同的交易在税收上应享受同等待遇。[④]

澳大利亚政府显然更希望通过对并购行为的税法规制防止其财政收入的流失，其税法更加注重对并购避税行为的规制，其反避税立法技术非常成熟，政府出台了许多较为详细的反避税规则，尤其是对于并购交易免税待遇的资产转移以及

---

① 林德木著：《美国联邦公司并购税收制度研究》，科学出版社 2010 年版，第 174 页。

② [美]维多克・瑟仁伊著：《比较税法》，丁一译，北京大学出版社 2006 年版，第 29 页。

③ Steven A. Bank. Federalizing the Tax-free Merger: toward an End to the Anachronistic Reliance on State Corporation Laws, *North Carolina Law Review*, 1999, 77: 1323. 转引自林德木著：《美国联邦公司并购税收制度研究》，科学出版社 2010 年版，第 41 页。

④ 林德木著：《美国联邦公司并购税收制度研究》，科学出版社 2010 年版，第 41 页。

虚假税收损失的产生方面,均有非常细化的规定。

日本的并购税制也有非常明显的政策目的,一是日本政府鼓励企业集团内部之间的并购行为,鼓励具有相同或相关业务之间的企业的横向并购,以促进日本企业的国际竞争力,因此,日本的并购税制中规定了企业并购的规模比例要件。[①] 二是日本非常重视对员工以及劳动者的保护。税法在免税并购的法定要件中均规定了并购公司需接受目标公司80%以上的从业人员的要求,这是因为,日本并购税收规则传递的理念是并购交易与一般的个别资产的转移或销售不同,如果想继续之前的课税关系,并享受递延纳税的待遇,必然要转移一个独立、完整的事业单位,而该事业单位不仅仅包括目标公司物的移转,也包括从事事业的人的移转。[②] 这样的规定和日本的法律传统有极大的关系,日本公司法中并没有资产转让的概念,取而代之的是“营业”的转让,而“营业”的法律概念指的是为了一定的营业目的而被组织起来的,可作为一个有机整体发挥作用的全部财产的总称。[③]

三、各国税法中的利益持续原则体现出鼓励并购的立法价值取向

2008年以来,源自华尔街的金融危机蔓延至全球。由于意识到公司并购对于改善公司治理结构、优化资源配置以及促进经济发展方面的有益作用,各国在积极拯救金融市场的同时,也在鼓励本国企业通过并购等方式进行自救,因此不断出台相应的税收优惠政策以鼓励并购交易。

如澳大利亚在最近几年对其税收体系进行了较大的改革,政府不断推出一些税收优惠措施以鼓励公司间的并购行为。如引入合并纳税规则(tax consolidation regime),实施新的鼓励研发的税收措施,以及改革并购融资的税收安排等。其中,根据合并纳税规则,其国内的集团公司在税收上将作为一个实体看待,集团内部成员之间的交易,如资产的转移、股利的支付等不必再缴纳公司所得税。同时,2010年5月,澳大利亚政府还出台了对自2008年5月开始的税法复查(Henry Review)的临时答复,建议自2013年始将公司所得税率由30%降至29%。

德国政府于2001年进行了税制改革,降低了公司所得税以及个人所得税的税率,减轻了纳税人的税负,并改革了股息和资本利得税收制度,规定不再对股息

---

① 刘小勇:“日本企业组织再编所得税制的修改及对我国的启示”,载刘剑文主编:《财税法论丛》(第8卷),法律出版社2006年版,第356页。

② 同上,第350页。

③ [日]近藤光男著:《最新株式会社法》,中央经济社出版社2004年版,第359页。转引自刘小勇:“日本企业组织再编所得税制的修改及对我国的启示”,载刘剑文主编:《财税法论丛》(第8卷),法律出版社2006年版,第350页。

分配和留存收益进行区分。另外，税制改革后，公司股东出售股票所实现的全部资本利得免税，个人股东的资本利得可减半征收。同时，纳税人转让其持有6年以上的股票或不动产，并将转让收益进行再投资到同类资产时可免于缴纳所得税。税制改革对德国并购交易产生了极大的促进作用。[①]

日本政府自20世纪90年代经济“泡沫”破灭后，逐渐意识到过高的所得税税负阻碍了公司并购活动的正常发展，并开始着手调整并购税制，以使其有利于公司并购活动的发展。在2001年起其所实施的一系列税制改革中，日本政府出台了《公司并购免税重组规则》，该规则的显著特征是改变了之前税法中并无免税并购重组条款的相关规定。[②] 同时，日本税法还规定个人出售股票的收入应与其他收入分开缴纳，原则上讲，资本利得应按20%的税率缴纳税款(15%的中央税以及5%的地方税)，但自2003年1月1日起至2013年12月31日止，个人股东出售上市公司股票可享受10%的优惠税率(7%的中央税及3%的地方税)。另外，根据2010年之前的日本税法规则，母公司转移其资产给其子公司时必须满足以下几个条件才能予以免税，一是子公司是新成立的公司，其转移的资产给子公司是为了注入资本；二是转移资产的母公司拥有该子公司至少95%以上的股份。根据2010年修订的《集团税收规则》，母公司向其新成立的或已经存在的100%控股的子公司转移资产或业务仅为获取子公司的股票时，可免予缴纳公司所得税。并且，这一行为不必满足其他任何法定条件的要求。另外，根据新规则，即便是母公司又将其所持有的子公司股票分配给股东，也可享受免税待遇，这在税法上将被视为集团公司内部之间转移资产的行为。

日本税法中把法人的设立、合并、分立等涉及的所得税制统称为法人组织税制，进入21世纪以来，为使日本企业提高经营效率，提升国际竞争力，日本政府对以公司法为中心的企业组织再编制度进行了一系列的修改，2001年的税制改革宗旨是对产生同一效果的交易应当课以同一税负。即形式上向他人转移资产的交易，如果实际效果上是放弃了该资产，则对纳税人的转让行为课税，这是一般原则；但如果实际效果等同于继续拥有该资产，纳税人仍对转移的资产拥有支配权，则对纳税人的资产转移行为给予递延纳税的优惠政策，这是特例。[③]

---

① 苏毓敏、李蓉、储昭明等：“企业并购治税的国际经验与中国税制变迁模式走向”，载《开发研究》2008年第4期。

② 同上。

③ 刘小勇：“日本企业组织再编所得税制的修改及对我国的启示”，载刘剑文主编：《财税法论丛》(第8卷)，法律出版社2006年版，第345页。

四、鼓励并购的同时加强反避税规则的运用

由于免税待遇适用的范围较广，西方各国在鼓励真实目的的并购交易的同时，也加强了反避税措施以防止纳税人进行以避税目的并购。多步骤交易原则、实质重于形式原则以及商业目的原则是各国税法中普遍采用的反避税规则。

（一）多步骤交易原则

如果一国对于免税并购的法定要件规定得比较严格，当纳税人的经营行为发生不可避免的变动或是买断少数股东权益所需要的额外对价的使用都会导致整个并购交易成为应税事项时，交易双方可能就会在并购前或并购后做出一些税法所禁止的某些行为，以使并购交易可以达到税法所规定的免税条件。① 在这种情形下，纳税人在并购前或并购后的某些行为，如并购前目标公司对部分资产的提前处置、并购后并购公司或目标公司对其公司结构所进行的调整等，将会受到多步骤交易原则（step transaction doctrine）的检视，法院会把纳税人看似相对独立的各个交易步骤看作一系列相互依赖的行为的"一小步"，以判断整个并购交易是否可以享受免税待遇。

美国的判例法在长期实践中确立了三个具体的选择性检验标准：目标结果标准、相互依赖标准以及有约束力的承诺标准。目标结果标准要求纳税人所进行的一系列形式上相互独立的交易步骤事实上是为了达到某个交易结果而预先安排的一部分；相互依赖标准则要求各交易步骤之间相互关联，以至于没有完成这一系列的步骤会导致其中某一个步骤所创设的法律关系无效果；有约束力的承认标准则认为交易双方在实施第一个交易步骤时即承诺要采取以后的各个步骤，在这种情形下，则应当适用多步骤交易原则将各个分步骤合并为一项单一交易。②

（二）实质重于形式原则

根据实质重于形式原则，是否对某个并购交易征税不能仅根据该交易的外在表现形式确定，而是应当结合实际情况，尤其应当根据纳税人真实的交易目的以及交易的经济实质来判断是否应当对纳税人进行课税。一般而言，如果某个交易只是减少了政府的税收收入，但并没有改变纳税人的实际经济地位时，那么实质重于形式原则将否定纳税人从交易中获得的税收利益。例如，根据加拿大《所得税法案》的规定，如果并购中目标公司股东所获得的新的并购公司的股票价值与

---

① V. 图若尼主编：《税法的起草与设计》（第2卷），国际货币基金组织、国家税务总局政策法规司译，中国税务出版社2004年版，第929页。

② 林德木著：《美国联邦公司并购税收制度研究》，科学出版社2010年版，第36页。

其所放弃的旧的目标公司的股票价值之间存在差异，而这一差异的产生源自于目标公司股东的关联方试图通过合并交易使股东接受价值高的新股，从而达到免税分配股息的目的或其他避税目的，则目标公司股东需要确认转让股票的收益，且其实现的收益不得计增新股的计税成本。①

（三）商业目的原则

商业目的原则目前已成为世界各国并购税制普遍采取的立场。该原则要求并购交易应当有正当的商业目的，如果纳税人的并购行为并非其正常内在发展需要，而是基于避税之目的而进行并购或试图通过并购来骗取某些税收优惠政策，这样的行为应当受到否定的法律后果。在并购税制中引入商业目的原则既能促进良性的企业并购行为，又能有效地防止纳税人的逃税避税行为。

---

① 李维萍著：《资产重组的税收政策》，中国税务出版社2007年版，第226页。

第四章　我国并购所得税法律制度的发展及其存在的问题

——基于对利益持续原则的评析

第一节　我国并购交易及并购所得税制度的历史发展

我国真正意义上的并购交易，即以现代企业为主要组织形式的并购交易始于20世纪80年代初期，以1984年7月河北保定纺织机械厂和保定市锅炉厂分别对保定市针织器材厂和保定市鼓风机厂实施的兼并为标志。回顾我国近30年来的并购交易以及并购税制的发展历程，我们可以简单地按照时间顺序划分为以下四个阶段。

一、第一阶段(1984～1996年)政府主导下的并购交易

20世纪80年代我国正处于改革开放初期，国有、集体企业占主体地位，由于受到资本市场发育程度较低和法制不完备等因素的制约，这一阶段所发生的绝大多数的并购交易并非是纯粹市场化运作的结果，而是基于调整国民经济布局的需要。在这一时期，政府在并购过程中起着关键性的主导作用，税收的调节作用可谓微乎其微，一般其不会作为公司进行并购交易的主要影响因素加以考虑。

从1983年起政府出台了一系列鼓励企业并购的规定，如1983～1986年先后推行的第一步、第二步利改税、扩大企业自主权，1984年颁布的《中共中央关于经济体制

改革的决定》中明确指出，经济体制改革的中心环节是增强企业活力，要将企业的所有权和经营权适当分开。在这种情形下，带有浓厚政府主导色彩的被学界称为“保定模式”和“武汉模式”的并购行为得以出现，并迅速在全国范围内蔓延。随后1987年党的十三大召开，政府指出小型国有企业产权可以有偿转让给集体和个人，企业之间的联合，是横向经济联合的基本形式，应当坚决抛弃自我封闭的自然经济观念。1988年全国七届人大一次会议进而又明确了要将鼓励企业承包企业、企业租赁企业以及实行企业产权有条件的有偿转让等做法作为深化我国经济改革的重点措施。1989年我国进入经济全面整顿阶段，当年2月我国首个用于规范并购行为的法规——国务院《关于企业兼并的暂行办法》出台。这一系列政策的大力推动，对我国并购交易的发展起到了积极的促进作用。

随着1993年《中共中央关于建立社会主义市场经济体制若干问题的决定》的颁布，伴随着企业股份制改革试点工作的推进和证券市场的形成，以建立产权清晰、权责明确、政企分开、管理科学的现代企业制度得以明确，我国的并购交易开始迅速发展起来。1993年深圳宝安集团通过上海证券交易所大量买入上海延中实业股份有限公司的股票，成为我国首个上市公司的收购案例。宝延事件常被学界认为是我国企业并购史上的一个新的转折点，与之前的企业并购行为不同，它是实行社会主义市场经济后以公司形态为特征的企业并购，而在其之后的并购行为则更加反映了市场经济条件下产权交易的一般规律，并且并购方式也开始呈现出多样化、证券化和国际化的发展趋势。[①] 在此期间，一些外国资本以及港澳台资本开始进入中国内地的产权市场，外资通过并购取得内资企业的控制权等一系列“中策现象”的出现，迫使政府不得不开始出台一些针对外商投资企业的并购交易所得税规则。

如1993年12月国家税务局颁布的《关于股份制试点企业若干涉外税收政策问题的通知》(国税发〔1993〕139号，已失效)。该通知对于外商投资企业改组或与其他企业合并成为股份制企业等事宜所涉及的一些所得税处理问题进行了明确。规定了外商投资企业在合并中应纳所得税的计税基础，即以其资产转为认股投资的价值与其账面价值的变动部分应计入原外商投资企业的损益计算缴纳企业所得税。同时还规定了新组成的股份制企业应当分两种情形计算原外商投资企业的资产的入账价值。如果原外商投资企业已按前述规定将价值变动部分确认损益的，新股份制企业可按原外商投资企业重估确认的价值作为其投资入账，

① 周翼翔、周世学:“我国企业并购中存在的问题和对策研究”，载《天津商学院学报》2004年3月。

并可据以计算资产的折旧或摊销。如果原外商投资企业未按前述规定确认损益的，则新股份制企业对于其资产重估价值变动部分，不应当计入企业损益，也不得据此对企业的资产账面价值进行调整；对于已对资产重估价值变动部分作账面调整，并按账面调整数计提折旧或摊销，或以其他方式计入成本、费用的，应当按照在按实逐年调整或综合调整中任选一种办法进行调整。另外，该通知指出原外商投资企业如果办理了注销登记，且对其资产重估进行了相应税务处理的，如果其实际经营期未达到税法规定的可享受有关定期减免税优惠的经营期限，并已经按照税法规定补缴了已免税或减征的企业所得税时，新组成的股份制企业可享受定期减免税优惠。

由于我国早期内资企业的并购行为，主要目的是为了进行国企改制以挽救亏损企业，帮政府甩掉财政包袱，减少财政负担，因而数量及规模较小，并购方式也比较简单，多以承担债务式或出资购买式进行。政府在企业的并购过程中虽然也会相应地给予一些税收减免等税收优惠政策，但在此期间对于国有企业应当采用的组织形式以及对国有企业进行改组改制等行为如何征收所得税都是悬而未决的事情，因此政府并未出台针对我国内资企业的相关并购交易所得税收政策。①

二、第二阶段(1997～2001年)内外资企业并购所得税规则的出台

随着我国经济的快速发展以及资本市场的逐步建立，尤其是自1998年以来更为彻底的“国退民进”等基本战略的实施，我国的企业并购活动无论在广度上还是在深度上都得到了长足的发展。与前一阶段我国的并购活动以解决国有企业的亏损为主要目标不同，到20世纪90年代末，我国企业并购的规模日益扩大，并购中的市场行为也在不断增强。并购当事人将谋求各种协同效应，以及形成规模经济作为进行并购的主要考虑因素，政府也开始关注到企业并购中所显现出的税收问题。自1997年开始，国家税务总局出台了一系列分别针对内、外资企业并购所涉及的所得税税务处理规定，并相应地加大了并购交易的税收管理力度。

(一)外资企业并购交易的所得税处理规则

1997年4月国家税务总局颁布了《关于外商投资企业合并分立股权重组资产转让等重组业务所得税处理的暂行规定》(国税发〔1997〕71号，已失效)以及《关于外商投资企业和外国企业转让股权所得税处理问题的通知》(国税函〔1997〕207号，已失效)，规定了外商投资企业在合并、股权转让以及资产转让等

---

① 崔威：“国有企业重组的‘超特殊’税务处理：法律背景及评议”，载《中外法学》2010年第6期。

并购重组业务中的所得税处理问题，如营业活动延续性的认定、资产的计价、税收优惠以及亏损结转的利用等税务处理问题。同时废止了国税发〔1993〕139 号文件的相关规定。

1. 合并交易的所得税事项

国税发〔1997〕71 号文件对合并的概念进行了界定，规定合并包括新设合并与吸收合并，前者是指合并后各当事方解散并共同设立成为一个新的企业，而后者则是指合并后一方存续而其他各方均解散并入存续方。同时，不论是新设合并还是吸收合并，合并前企业的债权和债务均应通过法律所规定的程序由合并后的企业概括承受。

根据国税发〔1997〕71 号文件，合并后仍为外商投资企业的，企业的各项资产、负债和股东权益按合并前企业的账面历史成本计价，不得以企业的评估价值调整其原账面价值。如果合并后的企业在会计损益核算中按评估价值调整了有关资产的账面价值并据此计提折旧或摊销的，应在计算应纳税所得额时选择按实逐年调整或综合调整进行相应的调整。也就是说，合并中各方均不用确认收益或损失，存续企业对于接收资产的计税基础按照原账面历史成本计价。

同时，该文件还规定了合并后企业对合并前企业所享受的税收优惠政策，以及尚未弥补的经营亏损等税收属性的承继的一般原则，即合并后企业的生产经营业务如果符合税法所规定的定期减免税优惠适用范围，且合并前各企业应享受的减免税优惠仍在法定优惠期限之内的，合并前的税收待遇可得以继续，但要区别两种情形。一是合并前各企业的优惠剩余期限一致的，可由合并后的企业继续在剩余期限内享受优惠；二是合并前各企业的优惠剩余期限不一致的，则由合并后的企业按照剩余减免税期限不一致的业务所对应的应纳税所得额，分别继续享受优惠至期满。对于合并前企业有尚未弥补的经营亏损的，如果该亏损尚在税法亏损弥补年限的剩余期限之内，可由合并后的企业逐年延续弥补。

2. 股权转让的所得税事项

国税发〔1997〕71 号文以及国税函〔1997〕207 号文，一般情形下，外商投资企业转让其所拥有的企业的股权或股份所获得的收益，应当根据相关税法计算缴纳所得税，所得税的计税基础按照股权转让价减去股权成本价后的余额确定。但如果外商投资企业将其所持有的股权转让给与其有直接或间接拥有或被同一股东拥有 100% 股权关系的公司时，可按股权的成本价转让，不必确认股权转让的收益或损失。

股权重组后的企业依然是外商投资企业或仍可适用外商投资企业有关税收法律法规的，不得对在此过程中涉及的有关资产等项目按照评估价值调整其账面价值。已经按评估价值调整相关账户,并已据此提取折旧或摊销的企业,应当在计算应纳税所得额时参照按实逐年调整方法或者综合调整方法进行相应的调整。同时,企业依法应当享受的税收优惠政策,不因股权重组而改变。

3. 资产转让的所得税事项

根据国税发〔1997〕71 号文件,资产转让不仅包括企业转让本企业的部分或全部资产,也包括受让另一企业的部分或全部资产,即包括商誉、经营业务以及清算资产等。企业转让资产所取得的收益或损失,应当计入当期应纳税所得税。对于受让企业所接收的各项资产,应当按照该资产的实际受让价计入相关的资产账户。如果受让的资产项目不易分别计算受让价的,可按相关资产的原账面净值计价。实际受让价与资产账面净值之间的差额,可列为商誉,并在资产受让日起不少于 10 年平均摊销或在企业的剩余经营期内平均摊销。对于亏损弥补,该文件规定,不论企业是转让部分资产还是全部资产,交易双方均不得相互结转利用彼此的经营亏损。

从以上规定中可以看出,对于纳税人的合并交易的税务处理,国税发〔1997〕71 号文件摒弃了国税发〔1993〕139 号文件中所体现的典型所得税理论及所得税会计处理原理。即根据收入实现原则,纳税人应在资产转让时而不是在资产评估时确认应税所得;同时,只有当税务上确认损益时,纳税人才可对资产的计税基础进行相应的调整。根据国税发〔1997〕71 号文件,合并过程中的资产转让不会引发纳税人当期对损益的确认,同时,纳税人也不必为获得这种递延纳税待遇而必须在交易中使用特定类型的支付对价,即递延纳税在合并交易中成为常规而非例外。① 并且对于被合并企业的营业亏损结转以及税收优惠等事项利用这两个文件也规定得较为宽松。按照规定,企业在合并中不必确定实现所得,不必缴纳企业所得税,但接受资产的企业也不得按照资产的评估价值确定其入账价值。但对于资产转让及股份转让的税收待遇远没有合并交易那么优惠,根据国税发〔1997〕71 号文件,资产或股权的接收方不论是否以股权作为支付对价,双方均应确认收益或损失,除非企业将其股权转让给与其直接或间接拥有 100% 股权关系的公司。

(二) 内资企业并购交易的所得税处理规则

1998 年 6 月为加强对内资企业改组、改造过程中企业所得税的征收管理,国家税务总局发布了《企业改组改制中若干所得税业务问题的暂行规定》(国税发

---

① 崔威:"国有企业重组的'超特殊'税务处理:法律背景及评议",载《中外法学》2010 年第 6 期。

〔1998〕97 号,已失效),对内资企业在改组、改制中有关所得税纳税人的认定、资产计价以及税收优惠和亏损弥补等问题进行了明确。2000 年 6 月,为鼓励和促进有正常需要的企业合并、投资等行为的发展,规范和加强在此过程中的所得税管理,国家税务总局又出台了《关于企业股权投资业务若干所得税问题的通知》(国税发〔2000〕118 号,已失效)以及《关于企业合并分立业务所得税问题的通知》(国税发〔2000〕119 号,已失效),对内资企业的合并交易、整体资产转让、整体资产置换等并购行为中的所得税事项进行了进一步的明确。

1. 合并交易的所得税事项

根据国税发〔1998〕97 号文件,合并后被吸收或被兼并的企业的未处理完毕的税务事宜应当由新设企业或存续企业承继。合并一般无须经清算程序,企业合并或兼并后各项资产的入账价值应当按照该资产在合并或兼并前的账面历史成本计价,并在剩余折旧期限内继续计提折旧。如果已经按照评估价值调整了有关资产的账面价值并计提折旧的,应当在计算应纳税所得额时进行调整。对于企业在合并前的未弥补亏损,如果被吸收或兼并的企业以及存续的企业均具有纳税人资格的,两者之间不得相互利用对方未弥补亏损,而是应当分别进行亏损弥补。如果合并后被吸收或兼并的企业不再具备独立纳税人资格的,则其以前年度未超过法定弥补期限的亏损可由合并企业进行结转利用。

从国税发〔1998〕97 号文件的相关内容来看,该文件延续了针对外商投资企业合并所得税处理的国税发〔1997〕71 号文件中所体现的精神,即企业在合并交易中不必确认收益或损失,不必缴纳企业所得税,这是常规而非例外。

国税发〔2000〕119 号文件虽然并未废止国税发〔1998〕97 号文件,但却对其进行了彻底的颠覆,明确了在通常情形下,企业之间的合并交易应当被视为按公允价值转让或处置其全部资产的行为,因此需要确认资产转让的收益,并依法缴纳所得税。该文件还规定了合并企业对于其所接受的被合并企业的资产,可按评估价值而非原账面净值确定成本。而被合并企业股东所获得的合并企业的股权应视为清算分配。同时,合并企业不得结转利用被合并企业以前年度的亏损。

根据国税发〔2000〕119 号文件,只有当合并企业支付的收购价款中,非股权支付额少于或相当于所支付的股权的票面价值或股本的账面价值的 20% 时,交易双方才可在税务机关审核确认后选择不确认交易过程中的收益或损失,并且不必计算缴纳所得税。如果双方选择不确认合并交易中产生的所得或损失,则合并企业对于其所接受的被合并企业的全部资产的成本,应当按照被合并企业资产的原账面净值为基础进行确定,而被合并企业的股东对其取得的合并企业股权的成本,需按照其所放弃的被合并企业股权的成本进行确定,对于未进行换股的被合并企业的股东,则应按照股权转让计算其转让的所得或损失。另外,合并企业应当承担被合并企业以前年度未处理完毕的所得税纳税事项,同时,如果被合并企业以前年度未弥补的营业亏损尚在税法所规定的5年法定结转期限之内,则允许合并企业继续在剩余期限内对该亏损进行结转利用,但仅限于用以后年度实现的与被合并企业资产相关的所得进行弥补。具体按下列公式计算可结转利用的营业亏损限额:某一纳税年度可弥补被合并企业亏损的所得额=合并企业某一纳税年度未弥补亏损前的所得额×(被合并企业净资产公允价值÷合并后合并企业全部净资产公允价值)。[①]

国税发〔2000〕119号文件对承担债务式的企业合并交易中的所得税问题进行了详细的补充,规定如果合并企业对净资产为零的被合并企业以承担全部债务的方式实施了合并,则该交易也可以不被视为被合并企业按公允价值出让其全部资产的行为,合并双方可以不必确认资产转让的收益或损失,不计算缴纳所得税。但被合并企业的股东须按照无偿放弃其所持有股份对待,合并企业对于其所接受的被合并企业的全部资产成本应当以该资产的原账面净值确定。

2. 股权交易的所得税事项

国税发〔2000〕118号文件对于股权交易的所得税处理进行了规定。根据该文件,转让股权的企业应当确认其转让股权或股份的收益或损失,并按照相关规定计算缴纳企业所得税。股权转让的收益或损失按照股权转让价与股权成本价之间的差额进行确定,其中,股权转让价是指股权转让方在转让股权或股份时所取得的现金、非货币资产或权益等对价;[②]而股权成本价是指转让方在投资入股时实际支付给企业的出资额,或实际交付给原转让方的金额。股权转让后企业在缴纳企业所得税时,仍应对有关资产按照其原历史账面成本计价并计提折旧,不得按照评估价值入账并据此计提折旧,否则应当在计算应纳税所得额时进行相应的调整,多计的折旧部分不得在税前扣除。另外,如果股权转让企业接受了股权投资企业的非货币性资产作为支付对价,则转让企业可按评估价值确认有关资产的成本。

进行股权投资的企业如果是以非货币性资产(包括自身的股票)购买股权

---

① 参见国家税务总局《关于企业合并分立业务有关所得税问题的通知》(国税发〔2000〕119号,已失效)第1条第2款。

② 但如果被持股企业有未分配利润或税后提存的各项基金等股东留存收益的,股权转让人随转让股权一并转让该股东留存收益权的金额(以不超过被持股企业账面分属为股权转让人的实有金额为限),属于该股权转让人的投资收益额,不计为股权转让价。参见《企业改组改制中若干所得税业务问题的暂行规定》(国税发〔1998〕97号,已失效)

的,应当根据规定分解两步计算缴纳相应的所得税。首先,投资企业应当按照以公允价值销售有关非货币性资产计算资产转让的所得或损失;其次,再按照对外投资业务进行所得税处理。如果资产转让所得数额较大,在一个纳税年度确认实现缴纳企业所得税确有困难的,股权投资企业可申请对其所得进行递延处理,即在股权交易发生当期及随后的5个纳税年度之内,将转让所得平均摊转到各年度的应纳税所得中。股权投资后,被投资企业所发生的经营亏损,不得由股权投资企业进行结转利用,而是由被投资企业按规定进行结转弥补。

3. 资产转让的所得税事项

根据国税发〔1998〕97号文件,资产转让方除了应按规定需全额上缴财政的国有资产转让净收益外,其在资产转让过程中所取得转让的收益,应当计算缴纳企业所得税,发生的转让损失,也可在当期抵减应纳税所得额。对于资产受让方而言,其所获得的各项资产,应当按照取得该资产所发生的实际成本计价。另外,资产转让方及受让方对于对方在转让前或转让后所发生的经营亏损,应各自按相关规定进行逐年弥补,不得在双方间相互结转。

国税发〔2000〕118号文件进一步规定了两种特殊的资产转让行为,即资产整体转让与资产整体置换。其中,整体资产转让是指转让企业在不解散的前提下,将其全部经营活动或独立核算的分支机构转让给接受企业,以换取接受企业代表资本的股权的行为。原则上讲,企业的整体资产转让行为在进行所得税处理时应当拆解为按公允价值销售全部资产和投资两项业务,并确认收益或损失。但如果在整体资产转让中,接受方支付的非股权没有超过其所支付股权的票面价值或账面价值的20%,转让方可不必确认资产转让的收益或损失,但需得到相关税务机关的审核并确认。同时,转让方应当以转让资产的原账面净值而不是以评估价值为基础确定所取得的接受方股权的成本,而接受方对于接收资产的入账价值也需以其在转让方的原账面净值为基础进行确定,且不得按评估价值进行调整。

根据国税发〔2000〕118号文件,如果一家企业以其全部经营活动或其独立核算的分支机构与另一家企业的全部经营活动或其独立核算的分支机构进行整体交换,则该交易即符合国税发〔2000〕118号文件所规定的资产整体置换。一般情况下,资产整体置换的双方均不必解散,在所得税处理上应当分散为按公允价值转让全部资产以及按公允价值购买另一方的全部资产两项业务,计算在此过程中的收益或损失。如果在整体资产置换中所支付的作为双方全部资产公允价值差额的货币性资产补价不高于换入总资产公允价值的25%,则交易双方经税务机关审核确认后,均不必确认资产置换过程中的收益或损失。交易双方应当以各自换出资产的原账面净值为基础确定换入资产的成本,即以换入各项资产的公允价值占全部资产公允价值的比例，对换出资产的原账面净值总额进行分配。支付补价的一方，在确定换入资产的成本时还应当在换出资产的原账面净值的基础上再加上支付补价，而收到补价的一方，应当在换出资产的原账面净值的基础上减去补价，作为换入资产成本确定的基础。

总体上看，这一时期正值我国鼓励兼并重大亏损企业，随着对国有经济结构实施战略性调整及鼓励并购等政策的出台，并购交易不断活跃。但由于我国的资本市场并不完备，再加上法制不健全，我国这一时期企业并购的市场化程度还是很低，并购交易并非是市场经济动作的结果，也并不是企业自身寻求扩大投资规模、追求各种协同效应，以获得规模经济的结果，而是政府基于调整经济布局的需要强力推动的。[①] 因此，从上述针对内资企业并购交易所得税处理的几个规范文件来看，这一阶段政府关注的主要还是国有企业"改制"中的税收问题，而并非真正意义上的"并购"中的税收处理。[②]

三、第三阶段(2002～2007年)并购交易所得税制度的补充与修订

2001年的"入世"促进了中国与世界经济的接轨。随着我国经济的快速发展及资本市场的初步建立，我国自"入世"后俨然已成为吸引外资的第一大国。2002年因此也被称为是我国的并购交易元年，因为加入WTO使中国成为真正的并购主体。[③] 这一时期公司并购的外部法律环境不断健全，并购交易中的行政干预逐渐减少，取而代之的是市场机制的驱动加强。政府根据经济发展状况以及并购实践中存在的问题，对并购所得税制度进行了补充与修订，出台了一系列针对内资并购交易中所产生的流转税及行为税的税收政策，如规定并购交易中所涉及的营业税的财税〔2002〕91号文、关于增值税的国税函〔2002〕420号文、用于规范契税的财税〔2003〕114号文以及关于印花税的财税〔2003〕183号文。同时，政府对并购交易中的一些所得税问题进行了补充通知及批复，如2003年国家税务总局令6号以及国税函〔2004〕390号文、财税〔2005〕29号文、财税〔2005〕35号文以及财税〔2005〕103号文。另外，为了规范和管理外资企业的并购交易，政府出台了国税发〔2003〕3号、国税发〔2003〕60号文件、国税函〔2003〕368号等，这些文件的出

---

① 冯果："反思与重购：我国企业并购税制之检视"，载《甘肃政法学院学报》2007年7月。

② 苏毓敏、李蓉、储昭明："企业并购治税的国际经验与中国税制变迁模式走向"，载《开发研究》2008年第4期。

③ 亚洲商学院、全球并购研究中心编著：《新世纪中国十大并购》，首都经济贸易大学出版社2011年版，第3页。

台,使我国并购交易的所得税管理方面取得了一定的进展。

(一)对外资企业并购所得税制度的补充与修订

2003年开始,国家税务总局对于外资企业在我国境内从事金融资产处置业务,以及并购我国境内非外资企业的股权,或者以认购境内企业的方式进行增资,使境内企业变更为外资企业等情形下的所得税事项进行了补充与明确。具体来说,根据《关于外商投资企业和外国企业从事金融资产处置业务有关税收问题的通知》(国税发〔2003〕3号,已失效)的规定,如果外资企业在我国从事金融资产处置业务取得的收入应当缴纳企业所得税,处置重置资产即由股权、债权、实物资产等组成的整体资产时,以扣除有关资产的原价、费用以及损失后的净收益为基础计算所得税额。而对于外资企业以股权收购的方式并购我国境内企业,并使其变更为外资企业的,被并购的内资企业累计未弥补的经营亏损,可由变更后的外资企业在税法所规定的剩余年限内继续结转。①

(二)对内资企业并购所得税制度的补充与修订

为了减少征纳双方的遵从成本,国税发〔2003〕45号文对国税发〔2000〕118号文中规定的转让企业应对其接受资产以原值入账的方法进行了修订,即规定在转让企业暂不确认资产转让所得或损失的整体资产转让改组中,接受企业取得的转让企业资产的成本,可以按评估确认价值确定,不需要进行纳税调整。同时,该文件还补充规定,对于符合法定条件暂时不必确认资产转让所得的企业整体资产转让、整体资产置换以及合并交易中,收取补价或非股权支付额的一方,应将其所转让或处置的资产中所包含的与补价或非股权支付额相对应的增值部分确认为当期应纳税所得。②

2004年3月,国家税务总局出台了《关于企业股权转让有关所得税问题的补充通知》(国税函〔2004〕390号,已失效),规定对于投资方应分享的被投资方的累计未分配利润和累计盈余公积的所得税处理,即转让的股权如果隐含着股息红利时应当如何纳税。根据该通知,如果是在企业的一般股权买卖中,则纳税人应按照国税发〔2000〕118号文件的有关规定将其确认为股权转让所得;如果发生在企业进行清盘、转让全资子公司或是转让其持股95%以上的子公司这三种情形下,则应按照国税发〔1998〕97号文件的规定确认为投资方的股息性质所得。另外,

---

① 参见国税局:《关于外国投资者并购境内企业股权有关税收问题的通知》(国税发〔2003〕60号,已失效)第2条。

② 参见国家税务总局:《关于执行〈企业会计制度〉需要明确的有关所得税问题的通知》(国税发〔2003〕45号,已失效)第6条。

企业清算或转让子公司或转让独立核算的分公司的全部股权时，被清算或被转让企业应当根据已冲销并调增应纳税所得的坏账准备等各项资产减值准备的数额，相应调减应纳税所得、增加未分配利润，而转让方则应按照其应享受的权益份额确认股息性质的所得。

与国际并购活动的发展历程相比，我国的并购交易虽然起步较晚，但随着我国经济的迅速发展以及资本市场的逐渐完善，并购交易的规模和强度都呈现出逐步增强的发展态势。但总体而言，我国的并购税收法律制度主要是针对具体问题的出现而不断进行修订和补充而形成的，表现出不统一、税种设置不合理、税收征管体制滞后的特点，难以适应和满足新形势发展的需要，甚至对并购行为产生了一定的扭曲作用。[①] 在这一情形下，需要政府对之前分散的并购税收规定进行系统化和体系化的整理，并根据并购交易的发展需要制定出更为清晰合理的所得税法律法规。

四、第四阶段（2008年之后）并购所得税制度的不断完善

2007年源自美国次贷危机所引发的金融危机蔓延至全球，在金融危机中，我国政府出台了多项政策鼓励汽车制造、纺织等行业实现产业结构调整以及优化升级，提升自身的竞争实力以应对危机。2007年3月新《企业所得税法》出台，合并了内、外资企业所得税法，终结了过去内、外资企业适用差异性的税收待遇及税收优惠政策的局面。在新《企业所得税法》出台之前，内、外资企业进行并购交易时需分别遵循不同的所得税税收法规。内、外资企业所得税制不统一所造成的实际所得税税率及税收优惠适用等事项有很大差别，在一定程度上会扭曲企业的并购行为，因此容易产生以避税为目的的并购行为，从而导致国家税款的大量流失。新《企业所得税法》及其实施条例首次以法律的形式对并购交易的所得税问题进行了规定，但这仅是一个原则性的规定，还需要国务院财政、税务主管部门制订具体的办法。

2009年我国政府推出了十大产业振兴规划，其中推动企业并购交易是实现产业振兴主要内容之一。为了刺激企业加快并购重组的步伐，并弥补新的《企业所得税法》出台以后内外资企业所得税统一后并购税务处理的空白，从2008年起，财政部以及国家税务总局就开始启动并购重组所得税收制度的立法改革，随着59号通知、《关于企业清算业务企业所得税处理若干问题的通知》（财税〔2009〕60号）、4号公告、《关于贯彻落实企业所得税法若干税收问题的通知》（国

① 冯果："反思与重购：我国企业并购税制之检视"，载《甘肃政法学院学报》2007年7月。

税函〔2010〕79号）、《关于实施上市公司股息红利差别化个人所得税政策有关问题的通知》（财税〔2012〕85号）以及最近的109号通知、《关于非货币性资产投资企业所得税政策问题的通知》（财税〔2014〕116号）、《股权转让所得个人所得税管理办法（试行）》（国家税务总局公告2014年第67号）等文件的陆续出台，并成为目前我国并购企业所得税处理的纲领性文件，这为并购交易的企业所得税处理制定了基本的框架和准则，同时也奠定了新税法下并购业务企业所得税规则的基本基调，这些文件与《企业所得税法》及其实施条例共同构成了我国现行的并购交易所得税法律体系。

总的来说，我国现行的并购所得税制是符合并购实践发展的新趋势的。过去我国的并购交易主体以国有企业为主，目的大多是为了扭亏为盈及改革经营管理体制，因此主要是以政府主导为主，相关的并购所得税处理规则也基本上是针对国企改制而出台的。但随着我国市场经济目标的确立和政府职能的逐步转换，我国并购交易的发展趋势开始以市场为导向，同时，民营企业的不断发展以及外资企业准入制度的完善，使得许多非国有主体也逐渐成为并购交易的主角。逐渐市场化的并购实践呼唤深层次的并购税法规则的出台，因此，应当对相对滞后的并购所得税收制度作出相应的改革，使其适应并购实践新的发展趋势。在这种情形下，上述相关文件适时颁布，在全面考量我国基本国情的基础上，对国外，尤其是美国的并购所得税法律制度进行了借鉴，不仅对之前的税务处理规则进行了优化，而且全面降低了并购交易的所得税税负，这无疑会刺激企业加快进行并购重组的步伐，使纳税人在进行并购所得税处理时有据可循。

第二节 我国现行并购所得税收法律制度的基本内容

我国现行的并购所得税收法律制度的立法理念与基本内容沿袭了西方国家尤其是美国的做法，并依据纳税人当期是否需要确认资产转让的收益或损失将并购交易区分为一般性税务处理和特殊性税务处理两大类，对应学界与实务界通常所谓的应税并购与免税并购。其中，一般性税务处理是原则性的普适规定，而特殊性税务处理则需要满足一定的条件或要求才可适用。但并购交易的当事人应统一采取一致的税务处理，或者按照一般性税务处理或者按照特殊性税务处理，不得分别适用不同的税务规则。①

① 参见《关于债务重组所得企业所得税处理问题的批复》（国家税务总局公告2010年第4号）第1章第4条。

一、并购交易的一般性税务处理

（一）合并交易的所得税处理

合并交易在国外常被誉为最典型的公司重组业务，我国实践中的合并交易也较为频繁，常见的操作模式是换股吸收合并，如东方航空公司吸收合并上海航空公司、唐钢换股吸收合并邯钢以及承德钒钛、S 延边吸收合并广发证券等。我国税法意义上的合并交易是指被合并企业转让其全部的资产及负债以换取合并企业的股权或非股权的行为。① 合并交易的当事人包括合并企业、被合并企业以及各方股东。② 但由于在合并交易中，合并方的股东并不实际参与交易，因此在进行所得税纳税处理时仅会涉及合并企业、被合并企业及其股东。

对于合并企业而言，应当以公允价值确定其所接受的被合并企业各项资产和负债的计税原值。在应税合并中，根据相关税法的规定，合并企业不得结转利用被合并企业以前年度未弥补的亏损，但符合一定条件的合并交易可在一定程度上承继税收优惠政策这一税收属性。③ 具体来说，在新设合并中，交易各当事方均不能再继承原有的税收优惠政策。在吸收合并中，注销企业在合并前未享受完的税收优惠，不再由存续企业承继。但存续的企业原则上可以继续享受其原有的税收优惠，即如果合并后存续企业的性质及适用税收优惠的条件并未发生改变，可在剩余的优惠期限内继续其在合并前应当享受的税收优惠政策，优惠金额的计算应按照存续企业在合并交易日所在纳税年度的前一个纳税年度的应纳税所得额进行。如果存续企业在吸收合并的前一个纳税年度发生了亏损，则计算优惠金额时应当将该亏损调整为零，也即按照合并前一个纳税年度的应纳税所得额为零计算可享受的优惠金额。④ 合并交易日应以合并企业取得被合并企业的资产所有权并完成工商登记变更日期确定。⑤ 另外，如果合并企业在合并过程中为获得被合并企业的全部资产及债务而支付了非现金资产，还应当进行视同销售的所得税处理，确认转让该资产的所得或损失。

---

① 参见《关于企业重组业务企业所得税处理若干问题的通知》（财税〔2009〕59 号）第 1 条第 5 项。

② 参见《关于债务重组所得企业所得税处理问题的批复》（国家税务总局公告 2010 年第 4 号）第 1 章第 3 条第 4 项。

③ 参见《关于企业重组业务企业所得税处理若干问题的通知》（财税〔2009〕59 号）第 9 条。

④ 同上。

⑤ 参见《关于债务重组所得企业所得税处理问题的批复》（国家税务总局公告 2010 年第 4 号）第 7 条。

被合并企业则应当按照清算事项来进行所得税的纳税处理,[①]即要求被合并企业终止持续经营的会计假设,将整个清算期作为一个独立的纳税年度来计算清算所得。清算所得是企业全部资产可变现价值或交易价格减去资产的计税基础、清算费用以及相关税费,并加上债务清偿损益后的余额。处于清算状态的被合并企业应当结束其营业并处置资产、偿还债务、向其股东分配剩余财产,并对清算所得、清算所得税以及股息分配事项进行处理。具体来说,被合并企业应当依照税法的要求按以下步骤进行清算的所得税处理:[②]首先,被合并企业应将其全部资产按照可变现价值或交易价格来确认其转让资产的所得或损失,并确认清理债权、清偿债务过程中实现的所得或损失。其次,被合并企业按照清算事项进行所得税纳税处理时,需要改变持续经营核算原则,处理其预提及待摊性质的相关费用,即将预提费用并入清算所得,将待摊费用划为所得税税前扣除项目。再次,被合并企业应当进行亏损的弥补,以确定最终的清算所得或损失。我国税法允许被合并企业用其清算所得弥补尚在法定期限内的亏损,但如果清算所得不够弥补亏损的,也不得再对此亏损进行结转利用。最后,如果被合并企业有清算所得,则应计算缴纳所得税、结清清算所得税以及以前年度欠税等税款,并向其股东分配剩余财产、支付应计股息。被合并企业清算后,归属于该企业的税收优惠政策不允许合并企业予以继承。[③]

被合并企业的股东同样也应当按照清算来进行所得税纳税处理,即对于股东从被合并企业处分所得的支付对价以及剩余资产,均将视为清算财产的分配计算缴纳所得税,计税基础应按照支付对价以及剩余资产的可变现价值或实际交易价格来确定。对于剩余资产中相当于被清算企业累计未分配利润和累计盈余公积中按该股东所占股份比例计算的部分,应当确认为被合并企业股东的股息所得。但并非所有的股东都会对其股息所得缴纳所得税,根据相关税法的规定,符合一定条件的居民企业之间的股息等权益性投资收益可免于纳税。[④] 如果被合并企业属于上市公司,则个人股东自 2013 年 1 月 1 日起,对于其持股在 1 个月及 1 个月以内的股票的股息红利所得应全额计入应纳税所得额,按 20% 的税率计征个人所得税;但对于个人股东持股期限在 1 个月以上至 1 年(含 1 年)的股票股息红利所得,暂减按 50% 计算应纳税所得额;持股期限超过 1 年的,暂减按 25% 计入

---

① 参见《关于企业重组业务企业所得税处理若干问题的通知》(财税〔2009〕59 号)第 4 条第 4 项。

② 参见《关于企业清算业务企业所得税处理若干问题的通知》(财税〔2009〕60 号)第 3 条。

③ 参见《关于企业重组业务企业所得税处理若干问题的通知》(财税〔2009〕59 号)第 9 条。

④ 参见《企业所得税法》(中华人民共和国主席令第 63 号)第 26 条。

应纳税所得额。[1] 最后,清算财产的公允价值减去股息所得后的余额,如果超过该股东在被合并企业的原始投资,应当确认为该股东的投资转让所得。

(二)资产收购的所得税处理

资产收购是我国证券市场上常用的一种资本运作手段,特别是在公司"借壳"上市的过程中,通过资产收购,获得优质资产同时置换出劣质资产,也是一些"ST"上市公司"起死回生"的法宝。[2] 根据我国税法的规定,资产收购是指受让方以股权支付或非股权支付,或者两者的结合购买转让方的实质经营性资产的行为。其中,实质性经营性资产是指企业用于从事生产经营活动、与产生经营收入直接相关的资产,包括经营所用各类资产、拥有的商业信息和技术、经营活动产生的应收款项、投资资产等。[3] 资产收购的涉税当事人主要包括资产转让方及受让方。收购后被收购企业的相关所得税事项原则上不发生改变,[4]即被收购企业的独立纳税人地位保持不变,收购企业不得结转利用其未弥补的经营亏损等税收属性。

被收购企业在应税资产收购中应当根据税法的要求在当期确认其资产转让的收益或损失,即以转让资产的公允价值减去资产的计税成本之后的余额为基础计算缴纳所得税。对于被收购企业在资产收购中所收取的非现金对价,应当按照该对价的公允价值为基础确定其初始入账成本。值得注意的是,如果被收购企业接受的非现金对价中包括股权对价,还应将其视为被收购企业对收购公司的股权投资进行相应的会计核算。

如果收购企业向被收购企业支付了现金之外的对价,应当视同销售确认资产转让的收益或损失,即以该支付对价的公允价值减去其计税成本后的余额为基础计算缴纳所得税。对于其所收购的被收购企业实质经营性资产的入账价值,应当按照该资产的公允价值进行确定。

应税资产收购一般不会对被收购企业的股东产生影响,除非被收购企业在资产收购后予以清盘解散,并将剩余财产分配给股东。在这种情形下,被收购企业

---

① 参见《关于实施上市公司股息红利差别化个人所得税政策有关问题的通知》(财税〔2012〕85号)第1条。

② 郭垂平、王瑞琪著:《公司重组并购税务处理实用指南》,中国财政经济出版社2010年版,第19页。

③ 参见《关于债务重组所得企业所得税处理问题的批复》(国家税务总局公告2010年第4号)第5条。

④ 参见《关于企业重组业务企业所得税处理若干问题的通知》(财税〔2009〕59号)第4条第3项。

及其股东都应当按照企业清算进行所得税纳税处理。

(三)股权收购的所得税处理

我国税法中的股权收购是指收购公司购买被收购公司的股权,以取得对被收购公司控制权的交易。在应税股权收购中,当事各方包括收购方、转让方以及被收购公司,即收购公司、被收购公司及其股东。① 但由于在股权收购中,目标公司一般不会直接参与到交易中,因此,资产收购中的所得税税收处理仅会涉及目标公司股东及收购公司,而目标公司的纳税主体资格通常也不会发生改变。

被收购企业的股东应当确认其股权转让行为的收益或损失。自2008年我国新的《企业所得税法》实施以来,财政部、国家税务总局陆续出台了一系列关于股权转让所得税处理方面的文件,对转让所得的确认及计算等问题进行了明确。根据相关规定,法人股东应在股权转让协议生效且股权变更手续完成时确认转让收益或损失。如果转让股权的收入减去取得该股权所发生的成本后尚有余额的即可确认为股权转让的所得,但在计算股权转让所得时,法人股东不得扣除企业未分配利润等股东留存收益中按其所占股份比例计算的可能分配到的金额。② 对于个人股东而言,要区分以下几种情形进行个人所得税的处理:如果被收购方是非上市公司,则个人股东对于其所转让股权取得的所得,应当按照公平交易价值计算确定计税依据并缴纳个人所得税。③ 如果被收购方是上市公司,而个人股东转让的是限售股,则应根据相关规定,自2010年1月1日起,按照“财产转让所得”,以转让收入减去股票原值及合理税费后的余额,按照20%的比例税率计算缴纳个人所得税;但如果个人股东转让的是上市公司的普通流通股,则对于其转让股票的所得免征个人所得税。④

另外,在股权收购后,被收购企业的股权结构虽然发生了改变,但其依然具有独立的法人资格,这与资产收购中不同,资产收购中目标公司出售其全部资产或部分资产后,其经营的业务将发生实质性的改变,也即虽然被收购公司在并购后成为了收购企业的子公司,但其应享受的税收优惠政策依然继续。

在股权收购中收购公司的税务处理与在资产收购中基本相同,即对于其在收

---

① 参见《关于债务重组所得企业所得税处理问题的批复》(国家税务总局公告2010年第4号)第3条。

② 参见《关于贯彻落实企业所得税法若干税收问题的通知》(国税函〔2010〕79号)第3条。

③ 参见《关于股权转让所得个人所得税计税依据核定问题的公告》(国家税务总局公告2010年第27号)第1条。

④ 参见《关于个人转让上市公司限售股所得征收个人所得税有关问题的通知》(财税〔2009〕167号)第1条、第3条以及第8条。

购中所使用的非现金对价，应当视同销售确认资产转让的收益或损失。而对于收购公司获得的被收购公司股权的入账价值，应当根据该股权的公允价值确定，并根据实际情况，在之后的会计处理中按照成本法或权益法进行会计核算。另外，在应税股权收购中收购企业不得结转利用被收购企业的未弥补亏损等税收属性。

二、并购交易的特殊性税务处理

对于符合规定要件的并购交易，纳税人可选择适用特殊性税务处理，即纳税人当期可不必确认在交易过程中股权支付部分所产生的收益或损失，但非股权支付部分产生的收益或损失仍应当在交易当期予以确认，并调整相应资产的计税基础。

（一）法定要件

根据相关税法规定，适用特殊性税务处理的并购交易不仅需要符合普适性的要求，即合并交易、资产收购以及股票收购均应遵循的一些要求，还应当满足专门针对各类型并购交易所规定的一些特定要求。①

1. 纳税人所进行的并购交易应当具有合理的商业目的，不应当以减少、免除或者推迟缴纳税款等避税意图为目的。根据相关制度，纳税人应从以下几个方面说明其所进行的并购交易具有合理的商业目的："一是重组活动的交易方式，即重组活动采取的具体形式、交易背景、交易时间、在交易之前和之后的运作方式和有关的商业常规。二是该项交易的形式及实质。即形式上交易所产生的法律权利和责任，也是该项交易的法律后果。另外，交易实际上或商业上产生的最终结果。三是重组活动给交易各方税务状况带来的可能变化。四是重组各方从交易中获得的财务状况变化。五是重组活动是否给交易各方带来了在市场原则下不会产生的异常经济利益或潜在义务。六是非居民企业参与重组活动的情况。"②

2. 被收购、合并的资产或股权的比例符合特定的比例要求。对于合并交易，如果被合并企业的股东在交易中所获得的股权对价金额至少占到总的支付对价的85%，或者合并交易的各当事方是在同一控制之下且不需要支付对价的企业时，可以选择适用特殊性税务处理。其中，"同一控制"指的是参与合并的企业在合并前后均受到来自于同一方或相同的多方、非暂时性的最终控制。这里的"相同的多方"是指根据合同或协议的约定，能够控制参与合并企业的财务和经营政

---

① 参见《关于企业重组业务企业所得税处理若干问题的通知》（财税〔2009〕59号）第5条。

② 参见《关于债务重组所得企业所得税处理问题的批复》（国家税务总局公告2010年第4号）第18条。

策的投资者群体，而对于“非暂时性”的控制要求则是指控制方在合并交易发生前可以对参与合并各方形成具有12个月以上的控制权，且对合并交易后依然存续的主体有连续12个月的控制权。[①] 资产收购中纳税人适用特殊性税务处理则需要满足以下两点要求，即收购方所收购的资产总值不得低于被收购企业全部资产的50%，并且收购方支付给被收购企业的对价中股权的比例不得低于交易支付总额的85%。[②] 在股权收购中，如果被收购企业至少50%的股权被收购企业购买，且收购企业在交易中所支付的股权对价金额不低于总支付对价总额的85%，交易双方可协商一致适用特殊性税务处理。[③]

3. 并购资产原来的实质性经营活动在并购后连续12个月内不得改变。也即自税法所规定的重组日起计算的连续12个月内不得改变被并购企业的实质性经营活动。其中，合并交易以合并企业取得被合并企业资产所有权并完成工商登记变更之日为其重组日；资产收购是以交易双方转让协议生效且完成资产实际交割之日为其重组日；而股权收购则是以双方转让协议生效且完成股权变更手续之日为其重组日。[④] 另外，对于并购业务完成年度的确认，允许各当事方适用会计准则的相关规定，具体参照各当事方经过审计的年度财务报告确定。如果当事方适用不同的会计准则导致各自对并购业务完成年度的确认有差异时，各当事方应协商一致，以确定同一个纳税年度作为并购业务的完成年度。

4. 并购企业支付对价中涉及股权支付金额符合特定的比例要求。我国税法所要求的并购交易的股权支付，是指并购方在并购交易中为获得被并购方的资产、股权等所支付的自身、或其控股企业的股权、股份。相对应的，非股权支付则是指并购方以其现金、银行存款、应收款项、或是以自身或其控股企业的股权及股份之外的有价证券、存货、固定资产、其他资产以及承担债务等方式作为并购交易的支付对价。[⑤] 其中，控股企业是指由并购方直接持有股份的企业。[⑥]

---

① 参见《关于债务重组所得企业所得税处理问题的批复》（国家税务总局公告2010年第4号）第21条。

② 参见《关于企业重组业务企业所得税处理若干问题的通知》（财税〔2009〕59号）第6条，以及《关于促进企业重组有关企业所得税处理问题的通知》（财税〔2014〕109号）第2条。

③ 参见《关于企业重组业务企业所得税处理若干问题的通知》（财税〔2009〕59号）第6条，以及《关于促进企业重组有关企业所得税处理问题的通知》（财税〔2014〕109号）第1条。

④ 参见《关于债务重组所得企业所得税处理问题的批复》（国家税务总局公告2010年第4号）第7条。

⑤ 参见《关于企业重组业务企业所得税处理若干问题的通知》（财税〔2009〕59号）第2条。

⑥ 参见《关于债务重组所得企业所得税处理问题的批复》（国家税务总局公告2010年第4号）第6条。

5. 收取支付对价的被并购企业的原主要股东，在并购交易发生后的连续12个月内，不得转让其所取得的股权。此处的原主要股东，是指持有转让企业或被收购企业25%以上股权的股东。[①]

（二）特殊性税务处理

如果并购交易同时符合上述条件，则各当事方可选择适用特殊性税务处理规则：

1. 合并交易

合并企业对其所接受的被合并企业的资产及负债按照被合并企业原有的计税基础确定其原始入账价值；被合并企业所获得的合并企业的股权对价的计税基础仍以其原持有的被合并企业股权的计税基础确定。[②] 在特殊性税务处理规则下，合并企业可以承继被合并企业在合并前具有的相关税收属性，如被合并企业未弥补完的亏损以及仍在税法规定期限之内的税收优惠政策等所得税事项。

其中，被合并企业尚未确认的损失可以由合并后的企业结转利用，但应当以被合并企业净资产的公允价值乘以合并交易所在的纳税年度的年末国家发行的最长期的国债利率的得数为限。[③] 同时还应当遵守税法的规定，按年计算亏损弥补限额，并在规定的剩余结转年限内进行结转。[④]

对于被合并企业税收优惠政策的承继处理，根据我国现行《企业所得税法》及其实施条例的规定，2008年以后只有高新技术企业、软件企业、小型微利企业以及民族自治地方企业这四类企业可享受企业整体税收优惠政策，即企业的全部生产经营所得均可享受税收优惠，其余的都应当按照具体项目所得适用相应的税收优惠。因此，应将被合并企业享受的税收优惠政策分为两类区别对待：一类是生产经营项目税收优惠，另一类是企业整体税收优惠。对于项目所得享受的税收优惠的承继，合并后的企业应当按照《企业所得税法实施条例》第89条进行处理，[⑤]即如果合并后该项目的减免税优惠政策仍在税法规定的期限之内的，受让方可自受让之日起，在剩余期限内继续享受该项税收优惠；否则，受让方不得再重

---

① 参见《关于债务重组所得企业所得税处理问题的批复》（国家税务总局公告2010年第4号）第20条。

② 参见《关于企业重组业务企业所得税处理若干问题的通知》（财税〔2009〕59号）第6条第4项。

③ 同上。

④ 参见《关于债务重组所得企业所得税处理问题的批复》（国家税务总局公告2010年第4号）第26条。

⑤ 同上，第28条。

复享受该项目的减免税优惠。对于企业整体享受的税收优惠的承继,应当按照《企业所得税法》第57条的相关规定进行处理,即如果在吸收合并后存续企业的性质及适用税收优惠的条件并未发生改变,原则上允许其继续享受合并前被合并企业尚在剩余期限的税收优惠政策,优惠金额须按照存续企业在合并前一年的应纳税所得额计算。如果存续企业在合并前一年发生了亏损,则其应纳税所得额应调整为零;①如果合并前各当事方剩余的税收优惠年限不一致,则应统一按照合并当日各当事方资产占合并后存续企业总资产的比例进行划分,再分别按照相应的剩余优惠计算合并后存续企业的应纳税所得额。②

2. 资产收购

在符合特殊性税务处理规则所要求的法定条件的资产收购交易中,交易双方可选择统一进行下列所得税处理:被收购企业对于其在资产收购中所获得的收购方的股权对价计税基础,以及收购方所取得的被收购企业资产的计税基础,均应按照被收购企业转让资产的原计税基础确定。③

3. 股权收购

股权收购的特殊性税务处理如下:被收购企业的股东对其所获得的收购企业股权的计税基础,根据其所放弃的被收购企业股权的原计税基础确定。同样,收购企业对于取得的被收购企业股权的计税基础,依据其原有计税基础确定。收购企业以及被收购企业的原有各项资产和负债的计税基础与其他相关所得税事项依然保持不变。④

4. 母子公司股权、资产划转

对于100%直接控股或者被同一或相同多家企业与100%直接控股的居民企业之间的股权、资产的划转行为,如符合上述特殊性交易的法定要件,且划出方企业和划入方企业均未在会计上确认损益时,可按照以下特殊性税务处理方法进行处理,即划出方企业和划入方企业均不确认划转所得。同时,划入方企业取得被划转股权或资产的计税基础,以被划转股权或资产的原账面净值确定。⑤

---

① 参见《关于企业重组业务企业所得税处理若干问题的通知》(财税〔2009〕59号)第9条。

② 参见《关于债务重组所得企业所得税处理问题的批复》(国家税务总局公告2010年第4号)第28条。

③ 参见《关于企业重组业务企业所得税处理若干问题的通知》(财税〔2009〕59号)第6条第3项。

④ 同上,第2项。

⑤ 参见《关于促进企业重组有关企业所得税处理问题的通知》(财税〔2014〕109号)第3条。

（三）非股权支付部分的税务处理

特殊性税务处理只适用于符合规定要件的并购交易中股权支付部分所产生的收益或损失，对于同一交易中非股权支付部分所产生的收益或损失，因该部分的投资收益已经得以实现，纳税人应采取一般性税务处理方法，调整相应资产的计税基础并缴纳所得税。所得税的计税基础应当按照被转让资产的公允价值减去其计税基础后的余额，再乘以非股权支付金额占被转让资产公允价值的比例确定。①

值得注意的是，如果企业在并购发生前后连续12个月内分步对其资产或股权进行了交易，则税务机关可根据多步骤交易原则以及实质重于形式原则将几个步骤合并为一项并购交易进行处理。② 具体来说，如果纳税人的并购交易在连续12个月内分步进行，且跨越2个纳税年度，当事各方在第一个交易步骤完成时可以预计并且能够达成一致整个交易适用特殊性税务处理时，可在第一个步骤完成后，申请适用特殊性税务处理，待第二年下一步交易完成后再备案确认。反之，如果当事各方在首个纳税年度不能预计整个交易是否可以适用特殊性税务处理，则应先按照一般性税务处理进行纳税，待到交易最终完成并经税务机关确认符合特殊性税务处理条件的，可调整上一纳税年度的所得税年度申请表。③

另外，如果并购交易当事方协商一致选择适用了特殊性税务处理方式，但某一当事方在规定时间内改变了并购交易的条件，如其生产经营业务、公司性质、资产或股权结构等发生变化，致使该交易不再符合特殊性税务处理的法定条件的，原当事方应各自调整原来的税收处理方式。即应按照并购交易完成时资产和负债的公允价值计算交易的收益或损失，并调整交易完成纳税年度的应纳税所得额及相应的资产和负债的计税基础。④

三、对2008年以前并购所得税处理规则的改革

与2008年之前所颁布的国税发〔2000〕118号、国税发〔2000〕119号、国税局总令〔2003〕6号等文件相比，现行的并购所得税制度在以下几个方面进行了重大改革：

---

① 参见《关于企业重组业务企业所得税处理若干问题的通知》（财税〔2009〕59号）第6条第6项。

② 同上，第10条。

③ 参见《关于债务重组所得企业所得税处理问题的批复》（国家税务总局公告2010年第4号）第32条、第33条。

④ 同上，第30条。

(一)对相关概念进行了界定和厘清

在内外资企业所得税法并轨前,我国的并购税制中并没对"资产收购"与"股票收购"的概念和范围进行明确。资产收购被细分为整体资产转让以及整体资产置换两种交易类型,而真正意义上的股票收购在之前的并购税制中并不存在,取而代之的是对"股权交易"进行税务处理的相关规定,这些规则并没有要求收购方须最终取得对方的控制权,仅是按照纳税人交易立场的不同区分为股权投资与股权转让两种行为。

自59号通知出台后,立法者将原来的整体资产转让与整体资产置换两种交易类型合并为"资产收购",并结合我国证监会的相关规定,如《上市公司重大资产重组管理办法》以及我国《企业会计准则》中的相关内容,对合并、股票收购、资产收购的概念及范围重新进行了界定,要求合并交易中合并方需购买被合并方的全部净资产,资产收购则要求收购方购买对方实质性的经营资产,股权收购中收购方必须取得对被收购方的控制。

(二)增加了免税股权收购的相关规定

2008年前我国的并购税制并没有针对免税股权收购的相关规定,仅有三种类型的并购交易可适用免税待遇,即符合一定条件的合并交易、整体资产转让以及整体资产置换行为。而所有的股权收购均为应税事项,纳税人要想使其股权收购行为享受免税待遇,需通过先合并再分立的交易步骤,才能最终达到免税的法律要件。

虽然我国企业的并购交易主要采用的是合并交易、资产转让以及资产置换三种方式,但这并不代表在实践中没有股权收购这一交易类型。在有些情形下,尤其是当目标公司拥有某种特殊的营业资格时,收购方仅可通过股票收购才能实现其并购目的。事实上,早在1999年清华同方就对山东鲁颖电子实施了股权收购,这也是我国资本市场上最早意义上的股权收购案例。2008年我国三大电信企业重组之际,中国移动即是通过收购中国铁通的全部股权,使其成为自己控制下的子公司。如此看来,实践中不乏股权收购行为,如果并购税制中缺少了对免税股权收购的相关规定,不仅会在无形中会加大纳税人的并购成本,而且也不符合税收中性原则的要求。正如财政部与国家税务总局指出的那样,现行并购税制之所以要增加免税股权收购的相关规则,是因为其在本质上与资产收购是一致的。唯一的区别为资产收购是收购企业对被收购企业资产直接购买形成的一种直接收购行为;而股权收购则是一种间接收购行为,是通过购买被收购企业股东的股权才得以实现的。如果不对这种并购方式进行补充,不仅会违反税收中性原则,也势必会增加企业的重组成本。[①] 毕竟，当事人最终的交易目的是获得目标公司的控制权或经营某种业务的能力，而税收中性原则要求纳税人在选择何种方式达成并购目标时，税收因素不应当作为其考虑的重点。

（三）通过多项税收技术措施加大了反避税的力度

由于现行并购税制对适用特殊性待遇的范围和条件都给予了适当的放宽，这极大地减轻了纳税人进行并购交易的税收成本。为了防止纳税人利用税收优惠政策进行以避税为目的的并购交易，造成国家税收的流失，现行所得税制中加入了诸如商业目的、企业营业持续、股东持股时间、多步骤交易原则以及实质重于形式等反避税措施，加强了并购交易中的所得税收管理。

第三节　基于利益持续原则对我国现行并购所得税制度的评价

一、现行并购所得税制度对利益持续原则的体现

利益持续原则是并购交易税法制度的前提和基石，这是各国并购税收立法实践的经验启示。从总体上讲，我国目前的并购所得税制度借鉴了国际所通行的处理规则，体现了对利益持续原则的遵循，这无疑会为我国并购活动的进一步发展打下良好的基础。

（一）应税并购与免税并购区分标准的统一

2008 年前的并购税制对于应税并购与免税并购的划分标准比较混乱，其所规定的免税待遇并非完全意义上的未实现的所得税义务。[②] 如免税合并交易以及整体资产转让的法定要件是要求接受方支付的现金、有价证券等非股权支付额不得高于接受方所支付的股权的票面价值的 20%。[③] 而整体资产置换的当事人如要适用免税待遇，则交易双方作为资产置换的交易补价的货币性资产不得高于换入总资产公允价值的 25%。[④] 这种分类标准并不科学，在实践中，人为操纵票

---

① 崔威："企业重组税务规则起草过程的反思"，载熊伟编：《税法解释与判例评注》（第 1 卷），法律出版社 2010 年版，第 134 页。

② 陈建国："中美并购重组税制立法原则比较"，载《涉外税务》2006 年 9 月。

③ 参见国家税务总局《关于企业股权投资业务若干所得税问题的通知》（国税发〔2000〕118 号，已失效）第 4 条第 2 项以及《关于企业合并分立业务有关所得税问题的通知》（国税发〔2000〕119 号，已失效）第 1 条第 2 项。

④ 参见国家税务总局《关于企业股权投资业务若干所得税问题的通知》（国税发〔2000〕118 号，已失效）第 5 条第 2 项。

面价值的可能性极大，以此作为免税待遇的参照标准，容易助长避税型并购行为的滋生。① 另外，对不同交易类型适用不同的免税标准的立法方式，也不易被纳税人所掌握和理解。

现行的并购税制参照西方国家对于并购所作的分类，依据并购交易是否可以保障被并购方及其股东利益的持续，对当事人适用免税与应税待遇的区分标准进行了统一。同时，与国际通行的将并购交易区分为应税并购与免税并购两种类型相对应，我国对并购交易依据其是否需要纳税人当期确认并购过程中所实现的收益或损失而区分了特殊性税务处理以及一般性税务处理。其中，一般性税务处理是原则性的普适规定，即要求纳税人当期必然确认并购交易中所实现的收益或损失，并缴纳相应的所得税款；而特殊性税务处理则主要针对符合一定的法定条件或要求的并购交易，即要求并购公司以代表所有者权益的股票为主进行支付。如果纳税人根据相关规定选择适用了特殊性税务处理，则当期可不必确认在交易过程中股权支付部分所产生的收益或损失。

（二）免税待遇适用范围的修正

2008 年之前纳税人所进行的符合一定条件的整体资产置换行为可适用免税待遇。依据相关规定，交易双方在不进行清算处理的前提下，以其全部经营活动或独立核算的分支机构置换对方的全部经营活动或独立核算分支机构的行为，即是税法上所谓的整体资产置换。在整体资产置换中，如果交易双方所支付的作为全部资产公允价值差额的货币性资产补价不高于换入总资产公允价值的 25%，则纳税人可适用免税待遇。②

从定义及免税的法定要件来看，整体资产置换显然并不符合利益持续原则。利益持续原则要求交易后纳税人的投资利益在新的经营主体中得以持续，即仅是在改变公司形式下对原投资利益的一种调整，而非其投资利益的兑现或收回。而资产整体置换的过程，实质上是纳税人转让其全部资产的同时对另一方的全部资产进行购买的过程。也就是说，资产整体置换对于交易双方而言均可被分解为出售自身全部资产，以及购买对方全部资产两项业务。根据所得税原理，在前一项业务中，由于纳税人所收取的对价是对方的资产以及少量的货币性补价，这即意味着纳税人原有的投资利益已经终止，资产转让收益已经实现，交易双方的投资形式也已经发生了变化。如果对此类交易适用免税待遇，必然会助长免税优惠政

---

① 林德木著：《美国联邦公司并购税收制度研究》，科学出版社 2010 年版，第 233 页。

② 参见国家税务总局《关于企业股权投资业务若干所得税问题的通知》（国税发〔2000〕118 号，已失效）第 4 条。

策的滥用。现行并购税制对免税待遇的适用范围进行了修正，取消了整体资产置换的免税待遇，这是对利益持续原则的一种遵循。

（三）相关税务处理的优化

规定不明确、立法有缺失，不仅不利于市场主体对并购税收结果的预期，也成为阻碍我国企业并购活动迅速发展的重要原因。现行并购税制遵循利益持续原则，并根据合并交易、资产收购以及股票收购这三种不同类型的并购方式的特点，分别对相关的税务处理进行了修订与完善。

如在2008年之前企业之间的合并交易普遍可适用免税待遇，这是税务处理的一般原则而非例外规定。并且，对于被合并企业营业亏损的结转利用等事项也规定得较为宽松，并购方不仅可以无条件地对被合并方的营业亏损进行利用，而且相关文件也并未规定合并当期弥补亏损的限额。在这种情形下，容易促使纳税人通过合并亏损企业以获得减少纳税的好处。现行并购税制对合并交易适用免税待遇的法定要件进行了修订，不仅要求合并行为本身需具有商业目的，同时还要求合并方的股权支付达到一定比例才可选择适用免税待遇。另外，为了防止补亏型合并交易的发生，现行并购税制增加了免税合并交易弥补亏损的限额，使合并方不能再无条件地对被并购方的税收亏损结转利用，并将净亏损结转限额由原来的"资产测试比较法"改为"资产评估收益法"，使计算方法更加符合实际，易于操作。

二、现行并购所得税制度对利益持续原则的背离

我国的并购税制在具体设计方面尚存在一些技术性的缺陷，致使有些规则与利益持续原则相违背。主要体现在以下几个方面：

一是现行并购税制中对于支付对价的要求不符合利益持续原则。国际上所通行的享受免税待遇的并购交易，法定要件是并购公司的支付对价应当符合法定要求。我国现行并购税制也规定，可以适用特殊性税务处理的合并交易、资产收购以及股票收购行为，其并购方在并购过程中用以购买或换取对方的资产所支付的股权比例不得低于总支付对价的85%。根据相关文件，并购交易中的股权支付有两种形式，即以本企业自身的股权、或者以其控股企业的股权进行支付。这里的"控股企业"被进一步解释为由并购方"直接持有股份的企业"，[①]即收购公司的子公司的股份可以在并购交易中作为支付对价，且只要达到规定的比例就可以使整个并购交易适用特殊性待遇。以本企业自身的股权为对价进行支付，无疑是

① 参见《关于债务重组所得企业所得税处理问题的批复》（国家税务总局公告2010年第4号）第6条。

对利益持续原则的一种遵循,但并购方以其子公司的股票作为对价进行支付的,显然并不符合利益持续原则的要求。根据利益持续原则,目标公司的股东在并购后仍然继续保持着其原有的投资利益,如果并购公司是以其自身的股票为对价进行支付,则目标公司股东可通过持有并购方的股票直接对原目标公司的资产形成控制;如果并购公司是以其母公司的股票为对价进行支付,则目标公司股东可通过持有并购公司母公司的股票间接对原目标公司的资产形成控制,从而保持了权益的连续性;但如果并购公司以其所持的子公司的股票为对价进行支付,或者以自身的股票以及母公司的股票混合起来进行支付,则这一并购行为实质上是一种非货币性资产交易,不属于免税意义上的股权支付行为,因为在并购后目标公司股东已对原目标公司的转移资产失去了控制,不能保持其对该资产的权益的连续性。①

二是特殊性税务处理中关于计税基础的规定不符合利益持续原则。考虑到并购后被并购方的经营依然持续,只不过是以不同的方式继续而已,因此各国税法中对于免税并购中并购公司所取得的目标公司的资产或股票以及目标公司股东所取得的并购公司股票的初始入账价值均采用的是成本替代规则。即以各自分别放弃的资产或股票的原计税基础分别入账,以反映在免税并购交易中各当事方的原始投资收入并没有在税法意义上实现。但根据我国相关的并购税收制度,凡是符合特殊性税务处理的合并交易、资产收购以及股权收购,并购方对于其所接受的被并购方的资产及股票的计税基础,均需按照被合并方资产或股票的原有计税基础确定。② 这样的税务处理,会导致并购方所放弃的股票的转销价与其所接受的被并购方的资产或股票的原计税基础之间存在一个差价,如何对这个差价进行税务处理现行税法中并没有予以明确。有学者认为这样的规定直接导致了即使是在特殊性重组下企业仍需缴纳相应的所得税款。③ 还有学者经考证后发现,这样的制度设计致使在适用特殊性税务处理时,被收购方的当期税款得以递延,但却加大了收购方的税负,导致其在特殊性税务待遇下的总体税负比一般性税务处理中要大。④ 免税并购税制设计的初衷是纳税人的利益在交易中得以持续,即当期没有产生税法意义上的所得,因此不必立即确认并购过程中的收益或

① 张伟:“财税〔2009〕59 号文件及 2010 年 4 号公告解读”,载 http://www.ctaxnews.com.cn/syxw/xwxzt/201008/t20100809_1563192_2.htm,2013 年 1 月 10 日访问。

② 参见《关于企业重组业务企业所得税处理若干问题的通知》(财税〔2009〕59 号)第 6 条。

③ 李向军:“特殊重组也有可能缴税”,载《财会月刊》2010 年 12 月上旬。

④ 赵祥功、愈玮:“探讨企业兼并重组业务不同交易方式下税负等相关问题”,载《财会学习》2011 年 1 月。

损失。但如果纳税人在未来将其投资兑现或收回,就会面临同样的税款的缴纳,也即纳税人在免税并购待遇中获得的是该项税款的时间价值。如此看来,我国的并购税制并没有达到设计免税待遇的初衷,或者说由于设计的不合理,致使原有的设计目的发生了扭曲。

三是资产收购中收购方一律不得对被收购方的税收属性进行结转利用的规定不符合利益持续原则。根据利益持续原则,在免税并购中,由于并购后目标公司及其股东的投资利益依然在并购公司中以不同的形式得以继续,因此,虽然被并购方的法人人格被宣告灭失,其独立的纳税人资格也随之消灭,但并购方可以对原本归属于被并购方的某些税收属性进行承继,以体现目标公司股东对其资产的投资利益没有随着目标公司的法人人格的灭失而终止。但根据我国现行的并购税收规则,在适用特殊性税务处理的资产收购中,不论目标公司是否清盘解散,收购方均无法对被收购方的经营亏损等税收属性进行结转利用。在这种情形下,不仅利益持续原则得不到体现,也容易导致收购方基于税收之目的选择以合并的方式或股票收购的方式进行并购,造成对税收中性原则的背离。

第五章　我国并购交易所得税法律制度的完善建议

我国现行的并购所得税制度虽然对并购活动有一定的促进作用,但相比较西方发达国家体系化且严密细致的税收处理规则而言,我国的并购税制在成熟度及完善度方面仍相差甚远,不仅显得相对单薄、空白面较多,而且缺乏系统性及整体性,难以适用并购实践的发展。主要的原因是长期以来,我国的并购税制一直都是在针对实践中不断出现的现实问题,而对有关所得税规则不断进行补充和修订的基础上逐步形成的。其首当其冲的目标是追求灵活性,而非发布效力的长久性。① 这种政策制定模式显然并不利于并购税收制度的稳定性,也难以满足并购市场迅速发展的需要。从长远来看,缺乏系统性的设计与安排的并购税制既不利于并购交易的规范发展,也不利于保障国家的税收收入。尤其是随着经济全球化步伐的加快,我国的并购活动呈现出一些新的发展趋势,如范围国际化、行为市场化、方式多样化等,这种态势挑战着现行的税法规则,呼唤着更深层次的税法体系。

第一节　完善并购交易所得税制度应遵循的理念

从总体上讲,我国现行的并购所得税法律制度的立

---

① 崔威:“企业重组税务规则起草过程的反思”,载熊伟编:《税法解释与判例评注》(第1卷),法律出版社2010年版,第132页。

法理念与基本内容与我国的国情相符，这对于进一步推进我国并购交易的发展意义深远。在未来对并购所得税制的构建及完善的过程中，我们应当严格遵循税收法定主义原则，提高并购所得税制的立法位阶，以利益持续原则为基石，补充或修订相关的税收处理规则，并立足于我国的基本国情，以鼓励并购活动为立法价值取向，同时加大对避税型并购行为的规制力度。

一、逐步提高并购所得税制度的立法位阶

根据我国《立法法》的相关规定，我国的法律法规体系主要由四部分构成，按照法律位阶从高到低依次是法律、行政法规、部门规章以及规范性文件。其中，法律由全国人民代表大会常务委员会通过，由国家主席签署颁布；行政法规由国务院常务委员会通过，以国务院总理令的形式公布；部门规章由国务院主管部门以部长令的形式公布；规范性文件则是由国务院主管部门以部门文件的形式印发。在新的《企业所得税法》及其实施条例出台之前，我国与并购相关的所得税法律制度基本上都是由财政部、国家税务总局以部门规章或其他规范性文件的方式颁布，具体表现为通知、通告、批复、公告等形式，立法层级较低，既不利于纳税人权利的保护，也不利于纳税人对于税收结果的可预见性。

事实上，并购相关的所得税处理规则本应是以国务院行政法规的形式出现的。2006 年年末，在《企业所得税法(草案)》首次提交人大常委会审议时，财政部与国家税务总局所提交的 13 条企业并购重组税务处理规定原本是《企业所得税法实施条例(草案)》组成内容的一部分。[①] 但是在 2007 年《企业所得税法》及其实施条例颁布的前夕，起草部门最终决定删除 13 条涉及并购重组的规定。国家税务总局对最终以规范性文件形式出台并购税制的解释是："考虑到这部分内容比较复杂详细，与实施条例的整体格局不太协调，且有进一步补充完善的必要，根据法制办、财政部和总局三家领导意见将这部分内容从实施条例中拿掉，拟以财政部、国家税务总局部门规章或规范性文件的形式单独发布，所以国务院正式公布的《实施条例》中关于企业重组与清算的内容仅保留了原则性的规定。"[②]因而，到目前为止我国与并购相关的税收规定仍然是以部门规章及规范性文件所组成，包括其中最重要且具最影响力的 59 号通知，虽然该通知是在新《企业所得税法》

① 崔威："企业重组税务规则起草过程的反思"，载熊伟编：《税法解释与判例评注》(第 1 卷)，法律出版社 2010 年版，第 124 页。

② 转引自崔威："企业重组税务规则起草过程的反思"，载熊伟编：《税法解释与判例评注》(第 1 卷)，法律出版社 2010 年版，第 131 页。

及其实施条例的明确授权之下颁布的，但从法律性质上看，仍然属于其规范性文件。

不可否认的是，以部门规章、规范性文件的形式颁布税收处理规则确实为政府提供了很多灵活性，这是解决法律实施过程中难以预见的问题一种有效手段，也是实践经验不够成熟下政府对某一经济活动或行为较为恰当的指导方式。[①] 但是，我们在强调立法灵活性的同时，还应当加强税收立法的法定性，这是税收法定原则的要求。税收法定原则是近现代法治精神在税法领域的反映。[②] 根据该原则，税法主体的权利义务必须由法律加以规定，同时税收的课税要素应当以法律的形式加以明确，这样才可以使纳税人的税收活动获得合法性、合规性、稳定性和强制性。因此，为了得到社会的广泛承认以及纳税人的普遍遵从，同时为了实现税收的功能和作用，必须通过立法的方式，以法律法规的形式将那些税收的基本事项及重要事项规定下来。[③] 但从现行并购税制来看，目前我国税收授权立法在税法体系中所占的比重较大，相关规定的立法层级都比较低，这显然与税收法定原则的要求相去甚远。因此，从长远意义上讲，在进行下一步的并购所得税制的改革中，应当逐步提高立法的位阶。否则一旦涉及课税要素的改变，就会影响到纳税人的实体财产权，同时也会导致纳税人无法进行合理预测，从而影响到纳税人自由和理性的选择，不仅会加大实际交易的成本，也增加了征税成本，既不利于整个社会福利的提高，也不利于税务机关执法水平的提高和公民税法意识的增强。[④]

二、激励型并购所得税制度符合我国国情

尽管学界对一国的税收制度应当对并购行为进行积极的鼓励还是进行消极的限制持有不同的看法，有学者认为，对并购进行税收激励虽然会使政府遭受一定的税收损失，但可以促进更为有效率的行为，因为并购行为具有优化产业结构以及促进国民经济的有益作用；而另外一些学者则从税收中性的角度出发，认为对并购行为进行税收激励会使税收政策具有“资产重组偏袒性”，从而导致私人利益和社会利益偏离，并最终导致效率的损失。[⑤] 不可否认的是，激励型的并购

① 崔威：“企业重组税务规则起草过程的反思”，载熊伟编：《税法解释与判例评注》（第1卷），法律出版社2010年版，第124页。

② 张守文著：《税法原理》（第5版），北京大学出版社2009年版，第32页。

③ 王鸿貌著：《税法学的立场与理论》，中国税务出版社2008年版，第54页。

④ 张守文著：《财税法疏议》，北京大学出版社2005年版，第149页。

⑤ 李维萍著：《资产重组的税收政策》，中国税务出版社2007年版，第45页。

税收制度必然会对税收中性存在一定的偏离，这种偏离体现为并购税制并不要求股东对营业企业的全部投资利益得以持续，而仅是要求大多数股东的绝大部分投资利益的持续。有鉴于绝大多数的并购交易都不可能做到将股东的全部投资利益在并购后持续，这种偏离尚在合理的范畴之内。①

另外，近些年来，随着并购理论及实践的发展，越来越多的国家已经意识到并购活动对于优化资源配置、调整产业结构以及提高企业竞争力方面带来的促进作用。而政府的公共政策也随之作出调整，在很大程度上放宽了对并购行为的限制。② 在税收政策方面，由于税法制度对于纳税人并购行为的影响是不言而喻的，它是纳税人进行并购活动的重要决策因素。在一定程度上讲，税收在并购中所发挥的作用甚至代替了资源从纳税人到公司的再分配。③ 因此，从目前来看，全球范围内大多数国家的税法制度均对并购交易持鼓励态度，纳税人在并购交易中的税收负担也表现出日益降低的发展趋势。

而从我国的现状来看，政府的首要任务应是通过税收优惠措施鼓励并刺激并购交易的发生。一方面是因为在经济全球化的背景下，越来越多的外国企业正在通过并购的方式进入中国市场以实现其资源的优化配置，据有关资料显示，未来一段时期内我国的并购市场将会成为世界上最活跃的并购市场之一。与这些有着丰富资本运作经验的跨国公司相比，我国国内的企业在短期内很难与之相抗衡，这些现状都迫切需要尽快建立起一个完善科学的并购税法体系，降低并购交易的税负，保障并购交易的顺利进行，以支持我国企业和国民经济取得并保持较强的国际竞争力。另一方面，我国的并购活动自进入 21 世纪以来表现出越来越活跃的发展趋势，但目前的现状是我国的中小企业比重仍然较大，且生产、销售等方面还没有充分发挥规模经济效应，因此，基于产业政策调整的需要，并购税制应当出台确实有效的激励措施以促进纳税人实施并购行为。④

三、不断加强反避税的立法措施

并购交易是复杂的资本运作，涉及的金额大、环节多，国外的并购所得税立法实践表明，各国在对并购活动进行税收激励的同时，也在不断加大反避税的力度以防止纳税人进行以避税为目的的并购交易。相比较而言，由于我国现行并购所

① 林德木著：《美国联邦公司并购税收制度研究》，科学出版社 2010 年版，第 265 页。
② 雷根强、沈峰："国外公司并购税制的主要特点和发展动态"，载《涉外税务》2003 年 10 月。
③ 李维萍："我国税制对公司并购激励的实效性探讨"，载《财经问题研究》2007 年 4 月。
④ 同上。

得税制还比较单薄,空白面较多,反避税措施也相对单薄,无形中会给避税行为留下一定的操作空间。为了避免企业是基于避税之目的而非根据自身发展的需要而进行并购行为,在未来的改革中,我们应当从以下两个方面加强反避税的力度:一是对一般反避税规则的测试及判断标准进行细化,二是进一步补充具体税务处理规则中的反避税措施。

首先,对于一般反避税规则应当给出具体的评判标准,否则在实践中如何运用这些反避税措施将主要依赖于税务机关的自由裁量,这会有悖于税制的公平。① 我国现行的并购所得税制中虽然借鉴了国外的立法经验,也加入了诸如多步骤交易原则、实质重于形式原则以及商业目的原则等国外所普遍运用的一般反避税措施,但规定得相对简单,这在一定程度上会降低鼓励并购交易政策的实施效果,而且还容易导致国家税款的大量流失。如我国现行的并购所得税制中仅对商业目的原则给出了认定标准,要求纳税人从交易方式、交易形式及实质、交易可能给各当事方带来的税务变化、财务状况变化、异常经济利益或潜在义务,以及非居民参与情况六个方面说明其并购行为具有合理的商业目的。② 而对于多步骤交易原则以及实质重于形式原则等并没有规定实质性的界定标准,仅是授权税务机关可根据多步骤交易原则以及实质重于形式原则将纳税人在并购交易前后连续12个月内的几个交易步骤合并为一项并购交易进行税务处理。③ 这显然并不能有效地防止纳税人的逃税避税行为。在未来对我国并购所得税制的改革中,应当进一步借鉴国外并购所得税制中对于一般反避税规则的规定,出台一些相对细节化的判断标准。如有学者建议应当在税务机关运用实质重于形式的裁量权时提出五个判断标准:一是并购参与方是否在并购初始就已经意识到了存在税收利益;二是并购后被并购公司的营业是否真正得以持续;三是并购公司对于目标公司资产或股票的收购是否是基于经营目的而必须拥有的,或对其业务真正有益的;四是如果不发生并购交易,纳税人是否可以利用这些税收利益;五是纳税人所选择的并购方式是否是几种并购方式中对其最为经济可行的。④ 而对于多步骤交易原则则可以参照美国的做法,确立三个具体的检验标准:目标结果标准、相互依赖标准以及有约束力的承诺标准。即纳税人所进行的一系列形式上相互独立的交易步骤的目的是为了最终达到某一交易目标;这一系列交易步骤之间相互依

---

① 蔡昌:"企业重组税制缺陷与反避税安排",载《税务研究》2011年6月。

② 参见《关于债务重组所得企业所得税处理问题的批复》(国家税务总局公告2010年第4号)第18条。

③ 参见《关于企业重组业务企业所得税处理若干问题的通知》(财税〔2009〕59号)第10条。

④ 李维萍:"我国税制对公司并购激励的实效性探讨",载《财经问题研究》2007年4月。

赖,只有完成其中所有的步骤才能达到预期的法律关系;交易双方在实施第一个交易步骤时即有法律义务要采取以后的各个步骤。在这几种情形下,税务机关可将这一系列交易步骤合并为一个交易进行认定。[①]

另外,在并购所得税制的具体税务处理规则中也应当加强反避税的力度。有学者指出,并购交易中纳税人的避税行为主要集中在以下几个方面:使原本不符合免税条件的应税并购行为享受免税待遇、利用亏损递延结转规定进行企业间的亏损交易、以资本收益代替普通收益享受低税率、使可折旧资产的市场价值远高于其账面价值、利用杠杆收购的抵税作用等措施进行避税。[②] 从我国现行并购所得税制的格局来看,并购税收处理规则本身就比较薄弱,因而在以上几个方面的反避税措施就显得相对简单,因此不利于并购市场的健康发展。在未来的改革中,我们还应当进一步对具体税务处理规则中的反避税措施进行补充,并使其与一般反避税规则呼应,防止避税型并购交易的发生。

第二节　构建符合我国国情的利益持续原则

利益持续原则包括股东层面的利益持续,以及公司层面的营业持续。如前所述,利益持续原则是并购交易税法制度的前提和基石,这是各国并购所得税立法实践的经验启示。我国现行的并购所得税制中虽然引入了利益持续原则,但规定得相对简单,仅要求并购后目标公司的原实质性经营活动自税法所规定的重组日起计算的连续 12 个月内不得改变,另外还要求取得股权支付的目标公司原主要股东,在重组后的连续 12 个月内,不得转让其所获得并购公司的股权。[③] 但对于利益的性质、利益持续质量及数量要求等方面并没有进行详细的说明及界定。同时,我国现行的并购所得税制中有许多税务处理规则与利益持续原则相背离。鉴于利益持续原则在并购所得税制中的重要地位,在下一步的改革中,应当借鉴国外的先进立法经验,并参考我国的《公司法》、《证券法》、《企业会计准则》等相关法律法规中的规定,重构符合我国国情的利益持续原则,并以该原则为基点对相关税收处理规则进行修订及完善。

---

① 林德木著:《美国联邦公司并购税收制度研究》,科学出版社 2010 年版,第 266 页。

② 罗宏斌、周红梅:"浅论企业并购中的避税与反避税",载《广西财政高等专科学校学报》2005 年 10 月。

③ 参见《关于企业重组业务企业所得税处理若干问题的通知》(财税[2009]59 号)第 5 条。

一、股东利益持续原则的构建

股东利益持续原则指的是目标公司的股东在目标公司中的投资利益在并购后依然得以继续,表现为并购后目标公司原股东在并购公司中具有明确、重要且具有实质性内容的所有者权益。构建我国并购所得税制中的股东利益持续原则,应当从以下三个层次进行:

首先,是对于股东概念的明确。股东利益持续原则的股东指的是在并购交易发生日之前,持有目标公司股票的历史性股东。也就是说,股东利益持续原则不保障并购交易后那些持有目标公司股票的股东的利益,但股东利益持续原则并不排除交易前加入的新股东以及市场套利交易商。[①] 另外,股东利益持续原则并不要求目标公司全部历史性股东的投资利益得以持续,仅要求绝大部分股东的全部投资利益得以继续,这种偏离属于合理偏离范畴。[②] 也就是说,该原则是将目标公司的股票作为一个整体进行考虑。如果在免税并购交易中,绝大部分股东选择持有并购公司的股票以使其投资利益得以持续,而有少数股东要求并购公司支付现金对价以实现其投资利益,这一选择并不能影响整个并购交易适用免税待遇。但反过来讲,如果在应税并购交易中,有少数股东以其所持有的目标公司的股票换取并购公司的股票,笔者认为该股东的行为可享受免税待遇。因为股东在此过程中所进行的仅是纸面上的交易,其所有者权益仅在形式上进行了改变,而在内容上并没有实质性的变化,其投资利益并未实现,也即该股东的利益得到了持续。

其次,是对于股东利益的明确。股东利益持续原则要求目标公司股东在并购后持有的必须是能够明确代表所有者权益的股票。国外的立法实践中允许免税并购中以优先股作为支付对价,虽然持有优先股的股东并没有表决权,但却不同于债券等证券的持有人,优先股股东对公司的营业活动仍然具有重大相关利益。在我国,立法者曾于2008年6月的《企业重组与清算的所得税处理办法(试行)》的征求意见稿中,在对股权收购的定义中强调了“表决权股票”。[③] 但在后来所发布的正式稿中又将该项规定删除了。这是因为目前我国的《公司法》与《证券法》等相关法律中并没有优先股的概念,在实践中也鲜有优先股的案例,因此,这里所谓的股东利益应当仅是针对普通股股东的,即“一股一票”、“同股同权”等权利。也就是说,股东利益持续原则下的股东利益在我国指的是目标公司股东在并购后

---

① 姜浩著:《美国联邦公司税法制度研究》,中国政法大学出版社2009年版,第187页。

② 林德木著:《美国联邦公司并购税收制度研究》,科学出版社2010年版,第265页。

③ 谢奕:“我国企业股权收购所得税法律问题研究”,中国政法大学2011年硕士学位论文。

依然享有其作为普通股股东所应具有的相关权益。

另外,为了保障目标公司股东在并购后依然具有重要的且具有实质性内容的所有者权益,西方各国的税法中一般会要求目标公司股东所收到的支付对价可以代表目标公司被转移资产价值的重大部分,即支付对价应当与目标公司转移资产的公允价值基本相当。如美国税法要求免税股票收购中,并购公司应将其支付的对价与目标公司股票的公允价值挂钩,以判断股东利益持续原则是否得到了满足。在我国,由于公平交易的市场环境仍在完善的过程中,大量的资产及负债的计量项目都难以获得相应的市场价格信息,致使公允价值的运用面临许多障碍。但总的来说,我国的市场经济正逐步走向成熟,应用公允价值的宏观环境已经初步形成。为了保障并购后目标公司股东得到具有实质性内容的所有者权益,应当将并购公司的支付对价与目标公司转移资产的公允价值进行挂钩。

最后,是对于持续时间的明确。股东利益持续原则要求并购交易之后目标公司股东应当在一定的时间段内继续持有并购公司的股票。我国现行的税收制度中要求被并购企业的原主要股东,即持有被并购企业25%以上股票的股东,在并购交易发生后的连续12个月内不得转让其所取得的并购方股权。① 这一规定显然是借鉴了我国《公司法》中对于发起人持股时间限制的规定,即要求发起人自股份公司成立之日起1年内不得转让其所持有的股份。② 但相比国外的相关规定,我国并购所得税制中对目标公司股东连续持股12个月的要求过于严苛,毕竟在并购交易完成后,目标公司股东就与并购公司的股东一样,享受着充分的所有者权益的同时,也承担着并购公司的所有权风险。因此,很难理解为什么股东在并购交易完成后出售其所持股票给无关联的第三方时,会影响到并购交易适用免税待遇。③ 有鉴于此,美国税法规定,只有当目标公司股东事先已与并购公司或其关联方达成一致,将在并购后转让其所获得的并购公司的股票给对方,否则将认为目标公司股东在并购后出售股票的行为不构成对股东利益持续原则的背离。④ 笔者建议,在构建我国的股东利益持续原则时,应当对股东按照上市公司与非上市公司进行区别对待。即如果并购公司是非上市公司,则可要求目标公司

---

① 参见《关于债务重组所得企业所得税处理问题的批复》(国家税务总局公告2010年第4号)第20条。

② 参见《公司法》(中华人民共和国主席令第42号)第142条。

③ David F. Shores, Reexaming Continuity of Shareholder Interest in Corporate Reorganizations, *Virginia Tax Review*, 3:17, 1998, pp. 419 - 465.

④ Continuity of Interest, 61 Fed. Reg. 67, 512 (1996), to be codified at 26 C. F. R. pt1, Proposed Dec. 23, 1996.

股东在并购后继续持有其所获得的并购公司股票连续12个月以上;但如果并购公司是上市公司,则不应对其股票的流动性加以限制,因为在并购后目标公司股东与并购公司的原股东一样,面临着股市波动以及股价起伏的风险。同时,我们还应当借鉴美国税法中的相关规定,要求并购公司及其关联方不得与目标公司股东达成事后出售并购公司股票的承诺,否则将被视为对股东利益持续原则的背离。

二、企业营业持续原则的构建

企业营业持续原则是指目标公司历史性营业或者历史性营业资产的重大部分在并购后依然得以继续,表现为并购后并购公司或者继续从事目标公司的历史性营业,或者继续使用目标公司历史性营业资产的重大部分。企业营业持续原则包括两部分的含义,即营业继续或资产继续,我们应当从以下两个方面对我国并购所得税制中的企业营业持续原则进行构建:

一是构建营业继续的标准。营业持续指的是并购公司继续从事目标公司的历史性营业。从定义上看,构建营业继续标准应当明确两个问题,即何谓目标公司的历史性营业以及并购公司继续从事该营业的时间长短。我国现行并购所得税制中仅规定了在并购后连续12个月内,并购方不改变重组资产原来的实质性经营活动。[①] 这仅是对并购公司继续从事营业时间的规定,但何谓目标公司的历史性营业,相关法律法规中并没有予以明确。国外并购所得税的立法实践表明,目标公司的历史性营业通常指的是目标公司在并购前所从事的营业,但是为了进行并购交易而开始的新的营业,或者说作为并购计划的一部分而开始的营业并不能被认定目标公司的历史性营业。此外,美国税法典中关于该历史性营业以何种方式继续才符合企业营业持续原则的考查因素也值得我们借鉴,即主要应当考查的因素是目标公司的雇员、顾客群、厂房、设备、产品以及地理位置是否发生了重大变化,其次还应结合并购公司对该营业资本投入的数量、总收入水平、支付薪水的总额等因素进行考查,以确认并购公司是否继续从事目标公司的历史性营业。[②] 值得注意的是,为了体现对雇员权益的保护,美国税法典中对于主要考查因素也规定了先后次序,首先是雇员的变动,其次是顾客群是否得到了维护,最后是对营业资产位置变化以及性质改变等因素的考查。这些都值得我们借鉴,因为在并购交易后,目标公司通常面临的是法人人格的灭失或是经营控制权的转移。

---

① 参见《关于企业重组业务企业所得税处理若干问题的通知》(财税〔2009〕59号)第5条。

② USA Treas. Reg. S1.382(a)-1(h)(5), Treas. Reg. S1.382(a)-1(h)(7).

在我国，人们较为关注的是并购中的对股东利益的保护以及对债权人利益的保护问题，但对于员工利益应该如何保护则涉及不多。① 而在并购所得税制中加强对雇员权益的保护是必要的。

二是构建资产继续的标准。资产继续意味着并购公司在并购后继续使用目标公司历史性营业资产的重大部分。这里面主要涉及三个问题，即该资产在性质、重要程度以及持续时间上的要求。对于这三个问题，我国现行的并购所得税制中仅对资产的性质进行了明确，即规定企业的实质性经营资产是指企业用于从事生产经营活动、与产生经营收入直接相关的资产，包括经营所用各类资产、拥有的商业信息和技术、经营活动产生的应收款项、投资资产等。② 对于如何确定目标公司历史性资产的重大部分，笔者认为，可以参照美国税法典中的判断标准，即依据该资产是否属于目标公司的重要运营资产，或者依据该资产对于目标公司营业的重要性进行确定。而对于并购公司使用该资产的持续时间，则可以比照现行并购税制中对于并购方继续运营目标公司原营业活动的时间要求进行确定，即规定在并购发生后的连续 12 个月内，并购方应当继续使用目标公司历史性营业资产的重大部分。

第三节　并购交易特殊性所得税处理规则的完善

我国并购交易的特殊性税务处理是与国际上通行的免税税收待遇相对应的，即并购的各当事方当期可以不必确认并购过程中产生的收益或损失，而是待收入真正实现时再计算缴纳所得税款。从现行并购税制来看，我国的并购交易所得税适用的基本规则是以应税为原则，以免税为例外，相对于国外所通行的对免税并购所要求的法定要件，我国适用特殊性税收待遇的并购的法定条件总体而言比较苛刻和严格，且在一些具体制度设计上与利益持续原则相背离，为此，应当在以下几个方面对并购交易的特殊性税收待遇进行完善：

一、扩充特殊性税收待遇的适用范围

对于经济实质相同或相似的并购交易，不论纳税人是否采取了不同的技术手段，均应当给予同等的税收待遇，以避免税收制度对纳税人的并购动机造成扭曲，

---

① 王健、宋永泉："公司合并与职工权益保护"，载《法学论坛》2003 年 1 月。

② 参见《关于债务重组所得企业所得税处理问题的批复》（国家税务总局公告 2010 年第 4 号）第 5 条。

这既是税收公平原则的要求,也是税收中性原则的要求。鉴于并购交易常会涉及母子公司以及集团公司,大多数国家都会规定专门针对三角并购以及集团并购行为的免税待遇,以保障那些具有相同经济实质的并购交易可以在相同的税收条件下进行。随着我国并购实践的迅速发展,并购交易并不会仅仅发生在独立的当事人之间,大多数情形下还会涉及母子公司或集团公司,如果不将三角并购以及集团并购纳入我国的并购税收体系中,必然会导致在经济实质上相同或类似的免税并购交易却不能享受同等的免税待遇,不仅会使纳税人无法对其行为的税收效果进行合理的预测,影响经济主体的自由和理性的选择,还会加大纳税人进行并购的税收成本及交易成本。因此,我国的并购税制也应当将三角并购以及集团并购补充进来。

(一)三角并购

三角并购是国外常用的一种并购形式,即母公司作为控股公司不实际参与交易,而是授权新设立的子公司或已经存在的子公司完成并购。美国公司的并购多为三角并购或是反向三角并购,一般是由拟对目标公司进行控制的并购方设立一个全资子公司,并将现金或其拥有的股份投入其中,再由该全资子公司对目标公司实施并购。并购交易后如果目标公司清盘并解散则为正向三角并购,如果目标公司在并购后依然存续而将子公司清盘的则是反向三角并购。但无论是正向三角并购还是反向三角并购,购买公司最终都可以达到控制住目标公司的并购目的。

鉴于三角并购在美国等国家的税法中占据重要地位,我国的政策起草者也曾将其写入重组规定中。[①]财政部与国家税务总局在2008年6月出台的《企业重组与清算的所得税处理办法(试行)征求意见稿》的第3条规定"股权支付限定为本企业的股票",但在同年9月的征求稿中又加入了"以其控股企业的股票"。[②] 在国家税务总局2010年第4号公告出台之前,学界及实践界均认为59号通知借鉴了美国税法中关于免税三角并购的有关规定,因为该文件的第2条明确规定:"股权支付是指企业重组中购买、换取资产的一方支付的对价中,以本企业或其控股企业的股权、股份作为支付的形式。"虽然文件中并没有明确"控股企业"到底是指收购公司的母公司还是子公司,但仅从字面含义来看,大多数学者认为这里的

---

① 崔威:"企业重组税务规则起草过程的反思",载熊伟编:《税法解释与判例评注》(第1卷),法律出版社2010年版,第134页。

② 谢奕:"我国企业股权收购所得税法律问题研究",中国政法大学2011年硕士学位论文。

"控股企业"应当指向收购公司的控股母公司。① 但之后的第4号公告对该条文进行了进一步的说明,将"控股企业"解释为"由本企业直接持有股份的企业",也即59号通知中指的仅是收购公司可以其所控制的子公司的股份而非其控股母公司的股份进行支付,从而将三角并购排除在免税并购待遇之外。

通常而言,三角并购比直接并购更具灵活性,其优势在于可使控股母公司与收购资产相关的债务隔离,同时,又可以保留合并这种交易形式特有的商业优势。② 虽然目前我国的《公司法》以及《证券法》中均并没有三角并购的相关规定,但银监会于2008年年底出台的《商业银行并购贷款风险管理指引》中明确指出了"并购可由并购方通过其专门设立的无其他业务活动的全资或控股子公司进行",可以预见,在不久的将来,随着中国并购实践的发展,三角并购必然会大量涌现。

在建立我国的三角并购税收制度时,我们可以借鉴美国税法中关于三方并购重组的相关规则,即对于可适用免税待遇的三角兼并、三角资产收购、三角股票收购等行为的法定要件与直接进行兼并、资产收购、股票收购的要求基本类似,同时,为了保障股东利益持续以及企业营业持续,还应当规定在免税三角并购中并购方不得混合使用自身的股票与其控股母公司的股票。

(二)集团内部并购

在2008年内外资企业所得税统一之前,我国税法曾允许对外资企业公司集团内部的资产转让行为予以免税。③ 但随着2008年新的《企业所得税法》及59号通知等相关规则的出台,之前的有关规则宣告废止。在此后的5年中,企业集团内部的资产转让行为是否可以免税,相关部门并未明确的说法。随着2014年年底《关于促进企业重组有关企业所得税处理问题的通知》的出台,政府明确指出,对100%直接控制的居民企业之间,以及受同一或相同多家居民企业100%直接控制的居民企业之间按账面净值划转股权或资产的行为,如果符合一定条件可

---

① 赵国庆:"以控股企业股权作为支付对价企业重组的特殊性税务处理",载http://www.chinaacc.com/new/635_796/2010_6_18_su35065135118160102 6165.shtml,2012年12月1日访问。

② 崔威:"企业重组税务规则起草过程的反思",载熊伟编:《税法解释与判例评注》(第1卷),法律出版社2010年版,第134页。

③ 1997年国家税务总局所出台的《关于外商投资企业和外国企业转让股权所得税处理问题的通知》(国税函〔1997〕207号)规定:"在以合理经营为目的进行的公司集团重组中,外国企业将其持有的中国境内企业股权,或者外商投资企业将其持有的中国境内、境外企业的股权,转让给与其有直接拥有或者间接拥有或被同一人拥有100%股权关系的公司,包括转让给具有上述股权关系的境内投资公司的,可按股权成本价转让,由于不产生股权转让收益或损失,不计征企业所得税。"

享受免税待遇。[①] 但遗憾的是,根据该文件仅是符合条件的100%控股的集团内部的资产转让可予以免税。

从未来的发展趋势来看,对于集团内部并购行为的免税范围还应继续扩大。根据外部征税原理,国家原则上对市场主体内部行为不予征税,而只对其外部行为征税。也就是说,国家对于符合独立竞争原则等税法规则的主体内部机构之间的财富转移,不应当纳税。[②] 同时,这也是由贯穿于我国《企业所得税法》及其实施条例的一条"红线"——法人税制原则所决定的。根据该原则,法人企业转移其资产所有权时需对其隐含的增值部分予以纳税,具体分为三种情形:一是资产所有权在不同法人之间转移并获得现金性质的对价时,纳税人应作销售收入处理,将资产隐含的增值部分计入应纳税所得额;二是资产所有权在不同法人之间转移但未获得现金性质的对价时,则纳税人应作视同销售处理,同样应当将资产隐含的增值部分计入应纳税所得额;三是资产所有权在法人内部之间进行转移时,因这一行为不符合法人税制原则,因此不必确认资产隐含的增值部分的收益。[③]

西方发达国家的税法中一般将集团公司按照母公司在子公司的持股比例划分不同的集团类型,并以此来判断集团内部转移资产或业务的行为是否应当确认收益或损失。例如,英国税法将集团公司分为预缴公司税集团、亏损减免集团以及资本收益集团三类,仅资本收益集团即母公司持有子公司至少75%的普通股股票,同时子公司持有孙公司至少75%的普通股股票的集团中,资产及业务在集团成员之间转移的行为,可不必就其实现的资本收益纳税。美国税法中也有类似的规定,即在母公司拥有子公司且子公司拥有孙公司75%以上股份的资本收益税集团公司内部,资产的转让行为可以适用免税待遇。日本税法则规定,母公司向其新成立的或已经存在的100%控股的子公司转移资产或业务仅为获取子公司的股票时,可免予缴纳公司所得税。而对于母公司向其直接或间接持股50%以上但未达到100%控股的子公司转移资产或业务时,则必须满足相应的条件才可免于确认收益或损失,直到该资产或业务被转移给集团外的公司。

我国的《公司法》等相关法律中并没有对集团公司按照持股比例进行区分,仅有《企业会计准则》中按照母公司是否直接或间接持有子公司半数以上表决权

① 参见《关于促进企业重组有关企业所得税处理问题的通知》(财税〔2014〕109号)第3条。

② 张守文:"股权交易的税法规制",载《江西财经大学学报》中国法学会经济法学研究会2005年年会专辑。

③ 王利娜、郭宏:"资产收购与股权收购税务处理相关问题探析",载《涉外税务》2011年第5期。

股票划分为绝对控制与相对控制。建议在对集团内部的并购行为适用免税待遇进行规定时,可参照日本税法的相关规则,将集团公司分为100%控股集团公司以及直接或间接持股50%以上但未达到100%的集团公司两种类型,并分别满足相应的条件才可享受免税待遇。

二、调整特殊性税收待遇的法定要件

之所以对并购交易的各当事方给予特殊性税务待遇的优惠措施,是因为此类交易符合利益持续原则,表现为投资者没有割裂与其投资利益之间的联系,并购交易并没有给纳税人带来显性的货币流入,交易的增值体现或者隐藏在非货币性交易性资产的入账价值中,因而纳税人也没有相应的纳税能力。① 再加上特殊性税务处理本是一种递延纳税的措施,仅是允许纳税人将当期的税收义务推迟到以后特定条件实现时再予以缴纳。因此,在对特殊性税收待遇的法定要件进行限定时,应遵循两个理念:一是仅有符合利益持续原则的并购交易才可适用特殊性税务待遇;二是特殊性税务处理的法定要件不应过于严格,以免对纳税人形成巨大的税收压力,影响其进行并购交易的积极性。如此看来,我国现行并购税制中对于特殊性税收待遇的法定要件应作如下的修订和完善:

(一)应修订股权支付对价的形式

根据我国现行的税收制度,并购交易中的股权支付有两种形式,即以本企业自身的股权、或者以其控股企业的股权进行支付。同时,根据国家税务总局〔2010〕第4号公告第2条的规定,"控股企业"指的是由本企业直接持有股份的企业,即并购方的子公司。

如果允许并购方以其子公司的股票作为对价进行支付,并可适用特殊性税务处理,显然是扩大了特殊性税务处理的适用范围,因为这样的支付方式并不符合利益持续原则的要求。对于目标公司的股东而言,利益持续意味着并购交易并没有明显改变其投资形式,即虽然并购后其持股的公司发生了改变,但其投资利益依然在改变后的公司里得以保持。如果并购后目标公司股东持有的是收购公司或是收购公司母公司的股票,则可以通过直接或间接的方式实现其对原目标公司的资产的控制,这是利益持续原则的表现。但如果目标公司股东在并购后持有的是收购公司子公司的股票,则既不能表示目标公司股东的投资依然持续,也不能体现目标公司转让的经营性资产依然被原股东所掌控。

① 辛连珠:"论企业特殊性重组资产计税基础的确认原则",载《税务与经济》2011年第2期。

国际上所通行的对于适用免税待遇的并购交易中所使用的股权支付对价，一般都限定为并购公司自身的具有表决权的股票。同时，在规定符合一定条件的三角并购可适用免税待遇的国家，还规定了并购公司可以使用其控股母公司的具表决权的股票作为支付对价，但不得将其自身的股票与其控股母公司的股票混合起来使用。我国的特殊性税务处理中对于股权支付对价的要求显然既不符合利益持续原则，也没有遵循国际通行的规则。

在对股权支付形式作进一步修订时，建议分两步进行：首先，应取消以并购方的子公司的股权作为支付对价也可适用特殊性税务待遇的规定，仅允许并购方以自身的股权为对价进行支付时才可适用特殊性税务处理；其次，在我国税法逐步允许符合一定条件的三角并购也可适用免税待遇时，可在三角并购规则中加入允许并购方以其控股母公司的股权作为支付对价的支付形式，但应同时规定不得将自身的股权与其控股母公司的股权混合使用。

（二）应完善免税合并交易的类型

我国现行并购税制中对于合并交易的分类参照了《企业会计准则第20号——企业合并》（CAS20）及其应用指南中的相关规定，将免税的合并交易分为独立当事人之间发生的需要支付对价的合并交易，以及同一控制下不需要支付对价的合并交易。其中，“同一控制”是指参与合并交易的各当事方在合并前后均被同一方或相同多方连续12个月以上非暂时性地最终控制着。相同多方一般是指根据合同或协议的约定，能够对参与合并企业的财务和经营政策形成控制的投资者群体。①

但事实上，现行并购税制借鉴会计准则中对于合并交易的分类及处理方式并不科学。一是因为其他国家对于合并交易的税务处理中并没有类似的做法；二是我国会计准则中将企业合并交易划分为同一控制下的合并以及非同一控制下的合并，并分别适用权益法以及购买法的会计处理方式，与国际会计准则的规定并不一致。在国际会计准则中，并不包括同一控制下的企业合并的概念，并且已经取消了权益法的使用，只允许采用购买法对合并交易进行会计处理。我国的会计准则之所以仍规定同一控制下企业合并的权益法处理方式，主要是因为在实务中，特殊的经济环境导致一些企业合并的实例属于同一控制下的合并行为，如果不对这一现象加以规定，就会出现会计规范的空白，致使相应的会计处理无据可

① 参见《关于债务重组所得企业所得税处理问题的批复》（国家税务总局公告2010年第4号）第21条。

循。[①] 但随着我国产权交易市场的逐步规范以及会计准则的逐步趋同，购买法与权益法并存的格局必然会逐步向单一使用购买法过渡。而将合并交易分为同一控制下合并与独立当事人之间合并的区分标准也将随之取消。

在这种情形下，建议对适用特殊性税务处理的合并交易的区分方法作进一步的调整，仅保留对独立当事人之间进行合并交易的相关规定，同时，将同一控制下的企业合并行为划归到集团内部并购的规则中。这是因为，首先，在我国的并购实践中，同一控制下的企业合并通常发生在同一企业集团内部企业之间的合并。如母公司将其全资子公司的净资产转移至母公司并注销子公司、母公司将其所拥有的一个子公司的权益转移给另一个控股子公司。其次，根据我国《企业会计准则》的相关规定，从最终控制方的角度来看，同一控制下的合并交易基本上是集团成员内部权益的重新组合，因其不会影响到整个集团经济利益的流入或流出，因而可采用权益法进行会计处理。

(三)应继续放宽股权收购的法定要件

2009 年出台的《关于企业重组业务企业所得税处理若干问题的通知》规定，股权收购要适用特殊性税务待遇，收购方应当至少购买被收购企业 75% 的股权，同时，收购方在交易中所支付的股权对价金额不得低于总支付对价总额的 85% 。[②] 而后，为了进一步支持企业兼并重组，优化企业发展环境，财政部、国家税务总局于 2014 年 12 月颁布了《关于促进企业重组有关企业所得税处理问题的通知》，规定适用特殊性税务处理的股权收购中，被收购股权的比例由不低于 75% 调整为不低于 50% 。[③]

在规定特殊性税务待遇股权收购的法定要件时，政府的初衷是参照合并交易的做法设计股权收购的优惠处理方法。[④] 尽管 50% 的股权收购比例在国际上处于中等偏下水平，但这种量化的免税要件与国际并购所得税的发展趋势并不相符。所谓的“免税”待遇并非真正的永久性地将纳积人的应纳税款予以免除，而是递延到收入真正实现时再予以纳税。因此笔者建议对免税股权收购的法定要件进一步放宽，但如果按照不同行业的准入政策重新制订股权收购的最低比例要求，会使税收规则显得比较烦琐且不易掌握；如果按照上市公司与非上市公司的

---

① 刘玉廷：“中国企业会计准则体系：架构、趋同与等效”，载《会计研究》2007 年 3 月。

② 参见《关于企业重组业务企业所得税处理若干问题的通知》（财税〔2014〕109 号）第 6 条第 2 项。

③ 参见《关于促进企业重组有关企业所得税处理问题的通知》（财税〔2009〕59 号）第 1 条。

④ 崔威：“企业重组税务规则起草过程的反思”，载熊伟编：《税法解释与判例评注》（第 1 卷），法律出版社 2010 年版，第 134 页。

区分标准制订股权收购的最低比例,又不能彰显税收规则对于所有企业以及行业的一视同仁。我们可以借鉴国外所通行的对于股权收购的要求,即要求收购后收购公司实现其对目标公司的控制权。对于"控制权"的判定,可以结合我国的《企业会计准则》进行规定,即控制是指一个企业能够决定另一个企业的财务和经营政策,并能据以从另一个企业的经营活动中获取利益的权力。具体来说,我国的会计准则中将企业的控制权分为绝对控制和相对控股。前者是指控股母公司直接或间接持有子公司半数以上的表决权股票,后者是指虽然控股母公司持有子公司半数以下的表决权股票,但仍然能够对子公司的财务及经营状况、董事会或类似机构的多数成员的任免等事项实施控制,具体的判定标准应当综合子公司的股权结构、董事会的构成以及日常经营管理的特点等因素进行考虑。①

另外,鉴于并购方在实践中往往很难在一次交易中即获得税法上所要求的最低控制权的比例,建议我国税法中允许并购方以"渐进式"取得被收购企业的控制权,即并购方只要在实际并购日获得对目标公司的控制权即可享受免税待遇,而不管其是否在实施收购之前即已经持有了目标公司的部分股份。

同时,适当放宽特殊性税收待遇的法定要件,并不会必然导致并购交易中避税行为的泛滥。纳税人利用股权收购进行避税一般有三种行为模式:一是利用股权收购代替资产收购;二是利用隐蔽性股权转让方式规避税收;三是操纵股权转让定价来规避税收。② 这三种模式均不会因税法所规定的75%或是更为宽松50%的股权收购要件而受到影响。

(四)应进一步明确资产收购的法定要件

根据我国现行的并购所得税制度,资产收购中各当事方如要适用特殊性税务处理,除了需要满足一些普适性的要求如具有合理的商业目的等之外,还需要满足以下两点要求:收购方所收购的资产总值不得低于被收购企业全部资产的50%;收购方支付给被收购企业的对价中股权的比例不得低于交易总价的85%。③ 在这里,有几个问题现行并购税收规则中并没有予以明确:一是资产收购中被收购资产50%的比例如何确认,是按照该资产占被收购企业全部资产账面价值的50%计算,还是按照该资产占被收购企业全部资产的公允价值的50%计算;二是被收购方是否可以在资产收购之前提前将收购方不需要的资产剥离出

---

① 参见《企业会计准则第33号——合并财务报表》第6条、第7条。

② 蔡昌:"企业重组税制缺陷与反避税安排",载《税务研究》2011年第6期。

③ 参见《关于企业重组业务企业所得税处理若干问题的通知》(财税〔2009〕59号)第6条第3项,以及《关于促进企业重组有关企业所得税处理问题的通知》(财税〔2009〕59号)第2条。

去,这样的做法是否会影响特殊性税务待遇的适用;三是资产收购后被收购方是否需要清盘解散。

对于被收购资产价值的估算方法,笔者建议应当按照公允价值进行。虽然有学者指出按照公允价值计算可能会出现以下两个问题:一是在特殊性税务处理中,由于各当事方均不必确认收购过程中的收益或损失,因而被收购方不必进行评估这一程序,因而转让资产的评估价值也无法进行确定;二是在实践中公允价值很容易被人为操纵。① 但从长远来看,公允价值的运用范围及程度是衡量一个国家或地区国际化程度的重要标准,因为它在某种程度上代表着财务会计的发展方向。② 目前,国际会计准则及美国等国的会计准则已经纷纷将公允价值作为首选的会计计量属性加以运用,以提高会计信息的相关性。我国现行的《企业会计准则——基本准则》中也已经明确地将公允价值作为会计计量属性之一。因此,以公允价值为基础来确定被收购资产占被收购方全部资产的比例,不仅符合国际通用规则,也符合我国未来会计计量的发展目标。

对于纳税人在资产收购前提前剥离资产的行为,美国等西方发达国家的税法一般都要求被收购方不得在资产收购前剥离收购公司不需要的资产,否则纳税人将不得享受免税待遇。这是因为,免税资产收购与应税资产销售行为不同,纳税人之所以可以适用免税待遇是因为被并购方的历史性营业或历史性营业资产的重大部分得以继续运营,也即其资产收购行为符合利益持续原则的要求,如果允许被收购方提前对资产进行选择性的剥离,显然与免税待遇的设立目的不符。因此,建议在资产收购特殊性待遇的法定要件中明确被收购方不得在收购前提前对资产进行剥离。

现行并购税制中对于资产收购后被收购方是否解散并没有明确的规定,有学者认为,在资产收购中,目标公司可以转让全部资产,也可以转让部分资产,除了合同明确约定外,资产收购并不必然导致一方或双方公司的解散。③ 对于适用一般性税务处理的资产收购各当事方而言,这一点似乎无可厚非。但是,如果适用特殊性税务待遇的资产收购中目标公司在收购结束后不清盘解散,则意味着目标公司在并购交易后可能仍有能力从事积极的营业活动,而不是仅仅充当为了股东利益持续而持有收购公司股份持股公司,其结果会导致某些不符合免税法定要件

---

① 张伟:"企业所得税重组政策尚需进一步明确的十八个问题探析",载 http://bbs.esnai.com/forum.php? mod = viewthread&tid = 4803853,2013 年 2 月 1 日访问。

② 王乐锦:"我国新会计准则中公允价值的运用:意义与特征",载《会计研究》2006 年 5 月。

③ 张伟:"企业所得税重组政策尚需进一步明确的十八个问题探析",载 http://bbs.esnai.com/forum.php? mod = viewthread&tid = 4803853,2013 年 2 月 1 日访问。

的资产收购行为享受免税待遇。[①] 因此,建议对适用我国特殊性税务待遇的资产收购的法定要件予以进一步的明确,要求目标公司在并购后清盘并解散。

三、完善特殊性税收待遇的税务处理规则

对于符合法定要件的免税并购交易,各国税法一般均规定了各当事方当期可不必确认股权支付部分所产生的收益或损失。同时,各当事方对于其所接受的资产或股票的计税基础的确定,应当按照成本替代规则进行,这是由利益持续原则所决定的,体现了各当事方的原投资利益并没有在并购过程中实现。另外,如果目标公司在并购后清盘解散,则并购方可以对其净营业亏损等税收属性进行承继,以显示目标公司的重大营业在变化后的公司中依然继续、其股东的投资利益也没有随着目标公司的解散而终止,这其实也是利益持续原则的一种体现。与国际所通行的免税并购税收处理方式相比,我国现行的并购税制中对于税收属性的结转利用以及计税基础的相关规定显得相对简单粗糙,且与利益持续原则相背离,有待进一步的修订与完善。

(一)应按成本替代规则确定接受资产或股票的计税基础

如前章所述,根据我国现行的并购税制,适用特殊性税务处理的当事方均要按照被合并方资产或股票的原有计税基础确定。[②] 如此一来,必然会导致并购方对于其所接受的被并购方资产或股票的计税基础与其所支付的自身股票的原计税成本之间产生一个差价。这样的规定,显然与纳税人的免税待遇并不相符,因为根据收入实现原则,账面价值与原计税基础之间的差额,应当被认定为这部分增值已经在税法上实现了。[③] 但如果不对这个差额进行处理,显然又不符合会计计量的要求。

因此,我们应当对特殊性税务处理中纳税人所接受的资产或股票的计税基础的确认方法进行完善,规定对于纳税人在并购中所获得的资产或股票的计税基础,按照成本替代原则进行确认,即对于并购公司所接收的目标公司的资产或股票,按照其所支付的股票对价的原计税成本入账;而目标公司股东所持有并购公司股票的价值,可按其所放弃的目标公司股票的原计税成本确定。

(二)应进一步细化税收属性的继承规则

根据我国现行并购税制的规定,仅在特殊性税务处理规则下的合并交易中,

---

① 林德木著:《美国联邦公司并购税收制度研究》,科学出版社2010年版,第71页。

② 参见《关于企业重组业务企业所得税处理若干问题的通知》(财税〔2009〕59号)第6条。

③ 李向军:“特殊重组也有可能缴税”,载《财会月刊》2010年12月上旬。

合并企业可以承继被合并企业在合并前的相关所得税事项。这里的所得税事项主要是指被合并企业未弥补完的营业亏损以及仍在税法规定期限之内的税收优惠政策。[①] 借鉴美国等国家的税法中对于目标公司税收属性的结转利用规则，我国的税法应从以下两个方面进行细化：

第一，目标公司的税收属性远不止未弥补的营业亏损以及税收优惠政策这两项内容，其他比较重要的税收属性包括净资本亏损、收益与利益账目、投资抵免、存货估价方法、资产折旧方法、会计方法等。[②] 这些都需要在未来的立法中予以明确。

第二，应当增加对资产收购中目标公司税收属性的继承规则，即如果在适用特殊性税务处理方式的资产收购中，被收购方在并购后予以清盘解散，其净营业亏损等税收属性也应由收购方予以继承。其法理基础在于，利益持续原则要求发生亏损的公司也即目标公司的股东对亏损的结转利用继续保留利益受益人的身份，因为其是亏损的"实际承担人"。[③]

第四节　并购交易一般性所得税处理规则的完善

一、合并交易中商誉确认规则的明确

我国现行的并购税制与《企业会计准则》在合并商誉的计量与确认方面有着不同的规定。会计上所谓的"商誉"主要是在有偿转让企业产权的过程中产生的，当企业进行并购交易时，并购方通常会根据被并购方的净资产额确定其向被并购方所支付的对价，如果被并购方具有超过一般企业的获利能力，则并购方支付的对价往往会高出被并购方净资产额的公允价值。[④] 因此在实际交易中，如果确实存在合并商誉，会计准则允许当事方进行确认并计提减值准备。而我国的所得税法却不允许对任何类型的商誉进行确认和摊销，即使是企业拥有的外购商

---

① 参见《关于企业重组业务企业所得税处理若干问题的通知》（财税〔2009〕59号）第6条第4项。

② 林德木著：《美国联邦公司并购税收制度研究》，科学出版社2010年版，第170页。

③ 同上，第174页。

④ 刘燕著：《会计法》（第2版），北京大学出版社2009年版，第173页。

誉,也只能在该企业整体转让或者清算时才能予以扣除。①

具体而言,根据我国《企业会计准则第20号——企业合并》(CAS20)的相关规定,在进行非同一控制下的企业之间的吸收合并时,对于合并方所支付的购买成本大于被合并方可辨认净资产公允价值的差额部分可以确认为合并商誉。也就是说,我国的《企业会计准则》将吸收合并区分为同一控制下的吸收合并与非同一控制下的吸收合并,对于同一控制下的吸收合并行为,由于交易双方在合并前后均受到同一方或相同多方的控制,并且这个控制并非暂时性的,因而对于合并方在合并中所取得的资产和负债的成本,应当按照合并日被合并方的账面价值进行确认;如果合并方支付的收购对价大于被合并方净资产的账面价值,则应当调整资本公积,资本公积不足冲减该差额的,继续调整合并方的留存收益。② 对于同一控制下的吸收合并行为,在会计处理上是不允许确认合并商誉的。而在非同一控制下的吸收合并中,由于合并方采用的是购买法进行会计处理,即将合并交易看成合并方对被合并方的购买行为,并购方支付的购买成本与被购方可辨认净资产公允价值之间的差额,如果为正数即在会计上可确认为商誉。③ 由此可见,根据我国现行企业会计准则的要求,合并商誉是否可以在会计上得以确认和计量取决于以下几个条件:一是合并交易双方之间的关系属于非同一控制之下的独立当事方;二是对于该合并交易采用的是购买法进行会计处理;三是合并方所为进行合并交易而支付的成本大于被合并方在合并业务发生时所拥有的可辨认净资产的公允价值。

我国现行的并购所得税制与《企业会计准则》对于合并交易的分类标准基本一致,即将合并交易区分为两种类型:同一控制下不需要支付对价的合并交易以及非同一控制下的合并交易,对于前者,如果符合一定的法定要求,即可享受特殊性税收待遇,而后者通常适用一般性并购税收处理规则。相比较而言,合并交易的特殊性税收待遇类似于会计准则中对于同一控制下并购交易的会计处理,要按合并方对于其所接受的被合并方的资产及负债的计税基础,以其所支出的收购对价的原计税基础确定,而被合并方股东取得的合并企业股权的计税基础,则以其原持有的被合并方股权的计税基础确定。也就是说,在同一控制下所进行的合并

---

① 参见《企业所得税法》第12条:"在计算应纳税所得额时,企业按照规定计算的无形资产摊销费用,准予扣除。下列无形资产不得计算摊销费用扣除:(一)自行开发的支出已在计算应纳税所得额时扣除的无形资产;(二)自创商誉;……"以及《企业所得税法实施条例》第67条第4款:"外购商誉的支出,在企业整体转让或者清算时,准予扣除。"

② 参见《企业会计准则第20号——企业合并》(CAS20)第2章第6条。

③ 同上,第3章第13条。

行为,由于合并前后各当事方的最终控制权并没有发生实质性的变化,因而可以看作原有出资者之间的交易。在这种情形下,被合并方净资产的计价基础是原有的账面价值,尽管合并方在交易中支付的对价也应当以公允价值为基础进行确定,但支付对价超过被并购方可辨认净资产的公允价值的部分也就不应当被确认为商誉。[①] 因为在此过程中,纳税人原投资资产的隐含增值部分并未实现,也不就存在商誉的确认问题。

而现行并购所得税制中的一般性税务处理则与非同一控制下的吸收合并的会计处理方法类似,即对于合并方所获得的被合并方各项资产及负债的计税基础以公允价值为基础进行确定,而被合并方及其股东在交易后均按照清算进行所得税处理。[②] 在这种情形下,如果实际交易中合并方支付的收购对价的公允价值超过其所获得的被合并方的可辨认净资产的公允价值,或者从另一方面讲,如果被合并方股东取得的全部收购对价减除从被合并企业分得的剩余资产后仍有余额的,税法不对这部分差额的税务处理进行明确,必然会在实践中引起争议。

事实上,在内外资企业所得税统一之前,在政府出台的针对外商投资企业并购交易的相关文件中,曾允许纳税人将其实际受让价与资产账面净值之间的差额,列为商誉,并允许纳税人在资产受让之日起不少于10年、或者是在企业的剩余经营期内对该商誉进行平均摊销。[③] 但随着新的《企业所得税法》及其实施条例的出台,该文件已经予以取缔,相关的规则也随之失效。另外,在59号通知正式出台之前的讨论稿中立法者也曾规定:"被合并企业股东取得的全部股权支付和非股权支付扣除从被合并企业分得的剩余资产后尚有余额的,确认为合并商誉。""合并商誉按照股权转让所得处理。"同时,在59号通知出台之后,立法者在《企业重组业务所得税管理规程(讨论稿)》中也表示,由于在企业利润的产生过程中商誉同样也发挥着作用,因此,被合并企业净资产公允价值应当包括商誉。[④] 但最终的出台正式文件中均取消了上述规定。

或许立法者的本意是与我国的《企业所得税法》及其实施条例保持一致,因

---

① 聂顺江、罗云芳:"商誉确认与计量的一般理论框架",载《经济问题探索》2009年第10期。

② 参见《关于企业重组业务企业所得税处理若干问题的通知》(财税〔2009〕59号)第4条第4项。

③ 参见《国家税务总局关于外商投资企业合并分立股权重组资产转让等重组业务所得税处理的暂行规定》(国税发〔1997〕71号,已失效)第4条第2项。

④ 张伟:"财税〔2009〕59号及2010年4号公告要点对比解析",载 http://www.ctaxnews.com.cn/syxw/xwxzt/201008/t20100809_1563192_2.htm,2012年12月17日访问。

为税法上既不允许纳税人确认正商誉,也不允许确认负商誉。[①] 但从国外的并购税收的立法实践经验来看,大多数国家都认为合并方所支付的对价总额应当按照资产在并购时的公允价值进行分摊,如果确有无法分摊到特定资产上的余额则应当被确认为商誉。同时,从并购实践的发展情况来看,国外一些成功的合并交易表明,并购方支付的收购价格中合并商誉所占的比重越来越大,因此,我国的并购所得税制应当对如何确认并计量合并商誉进行明确,否则不仅有悖于当事人会计信息的真实性、完整性,也容易引起纳税人进行税务处理时无据可依的混乱局面。

因此,笔者建议,我国并购所得税制在合并商誉的处理问题上应当与《企业会计准则》保持一致,即规定应税合并中,如果合并方支付的全部收购对价的公允价值超过了其所获得的被合并方的全部资产的公允价值,该余额应当被确认为商誉。与此相对应,被合并企业股东取得的支付对价扣除从被合并企业分得的剩余资产后尚有余额的,应当按照股权转让所得进行纳税处理。

二、资产收购中支付对价分摊规则的补充

在应税资产收购中,如何对纳税人所接受的资产的初始投资成本,即该资产的新计税成本进行确认至关重要,因为这是用以计算纳税人未来处置该资产的应纳税所得额的基础,直接决定着纳税人今后所应负担的纳税义务。通常而言,在应税资产收购中交易双方对于所接受资产的新计税成本应当按照该资产的公允价值来确定。这是因为根据利益持续原则,在应税并购中转让资产的隐含增值已经实现,原资产持有方以该资产的原计税成本与公允价值之间的差额为税基缴纳相应的所得税后,该资产的新计税成本就应当变更为公允价值,以避税资产接受方在将来处置该资产时重复缴纳这一部分增值所对应的所得税款。

但由于在实践中并购公司支付的收购对价的公允价值总额与目标公司转让资产的公允价值总额并不一定相当,再加上税法中对于不同资产的投资成本回收方式有着不同的规定,例如对于固定资产的投资成本一般是以折旧费的形式计入产品成本,并通过产品销售分期从销售收入中得到补偿;而库存商品的成本一般可以直接计入产品成本,并从当期的销售收入中尽快得到补偿。在这种情形下,如果不对收购对价的分摊方法进行明确,极有可能出现纳税人以牺牲国家税收利益为代价而减轻自身的税收负担等情形,从而致使国家税款大量流失。鉴于此,许多国家的并购所得税制中都对资产收购中支付对价的分摊规则规定了较为详

① 秦文娇:“新准则下商誉的财税处理”,载《首席财务官》2007年10月。

细的确认方法,用以规范纳税人在确认其所接受的资产的新计税成本中的避税行为。其中以美国税法中的收购对价分摊方法最具代表性,值得我们进行研究和借鉴。

根据美国税法的规定,应当将纳税人在资产收购中的所获得的资产分为四大类:第一类资产为现金或现金等价物等流通性最强的资产;第二类资产为政府债券、可流通的股票等易变现的资产;第三类资产为应收账款、存货、固定资产、建筑物等除无形资产之外的其他全部资产;第四类资产为企业的商誉、未来经营价值等无形资产。纳税人应当采用剩余分摊法依次对取得的资产的新的计税成本进行确定,即并购交易双方首先应当将其所收取或所支付的支付对价的公允价值分摊给第一类资产以确定该类资产的新计税成本,如果有剩余,再依次分摊给第二类资产和第三类资产,最后才可分摊给第四类资产。纳税人在依次确定前三类资产的新的计税成本时,如果该类资产的公允价值总额超过了应分摊的支付对价的价值,则应当按照该类别资产中每一个单项资产在收购日的公允市价占该类资产总公允市价的比例进行确定。同时,由于并购交易双方有着不同的税收利益:目标公司总是试图提高其所获得的资本性资产的计税成本,以使其未来的税负得到最小化的处理;而并购公司则希望提高其所获得的可计入直接成本以立即获得税前扣除好处的资产的计税成本,以尽快补偿其在收购过程中发生的费用和支出。[①] 为了避免并购交易双方自行商定的分摊方法影响国家的税款流入,美国税法还规定,并购公司及目标公司在确认其获得的资产的计税成本时,均应当遵循剩余分摊法。[②]

我国现行的并购所得税制对于纳税人在并购中所获得的资产的计税成本仅有原则性的规定,即按照该资产的公允价值进行确认。如59号通知指出,对于收购方所取得的股权或资产的计税基础应以其公允价值为基础确定。[③] 而对于如何进一步将收购对价在各项资产中进行分摊,该文件并没有明确的要求。如果出现收购对价与获得的资产的公允价值总额不相等的情形,很有可能形成极大的税收漏洞。在这种情形下,笔者建议借鉴《美国税法典》中规定的剩余分摊法,对我国应税资产收购中支付对价的分摊规则进行明确。这种确定资产计税成本的方法对于应税资产收购而言非常重要,它对纳税人所获资产应享受的税收利益以及

---

① V. 图若尼主编:《税法的起草与设计》(第2卷),国际货币基金组织、国家税务总局政策法规司译,中国税务出版社2004年版,第918页。

② USA I. R. C S1012.

③ 参见《关于企业重组业务企业所得税处理若干问题的通知》(财税〔2009〕59号)第4条。

应承担的税收义务进行了明确,这既可保证纳税人获得对该资产进行折旧或摊销的抵税收益,又可防止纳税人乱分配资产的税基损害到政府的税收收入。①

值得注意的是,美国税法典中的剩余分摊法虽然颇为科学合理,但该方法涉及对企业商誉以及未来经营价值等无形资产的确认。根据我国现行的《企业会计准则》,仅当企业进行非同一控制下的合并交易时才可将商誉作为一项资产进行确认,而对于企业的未来经营价值则不允许进行会计上的确认和计量。因此,我们在对资产收购中支付对价分摊规则进行规定时,应当将美国并购税制中的剩余分摊法与我国的国情进行结合,即可将纳税人在应税资产收购中所获得的资产分为三个类别,分别是现金类资产、易变现的证券类资产以及其他全部资产,并将支付对价按照这三类资产的顺序依次进行分摊。

三、视为资产收购的股权收购的借鉴

资产收购和股权收购在经济实质上基本相同,差别仅在于资产收购后,被收购公司绝大部分实质性经营资产被收购公司收购了,因而失去了实际的经营能力,仅剩下股权资产,因此,目标公司一般会清盘解散,而在股票收购后,被收购企业的生产经营依然继续,其股权结构及控股股东发生了变更。但在税务处理上,应税资产收购与应税股权收购却有着很大的差别。首先,在资产收购中纳税义务人包括收购公司、目标公司以及目标公司股东,收购方往往面临着经济性双重征税;而在股权收购中纳税义务人是收购公司与目标公司的股东,与目标公司并无关系。其次,应税资产收购中并购方对其所接受的资产可获得原值增大到公允价值的税收利益,而在股权收购中并购方收购的是目标公司的股权,因此不可能获得则此类税收待遇。最后,资产收购中并购方可以对目标公司的资产进行挑选,因而不必承担其潜在的税收义务,而股权收购后并购方即成为目标公司的控股股东,其潜在的税收义务必然会对并购方产生一定的影响。

在某些情形下,纳税人可能基于非税因素的考虑而不得不对目标公司进行股权收购,但其又试图获得资产原值增大的税收待遇,因而可能会采取一些迂回措施使整个并购交易看上去更像是资产收购行为。例如,在并购初始可先由目标公司将其所拥有的资产或业务转移至一个新成立的公司,再将该公司的股票出售。由于转移的业务可根据相关税法的规定以市场公允价值重新定价,因而纳税人在股票收购中也获得资产原值增大的税收待遇。

---

① 雷根强、沈峰:"国外公司并购税制的主要特点和发展动态",载《涉外税务》2003 年 10 月。

为了使纳税人在进行应税资产收购和应税股权收购的选择时，将税收因素对其的决策影响降至最小化，同时为了避免纳税人利用税法的漏洞获得相应的税收利益，有些国家规定了符合一定条件的股权收购可被视为资产收购进行税务处理。如美国税法典第338条规定，在连续12个月的纳税期间所进行的应税股权收购中，如果收购公司在交易完成后持有目标公司至少80%具有表决权的股票，并且该股票的公允价值至少占到目标公司总股票价值的80%时，收购公司可以选择适用应税资产收购的税收待遇。① 相对应地，目标公司将被视为以公允市价出售了全部资产，因而可以重新选择适用新的会计政策，如新的折旧方法、新的纳税年度等，而其原有的全部税收属性也将被视为全部灭失。② 即目标公司虽然保留了其法人人格，但在税法上视为其已经进行了清盘，同时，将应税股票收购与该"清盘"行为两个交易步骤合并成为应税资产收购行为。因此，从一定意义上讲，将股票收购视为资产收购以产生很小的扭曲性税收效应为代价，解决了资产收购中的机制性困难，值得我们进行借鉴。③

四、资本利得与普通所得的区分

在西方发达国家，政府对企业的并购交易所得进行征税时，往往会对纳税人的资本利得与普通经营所得区别对待。这是因为，并购交易所得是以企业的资本或财产收益为税源的，而这项收益往往代表着该资本或财产在过去多年的累积所得，通常还包括通货膨胀所带来的收益，因此，如果不将其与纳税人的普通所得在税务处理上进行区分，难免会伤及税本，这既不利于资源的有效配置，也不利于促进经济的发展。④ 另外，国外的并购理论认为，普通的所得税体系不能够妥善地处理纳税人的并购交易所得，因此主张采用特殊的资本利得税体系来对此加以规范和调整，相比由公司所得税以及个人所得税所组成的普通所得税体系，资本利得税具有"资本锁住"的效应，税率越高，锁住效应就越强，并且还可通过对各类投资者以及投资期限的区别对待来平衡纳税人的税收负担，能够较好地兼顾税收的效率和公平问题。⑤

目前我国的并购所得税制中虽然没有资本利得的概念，但相关规定却已经体

---

① USA I. R. C. S338(h).

② USA I. R. C. S338(h)(2).

③ 李维萍著：《资产重组的税收政策》，中国税务出版社2007年版，第165页。

④ 冯果："反思与重构：我国企业并购税制之检视"，载《甘肃政法学院学报》2007年7月。

⑤ 刘飞："刍议发达国家的企业并购税制及其启示"，载《财会研究》2010年第11期。

现了对资本利得进行区别征税的理念，如我国税法中曾规定对个人股东转让上市公司股票产生的所得不征收个人所得税，但2012年出台的财税〔2012〕85号文件对此项规定进行了修改，体现了对纳税人转让股票产生的资本利得按其持有时间长短区别征税的理念，即要求对个人股东转让上市公司股票所产生的收益按照持股时间的不同计征应税所得，纳税人持股时间越长，则其个人所得税的税负越轻。① 再如，国家税务总局曾要求纳税人在用当年的利润进行补亏时将经营亏损与投资损失区分对待，即经营过程中所产生的亏损可用当年的税前利润进行弥补，而对于纳税人因收回、转让或清算处置股权投资而发生的损失，则仅可用当年所实现的股权投资收益及股权转让所得弥补。② 但后来因考虑到如果纳税人没有新的投资收益，则原有的投资损失会无限期地无法抵扣，达不到鼓励投资的目的，于是这一政策被取缔。③

但从国外的立法实践来看，即便是那些没有单独设置“资本利得税”的国家，通常也会对并购交易中产生的资本利得规定特定的税收优惠政策，从而使资本利得的有效税率低于普通所得的税率，并要求分别对资本利得与普通所得分别进行确认和计量，以便将资本亏损和资本利得进行隔离。④ 国内也有学者指出，如果不将纳税人的资本利得与普通所得进行区分，在并购过程中纳税人转让资产所取得的收益同其生产经营取得的收益一并纳入利润总额，而其发生的资本性亏损也可以冲抵营业利润，结果必然会使会计报表难以客观反映当年的成本及收益等问题。⑤ 由此看来，虽然目前我国的所得税法体系中并没有设置资本利得税，但从长远意义上讲，资本利得税的建立是必要的，这样可以更好地处理并购中有关的转让所得的问题，促进我国并购市场的健康发展。

---

① 参见《关于实施上市公司股息红利差别化个人所得税政策有关问题的通知》（财税〔2012〕85号）第1条。

② 参见《关于企业股权投资业务若干所得税问题的通知》（国税发〔2000〕118号，已失效）第2条第3项。

③ 参见《关于企业股权投资损失所得税处理问题的公告》（国家税务总局2010年第6号公告）第1条。

④ V. 图若尼主编：《税法的起草与设计》（第2卷），国际货币基金组织、国家税务总局政策法规司译，中国税务出版社2004年版，第671页。

⑤ 冯果：“反思与重构：我国企业并购税制之检视”，载《甘肃政法学院学报》2007年7月。

结 论

从所得税法意义上讲，并购交易的性质是纳税人对其所有权或控制权的让渡，纳税人在并购过程中因转让或置换资产而产生的收益使并购行为具有了税法上的可税性，而纳税人在并购过程中所实现的收益也必然会成为所得税法所规制的对象。但通常各国的所得税法会将并购交易分为应税的并购交易与免税的并购交易。前者是指纳税人应当在当期确认并购过程中的收益或损失并计算缴纳相应的所得税额；而后者并不意味着纳税人可以永久性地对其在并购中的所得免予纳税，而是允许纳税人将并购当期所产生的纳税义务推迟到以后的特定期间，一般是待收入真正实现时再进行相应的税款的缴纳。

给予纳税人免税的税收优惠待遇，主要是因为在该纳税人所进行的并购交易中投资者与其投资利益之间的联系并非割裂。进一步讲，目标公司的股东在该并购交易中所进行的是"纸面交易"，表现为并购后目标公司股东在目标公司中所拥有的投资利益在并购公司中依然得以继续；同时，目标公司的营业在并购后仅发生了"形式上的改变"，是以一种全新的不同的方式得以持续，表现为并购公司在并购后继续从事目标公司的历史性营业，或者继续使用目标公司历史性营业资产的重大部分。即该并购交易遵循了利益持续原则的两个层面——股东利益持续与企业营业持续。

通过对国外并购所得税法律制度的立法经验及立法实践的比较，可以看出许多税收处理规则中均体现了利益持续原则:首先,只有投资者的投资利益得以持续,并购交易的当事方才可适用免税的税收待遇。否则,税法即认为纳税人的投资利益已经实现,应当在当期确认并购中实现的收益或损失。其次,对于免税并购交易,所得税法要求并购公司的支付对价中绝大部分由代表所有者权益的股票所组成,以体现目标公司及其股东利益的持续。再次,如果目标公司股东在并购中收取的对价仅包括并购公司的股票,则可证明其在目标公司中的投资利益通过持有并购公司的股票而得以继续。否则,即便是在免税并购交易中,如果目标公司股东在交易中收取了少量非股票形式的额外对价,则表明股东对于该对价所对应的那部分目标公司资产的投资利益已经终止,因而必须在税法上确认这部分资产的处置收益。最后,如果纳税人实施的并购交易满足了所得税法中规定的免税法定条件,则纳税人可运用成本替代规则确认其在并购中所获得的资产或股票的初始投资成本,以体现其投资利益的持续。同时,即便是目标公司的法人人格灭失,其独立纳税人的身份随之消失,但由于在该交易中投资者的投资利益并没有随目标公司的清盘解散而终止,因而并购前归属于目标公司所特有一些的税收属性,如净营业亏损、净资本亏损、投资抵免等事项可以由继续其营业的并购公司予以继续。从这一系列层层递进的所得税处理规则来看,利益持续原则是进行并购所得税税务处理的前提与基石。

在我国,与并购交易由政府主导到逐渐市场化的发展趋势同步,并购所得税法律制度也经历了从无到有,从相对简单到逐步完善的过程。我国现行的并购所得税法律制度是由《个人所得税法》及其实施条例与自2008年起实施的《企业所得税法》及其实施条例,以及其后所颁布的一系列以59号通知、国家税务总局2010年第4号公告、财税〔2014〕109号通知为代表的部门规章及规范性文件所组成的。其立法理念与基本内容借鉴了西方国家尤其是美国成熟的立法经验,并依据纳税人当期是否需要确认并购交易的收益或损失,将并购交易区分为一般性税务处理和特殊性税务处理两大类,对应学界与实务界通常所谓的应税并购与免税并购。

总的来说,现行并购所得税制是符合我国并购实践的发展趋势的,并在全面考量我国基本国情的基础上,对国际通行的并购所得税处理规则进行了借鉴,这无疑会进一步促进我国并购市场的健康发展,并刺激企业加快进行并购重组的步伐。但是与西方发达国家严密系统的并购所得税法律体系相比,我国的并购所得税处理规则就显得相对简单薄弱,空白面较多,缺乏整体性和系统性的考虑。但就是这些看似简单的规则却被学者们誉为是所得税法领域中最复杂、专业,也最为晦涩难懂的部分。产生这一现状的原因主要是由于立法者基于其自身对所得税原理的理解而制定相关规则，而这些理解并未在现行的所得税法中进行说明，也并未为纳税人及税务专业人士所领会。[①] 究其深层次的原因，还是与我国对于并购交易税收处理规则背后所蕴含的基本法理，即利益持续原则的提炼和总结不足有关。

而这一现状直接导致的结果是，我国并购所得税制中有许多处理规则与利益持续原则相背离，如相关规定要求，免税并购交易中的并购方可用自身的股权或者其直接持有股份的子公司股权进行支付。而根据利益持续原则，后者并不能享受免税待遇，因为目标公司股东如果持有的是并购方子公司的股权，则表示股东在并购后即丧失了对目标公司转移资产的控制，也就无法保障其投资利益的继续。又如，我国并购所得税制度中要求，特殊性税务处理中的并购方对于其所接受目标公司的资产要按照该资产的原计税基础入账，完全颠覆了利益持续原则下的成本代替规则。

在未来对我国并购所得税法律制度进行完善的过程中，我们应当结合我国并购实践的发展趋势，不断提高并购所得税制度的立法位阶、加强反避税的立法措施、构建激励型并购所得税制度。最重要的是，我们还应当构建适合我国国情的利益持续原则，并以该原则为基点，进一步对并购交易的特殊性税收处理规则进行完善，如扩大其适用范围、调整其法定要件、并细化其税务处理规则。同时，还应当明确并购交易一般性税收处理规则中关于资产收购对价的分摊问题，完善合并交易中商誉的确认方法，补充对视为资产收购的股权收购的处理方式，并区分资本利得与普通利得。尽快建立起一个完善科学的并购所得税法律制度体系，保障并购交易的顺利进行，促进并购市场的健康发展，支持我国企业增强综合实力和国际竞争力，并推动国民经济加快发展。

---

① 崔威："企业重组税务规则起草过程的反思"，载熊伟主编：《税法解释与判例评注》（第1卷），法律出版社2010年版，第124页。

参考文献

一、中文著作

1. 北方交通大学中国企业兼并重组研究中心著:《中国企业并购年鉴(2012)》,中国经济出版社 2012 年版。

2. 邓远军著:《公司并购税收问题研究》,中国税务出版社 2008 年版。

3. 干春晖、刘祥生著:《企业并购:理论、实务、案例》,立信会计出版社 2002 年版。

4. 葛克昌著:《税法基本问题——财政宪法篇》(第 2 版),台湾元照出版公司 2005 年版。

5. 郭垂平、王瑞琪著:《公司重组并购税务处理实用指南》,中国财政经济出版社 2010 年版。

6. 姜浩著:《美国联邦公司税法制度研究》,中国政法大学出版社 2009 年版。

7. 林德木著:《美国联邦公司并购税收制度研究》,科学出版社 2010 年版。

8. 林新著:《企业并购与竞争规则》,中国社会科学出版社 2001 年版。

9. 刘剑文、熊伟著:《税法专题研究》,北京大学出版社 2002 年版。

10. 刘剑文主编:《财税法论丛》(第 8 卷),法律出版社 2006 年版。

11. 刘燕著:《会计法》(第 2 版),北京大学出版社 2009 年版。

12. 戚庆余著:《中国企业并购战略与经典案例》,中国法制出版社 2012 年版。

13. 隋平、罗康著:《全球并购:法律操作与税务筹划》,法律出版社 2011 年版。

14. 王保树主编:《公司重组:理论与实践》,社会科学文献出版社 2012 年版。

15. 王鸿貌著:《税法学的立场与理论》,中国税务出版社 2008 年版。

16. 解宏著:《企业并购的税收问题研究》,中国财政经济出版社 2006 年版。

17. 亚洲商学院、全球并购研究中心编著:《新世纪中国十大并购》,首都经济贸易大学出版社 2011 年版。

18. 张守文著:《财税法疏议》,北京大学出版社 2005 年版。

19. 张守文著:《税法原理》(第 5 版),北京大学出版社 2009 年版。

20. 中国证券报编著:《扩张的时代:中国企业并购重组之路》,中国法制出版社 2011 年版。

二、译著

1. [美]詹姆斯·布坎南著:《民主财政论》,穆怀朋译,商务印书馆 1993 年版。

2. [美]J. 弗雷德·威斯通、[韩]S. 郑光、[美]苏珊·E. 侯格著:《兼并、重组与公司控制》,唐旭等译,经济科学出版社 1998 年版。

3. [美]帕特里克·A. 高根著:《兼并、收购和公司重组》(第 4 版),顾苏秦、李朝晖译,中国人民大学出版社 2010 年版。

4. [美]维多克·瑟仁伊著:《比较税法》,丁一译,北京大学出版社 2006 年版。

5. [美]休·奥尔特、[加]布赖恩·阿诺德等著:《比较所得税法——结构性分析》(第 3 版),丁一、崔威译,北京大学出版社 2013 年版。

6. [美]约瑟夫·A. 佩契曼著:《美国税收政策》,北京出版社 1994 年版。

7. V. 图若尼主编:《税法的起草与设计》(第 2 卷),国际货币基金组织、国家税务总局政策法规司译,中国税务出版社 2004 年版。

三、中文论文

1. 蔡昌:“企业重组税制缺陷与反避税安排”,载《税务研究》2011 年第 6 期。

2. 陈建国:“中美并购重组税制立法原则比较”,载《涉外税务》2006 年 9 月。

3. 陈娟、刘芳:“公司并购存在税收效应吗?——来自中国上市公司并购样本的证据”,载《中国会计学会 2012 年学术年会论文集》。

4. 崔威："资产出资的税务处理：从一个细节看新企业所得税制"，载《月旦财经法杂志》2007 年 6 月。

5. 崔威："国有企业重组的'超特殊'税务处理：法律背景及评议"，载《中外法学》2010 年第 6 期。

6. 崔威："企业重组税务规则起草过程的反思"，载熊伟主编：《税法解释与判例评注》（第 1 卷），法律出版社 2010 年版。

7. 邓远军："课税对公司并购影响的经济分析"，载《扬州大学税务学院学报》2008 年 6 月。

8. 樊慧霞："近期世界各国公司所得税制改革及其发展趋势"，载《内蒙古财经学院学报》2004 年第 1 期。

9. 冯果："反思与重购：我国企业并购税制之检视"，载《甘肃政法学院学报》2007 年 7 月。

10. 贾丹林："公司兼并、收购、合并、并购法律辨析"，载《财经问题研究》2001 年 2 月。

11. 雷根强、沈峰："国外公司并购税制的主要特点和发展动态"，载《涉外税务》2003 年 10 月。

12. 梁云凤、方震海："税收视角下并购交易方式的选择"，载《财务与会计》2008 年 1 月。

13. 李维萍："我国税制对公司并购激励的实效性探讨"，载《财经问题研究》2007 年 4 月。

14. 李向军："特殊重组也有可能缴税"，载《财会月刊》2010 年 12 月上旬。

15. 林德木："我国现行企业应税并购制度的解构与完善"，载《福建论坛》（人文社会科学版）2010 年第 10 期。

16. 林德木："中美两国企业并购税制的比较研究"，载《税务与经济》2009 年第 4 期。

17. 刘大洪、张剑辉："税收中性与税收调控的经济法思考"，载《中南财经政法大学学报》2002 年第 4 期。

18. 刘剑文："西方税法基本原则及其对我国的借鉴作用"，载《法学评论》1996 年第 3 期。

19. 刘飞："刍议发达国家的企业并购税制及其启示"，载《财会研究》2011 年第 11 期。

20. 刘小勇："日本企业组织再编所得税制的修改及对我国的启示"，载刘剑文主编：《财税法论丛》（第 8 卷），法律出版社 2006 年版。

21. 刘玉廷："中国企业会计准则体系:架构、趋同与等效"，载《会计研究》2007 年 3 月。

22. 罗宏斌、周红梅："浅论企业并购中的避税与反避税"，载《广西财政高等专科学校学报》2005 年 10 月。

23. 聂顺江、罗云芳："商誉确认与计量的一般理论框架"，载《经济问题探索》2009 年第 10 期。

24. 清科研究中心："2010 年中国并购报告"，载《新理财》2011 年 4 月。

25. 秦文娇："新准则下商誉的财税处理"，载《首席财务官》2007 年 10 月。

26. 史文娟："企业并购中的涉税问题研究"，载《西安邮电学院学报》2010 年 5 月。

27. 苏毓敏、李蓉、储昭明："企业并购治税的国际经验与中国税制变迁模式走向"，载《开发研究》2008 年第 4 期。

28. 孙晋、许静："公司并购税收法律制度初探"，载刘剑文主编:《财税法论丛》(第 8 卷)，法律出版社 2006 年版。

29. 王健、宋永泉："公司合并与职工权益保护"，载《法学论坛》2003 年 1 月。

30. 王乐锦："我国新会计准则中公允价值的运用:意义与特征"，载《会计研究》2006 年 5 月。

31. 王利娜、郭宏："资产收购与股权收购税务处理相关问题探析"，载《涉外税务》2011 年第 5 期。

32. 辛连珠："论企业特殊性重组资产计税基础的确认原则"，载《税务与经济》2011 年第 2 期。

33. 早川胜："日本三角合并、三角股份交换制度的实务问题"，载王保树主编:《公司重组:理论与实践》，社会科学文献出版社 2012 年版。

34. 强安："浅析企业并购税收筹划"，载《商业会计》2007 年 11 月。

35. 赵祥功、俞玮："探讨企业兼并重组业务不同交易方式下税负等相关问题"，载《财会学习》2011 年 1 月。

36. 张守文："论税法上的'可税性'"，载《法学家》2000 年第 5 期。

37. 张守文："股权交易的税法规制"，载《江西财经大学学报》中国法学会经济法学研究会 2005 年年会专辑。

38. 周敦仁："资本利得税探述"，载《世界经济研究》1996 年第 5 期。

39. 周翼翔、周世学："我国企业并购中存在的问题和对策研究"，载《天津商学院学报》2004 年 3 月。

40. 邹佳胤、盛洪飞、何俊："企业并购中税收优惠政策之法律规范研究"，载

《福建论坛》(社科教育版)2009年第12期。

41. 朱华芳:“与并购相关的几个概念的界定”,载《运城学院学报》2005年10月。

42. 朱庆民、韩佩徽:“意大利的资本利得税”,载《涉外税务》1996年第6期。

四、英文资料

1. Christine M. Adams: Corporate Reorganizations Get a New Look: Tightening the Reigns on the Runaway Continuity of Interest Doctrine, *McGeorge Law Review*, Winter 1998.

2. *Company Acquisitions Handbook* (9th *edition*), Tottel Publishing, 2010.

3. David F. Shores: Reexaming Continuity of Shareholder Interest in Corporate Reorganizations, *Virginia Tax Review*, 3:17, 1998.

4. David S. Miller: The Devolution and Inevitable Extinction of the Continuity of Interest Doctrine, *Florida Tax Review*, 3:187, 1996.

5. David W. Larue: A Case for Neutrality in the Design and Implementation of the Merger and Acquisition Statues, *Tax Law Review*, 43: 85, 1987.

6. Eckbo & Espen: Horizontal Mergers. Collusion and Stockholder Wealth, *Journal of Financial Economics*, 1983(11).

7. Edward Zelinsky: For Realization: Income Taxation, Sectoral Acceretionism, and the Virtue of Attainable Virtues, 19 *Cardozo L. Rev.*, 1997.

8. Jasper L. Cummings, Jr.: Reorganization Tax Opinions, 452 PLI/Tax 897 (1999).

9. Jere D. McGaffey & Kenneth C. Hunt: Continuity of Shareholder Interest in Acquisitive, Corporate Reorganizations, 59 *Taxes*, 1982.

10. John J. O' Donnell: Compliance With the New Continuity of Business Enterprise Regulation, *Washington Law Review*, 1981.

11. Joshua D. Blank: Confronting Continuity: A tradition of Fiction in Corporate Reorganizations, *Columbia Business Law Review*, January 2006.

12. M. Bernard Aidinoff & Benjamin B. Lopata: The Continuity of Business Enterprise Requirement and Investment Company Reorganization, *Taxes*, 58: 914, 1980.

13. Michael L. Schultz.: The Future of Acquisitive D Reorganizations, *The Tax Magazine*, March 2006.

14. Michael L. Schultz. : The Evolution of the Continuity of Interest Test, General Utilities Repeal and the Taxation of Corporate Acquisitions, *Taxes*, March 2002.

15. Myron S. Scholes & Mark A. Wolfson: The Effects of Changes in Tax Laws on Corporate Reorganization Activity, *Journal of Business*, January, 1990.

16. Patricia D. White: Realization, Recognition, Reconciliation, Rationality and the Structure of the Federal Income Tax System, *Michigan Law Review*, No. 7 , Jun. , 1990.

17. Paul P. Senio. : The Reverse Triangular A Merger-An important New Reorganization Tool, *The Tax Magazine*, May 1971.

18. Peter L. Faber. : Contituity of Interest and Business Enterprise: Is It Time to Bury Some Scared Cows? *Tax Lawyer*, 2:34, 1981.

19. Richard L. Goldman: The C Reorganization, *Tax Law Review*, 19:31, 1963.

20. Robert A. Jacobs: Reorganizing the Reorganization Provisions, *New York University Tax Law Review*, 34:415, 1979.

21. Shores, David F. : Continuity of Business Enterprise-A Concept Whose Time Has Passed (March 19, 2009). Wake Forest Univ. Legal Studies Paper No. 1365217. Available at SSRN: http://ssrn.com/abstract=1365217.

22. Steven A. Bank: Federalizing the Tax-free Merger: toward an End to the Anachronistic Reliance on State Corporation Laws, *North Carolina Law Review*, 1999, 77:1323.

23. Subcomm. of House Comm. : On Ways and Means, 73rd Cong. , 2d sess. 8 - 9, 37 - 42, 1934.

24. Suresh T. Advani: Asymmetric Acquisitions: Treating Buyer and Seller Differently in the same Transaction. *Tax Magzine*. March, 2008.

25. Tad Rava22ini: The Amalgamation Reorganization Provision: The Asymmetry in Treatment of Forward and Reverse Triangular Mergers and other Problems, *Golden Gate University Law Review*, 26:591, 1996.

26. Valentine Brookes: The Continuity of Interest Test in Reorganizations-a Blessing or a Curse, *California Law Review*, March 1946.

五、学位论文

1. 何清:“论美国联邦所得税制度下的实现原则”,中国政法大学 2009 年硕士学位论文。

2. 李维萍:"资产重组的税收政策",东北财经大学2003年博士学位论文。

3. 刘淼:"跨国并购所得课税法律问题研究",北京大学2010年博士学位论文。

4. 谢奕:"我国企业股权收购所得税法律问题研究",中国政法大学2011年硕士学位论文。

六、报刊网络资料

1. "2011年度企业所得税实际税收负担率行业排名",载《中国税务报》2012年12月12日。

2. 张伟:"财税〔2009〕59号文件及2010年4号公告解读",载 http://www.ctaxnews.com.cn/syxw/xwxzt/201008/t20100809_1563192_2.htm。

3. 张伟:"企业所得税重组政策尚需进一步明确的十八个问题探析",载 http://bbs.esnai.com/forum.php? mod = viewthread&tid = 4803853。

4. 赵国庆:"以控股企业股权作为支付对价企业重组的特殊性税务处理",载 http://www.chinaacc.com/new/635_796/2010_6_18_su3506513511816010261 65.shtml。

图书在版编目（CIP）数据

并购交易所得税法律制度研究：基于对利益持续原则的考量／张春燕著. —北京：法律出版社，2015.3
（财税法学研究文丛）
ISBN 978－7－5118－7688－1

Ⅰ.①并…　Ⅱ.①张…　Ⅲ.①企业兼并—企业所得税—税法—研究—世界　Ⅳ.①D912.204

中国版本图书馆 CIP 数据核字（2015）第 053906 号

责任编辑／沈小英　刘晓萌　　**装帧设计**／汪奇峰

出版／法律出版社　　**编辑统筹**／财经出版分社
总发行／中国法律图书有限公司　　**经销**／新华书店
责任校对／蒋晓虎　　**责任印制**／吕亚莉
印刷／固安华明印业有限公司

开本／720 毫米×960 毫米　1/16　　**印张**／11.75　　**字数**／194 千
版本／2015 年 4 月第 1 版　　**印次**／2015 年 4 月第 1 次印刷

法律出版社／北京市丰台区莲花池西里 7 号（100073）
电子邮件／info@lawpress.com.cn　　**销售热线**／010－63939792/9779
网址／www.lawpress.com.cn　　**咨询电话**／010－63939796

中国法律图书有限公司／北京市丰台区莲花池西里 7 号（100073）
全国各地中法图分、子公司电话：
第一法律书店／010－63939781/9782　**西安分公司**／029－85388843　**重庆公司**／023－65382816/2908
上海公司／021－62071010/1636　**北京分公司**／010－62534456　**深圳公司**／0755－83072995

书号：ISBN 978－7－5118－7688－1　　**定价**：36.00 元

（如有缺页或倒装，中国法律图书有限公司负责退换）